„Sie stellen mir Fragen, die ich mir nie gestellt habe"

Männergespräche
Timo Frasch

Mit Wolfgang Joop, Peter Gauweiler, Peter Furth, Bazon Brock, Klemens Berkenbrock, Elyas M'Barek, Oliver Korittke, Fritz J. Raddatz, Karl-Heinz Frasch, Wolf Wondratschek, Helge Schneider, Kardinal Meisner, Gerhard Polt, Campino, Farin Urlaub, Harald Schmidt, Michael Ebling + Sven Gerich, Michael Glos, Bruno Jonas

Bibliografische Information der Deutschen Nationalbibliothek
Die Deutsche Nationalbibliothek verzeichnet diese Publikation in der
Deutschen Nationalbibliografie: detaillierte bibliografische Daten
sind im Internet über http://dnb.d-nb.de abrufbar.

Frankfurter Allgemeine Buch

Copyright
FAZIT Communication GmbH
Frankfurter Allgemeine Buch
Frankenallee 71-81
60327 Frankfurt am Main

Umschlaggestaltung und Design
Stefanie Schwary

Druck
Kösel GmbH & Co. KG

Printed in Germany

1. Auflage
Frankfurt am Main 2019
ISBN 978-3-96251-075-6

Alle Rechte, auch die des auszugsweisen Nachdrucks, vorbehalten.

Für
Rini und Josi

Timo Frasch wurde 1979 in Illertissen geboren. Nach dem Abitur in Weißenhorn und dem Zivildienst in Freiburg begann er 1999 in Würzburg ein Studium der Politikwissenschaft, Geschichte und Romanistik. Nach zwei Semestern an der Universidad Panamericana in Mexiko-Stadt schloss er 2005 sein Studium in Bonn mit einer – inzwischen als Buch veröffentlichten – Arbeit über Carl Schmitt ab. Von 2006 bis 2008 volontierte er in der Nachrichtenredaktion der F.A.Z., seither ist er politischer Redakteur mit Stationen in der Sonntagszeitung und als Korrespondent in Wiesbaden. Seit Februar 2018 berichtet er aus München über das politische Geschehen in Bayern. Timo Frasch gewann 2011 den Ernst-Robert-Curtius-Förderpreis für Essayistik, 2017 war er für ein Interview mit Wolf Wondratschek übers Rauchen für den Deutschen Reporterpreis nominiert. Er ist verheiratet und hat eine Tochter.

Vorwort

Wenn man als Journalist das 40. Lebensjahr erreicht und bis dato lediglich ein Buch veröffentlicht hat – und dann auch nur die ausgebaute Version der eigenen Magisterarbeit –, dann nehmen die Rufe aus dem Freundeskreis zu, wann denn da endlich mal „ein richtiges Buch" nachgelegt werde. Die Argumente dagegen sind im Lauf der Jahre nicht weniger geworden: Will man wirklich die Zeit, die man mit der Familie verbringen könnte, auch noch am Schreibtisch sitzen? Ist es im Zeitalter des Internets überhaupt noch erstrebenswert, ein Buch zu veröffentlichen?

Trotzdem hatte ich nicht die Kraft, mich zu entziehen. Ein Roman wäre riskant gewesen: zu persönlich. Außerdem werden einem Politikredakteur – wenn überhaupt – nur Bücher mit Titeln wie „Die Rentenfalle" oder „Quo vadis, Deutschland?" nachgesehen. Aber derlei interessiert mich noch nicht einmal als Leser. Ein Theaterstück wäre ebenso gefährlich gewesen, obwohl ich da ein quasi fertiges Manuskript in der Schublade hätte. Mit einem befreundeten Kollegen aus dem F.A.Z.-Feuilleton habe ich mehrfach in der F.A.Z.-Kantine über die Möglichkeit eines Gedicht- oder Novellenbands gesprochen. Für Letzteres gab es bereits einen Arbeitstitel: „Am Ofen". Aber es fehlten die Novellen.

Als ich über die Jahre bei der F.A.Z. immer mehr Interviews führen und auch veröffentlichen konnte, gebar ich irgendwann die Idee, daraus ein Buch zu machen, wobei ich mir meine Interviewpartner nie im Hinblick darauf ausgesucht habe. Als ich dann mit dem F.A.Z.-Buchverlag ins Gespräch kam, wurde uns beiderseits bewusst, dass es womöglich ein Problem gab: Unter den von mir Interviewten sind viel mehr Männer als Frauen. Nun könnte man sagen: Das ist nur ein Abbild der traurigen gesellschaftlichen Wirklichkeit, in der Männer nach wie vor die meisten wichtigen Positionen einnehmen, die sie dann eben dazu qualifizieren, interviewt zu werden. Andererseits gibt es genügend interessante Frauen. Dass ich nur wenige von ihnen interviewt habe, war, davon bin ich überzeugt, kein böser Wille, sondern hat sich so ergeben. Zu denken gibt es mir trotzdem.

Wir, der Verlag und ich, entschlossen uns zur Flucht nach vorne – und fassten sogleich zwei Interviewbände ins Auge: erst einen mit lauter Männergesprächen. Der zweite soll dann nur Interviews mit Frauen beinhalten. Ich glaube nicht, dass man Interviews mit Männern anders führen muss als mit Frauen. Es geht in den hier versammelten Gesprächen auch kaum um spezifische Männerthemen. Ich wollte nur die aus meiner Sicht besten Interviews versammeln und gleichzeitig vermeiden, dass sich die Aufmerksamkeit von Lesern und Kritikern auf eine Unwucht zwischen den Geschlechtern richtet. Denn das wäre weder den Gesprächen noch den Gesprächspartnern gerecht geworden.

Von Freuden kam auch der Einwand: Müh, nur Interviews. Und dann auch noch solche, die bereits veröffentlicht wurden. Um auch diesem Vorwurf auszuweichen, habe ich dem Band einen Essay übers Interviewführen vorangestellt – und damit hoffentlich zwei Fliegen mit einer Klappe geschlagen. Zum einen enthält das Buch so einen brandneuen Text, zum anderen wird durch ihn und in ihm das Vorurteil widerlegt, dass es sich beim Interview um eine journalistische Form zweiter Klasse handele. Der Essay, der aus einer Interview-Schulung für Volontäre hervorgegangen ist, soll keinesfalls den Eindruck vermitteln, dass ich mich für einen Guru auf dem Gebiet halte – aber vielleicht können gerade junge Kollegen doch ein paar vernünftige Anregungen daraus ziehen.

Natürlich hätte ich mit dem Buch noch warten können, bis ich genauso viele Frauen wie Männer interviewt gehabt hätte. Aber hätte sich dann noch einmal die Gelegenheit geboten? Diese besteht vor allem darin, danke sagen zu können: meiner großartigen Zeitung, ohne die ich niemals Zugang zu den Interviewpartnern bekommen hätte. Den Kollegen, die mich ermutigt und unterstützt haben, voran Alfons Kaiser, der Chef des F.A.Z.-Magazins, in dem die meisten der hier abgedruckten Interviews zuerst erschienen sind. Meinen Eltern, meiner Schwester, meinen Verwandten wie meinem zuletzt verstorbenen Onkel Manfred und meinen Freunden, ohne die alles nichts wäre und die mir die besten Sparringspartner waren. Schließlich meiner geliebten Frau Verena, der ich von Herzen danken möchte für ihre Ideen und ihre Kritik, ihre Nachsicht und ihre Liebe.

Die Kunst der Interviewführung

Das Interview ist die am meisten unterschätzte Textform im Journalismus. Während für Reportagen oder investigative Recherchen haufenweise Preise ausgeschrieben werden, muss man im Fall des Interviews danach suchen. Es gibt auch nur wenige Journalisten, die sich als ausgezeichnete Interviewer einen Namen gemacht haben. Vielleicht liegt es daran, dass viele Leser, aber auch Kollegen, glauben, der Beitrag des Journalisten sei bei einem Interview geringer als bei irgendeiner anderen Textform. Das ist ein Irrglaube. Dennoch überdeckt der Glanz des Interviewten zumeist den des Interviewers, schon weil jener oft berühmter ist als dieser, aber auch, weil Antworten geben besser beleumundet ist als Fragen stellen.

Das Interview tut so, als sei es die unmittelbarste, unfiktionalste Form journalistischer Darstellung. Auch das ist nicht richtig. Man erkennt es schon daran, dass sich der Journalist mit seinem Gesprächspartner ein oder zwei Stunden lang unterhält, dass man aber das Interview, das später in der Zeitung erscheint, in fünf bis zwanzig Minuten gelesen hat. Es kommt auch häufiger vor, dass man sich auf Wunsch des Interviewten im Gespräch geduzt hat, in der Zeitung dann aber trotzdem auf das dort übliche „Sie" wechselt. Auch das verweist auf den fiktionalen Aspekt von Zeitungsinterviews.

Angenommen, ein Journalist hat sich trotz allem dazu entschlossen, Interviews zu machen – also nicht nur Gespräche, aus denen Zitate für sonstige Texte gewonnen werden, sondern wirkliche Interviews –, dann ist es noch ein weiter Weg. Die am Anfang stehende Frage: Wen interviewen? hängt eng mit der Frage: Wozu? zusammen. Politiker, zumindest die aktiven, werden in der Regel nicht interviewt, um mit ihnen ein „dramatisches Kunstwerk für zwei Personen" zu schaffen – so nannte der Kritiker Benjamin Henrichs die Interviews von André Müller. Es wäre auch albern zu glauben, es könne sich bei dieser Art von Interview um einen verbalen Boxkampf handeln; so hat der Journalist Christian Kämmerling gute Interviews am Beispiel Moritz von Uslars charakterisiert. Natürlich könnte man ein Gespräch, sagen wir: mit Bundeskanzlerin Angela Merkel, konfrontativ wie einen Kampf anlegen – die Schläge würden dann aber mit großer Wahrscheinlichkeit ins Leere gehen, schon im Gespräch selbst oder spätestens im Autorisierungsprozess. Nein, hier geht es darum, Neuigkeiten zu verbreiten oder Forderungen und Botschaften zu übermitteln. Im besten Fall bestimmen sie die Debatten der nächsten Tage. Für ein Buch wie dieses, das auch in einigen Jahren noch lesenswert sein soll, sind sie aber meistens uninteressant.

Interviews von Politikern, die noch in Amt und Würden sind, werden üblicherweise von den Pressestellen und vom Politiker selbst sehr genau Korrektur gelesen. Die Qualität des Interviews hängt entscheidend davon ab, mit wem es der Interviewer zu tun hat: Schlechte Pressesprecher interessieren sich nicht für Sprache und Komposition, schlechte Pressesprecher sind ängstlich. Sie wollen ihrem

Chef gegenüber kein Risiko eingehen und neigen deshalb dazu, Aussagen abzuschwächen und rundzuschleifen. In den vergangenen Jahren, so mein Eindruck, ist diese Spezies seltener geworden. Die meisten Pressesprecher verstehen sich selbst als politische Akteure. Und sie wissen, dass leere Phrasen von den Lesern durchschaut und nicht geschätzt werden. Man vergibt durch sie nicht nur die Chance, auf dem Nachrichtenmarkt wahrgenommen zu werden, sondern auch die, den Chef oder die Chefin als Charakterkopf zu präsentieren.

Anders liegt der Fall, wenn man mit Politikern über Themen redet, die mit ihrem Tagesgeschäft nichts zu tun haben. Mit dem CSU-Generalsekretär und ehemaligen Eistänzer Markus Blume über Eistanz zum Beispiel (habe ich 2018 gemacht). Oder wenn man ehemalige Politiker wie Michael Glos interviewt. Da geht es dann durchaus ums Dramatische, um Unterhaltung, gute Literatur. Wer ist dafür am geeignetsten? Meine Erfahrung: Je älter die Gesprächspartner sind, desto souveräner und freier reden sie, desto größer ist ihre Neigung, in einem Interview auch eine Art Vermächtnis zu sehen, desto größer auch die Wahrscheinlichkeit, dass sie keine Pressesprecher mehr haben.

Es gibt Berufsgruppen, die für gute Interviews eher prädestiniert sind als andere: Komiker zum Beispiel. Sie sind von Natur aus auf Pointe aus, gegen das Rundschleifen imprägniert. Das kann sie in der konkreten Interviewsituation aber auch unter Druck setzen. Diesen Fall hatte ich auch schon. Da lässt sich dann nicht mehr viel retten. Nicht schlimm ist es hingegen, wenn Komiker ernst sind – dann ist eben das die Pointe. Harald Schmidt habe ich das einmal vorgeschlagen, aber er wollte nicht. Ich interviewe auch gerne nicht-öffentliche Personen. Sie sind im besten Sinne unprofessionell. Außerdem kann es ganz angenehm sein, wenn man einmal selbst in der Position des Profis ist, der versuchen muss, dem Gegenüber die Nervosität oder die Angst vor dem Ungenügen zu nehmen.

Es hilft, wenn man sich mit dem Gesprächspartner vorab auf ein konkretes Thema einigt: mit Fritz J. Raddatz auf Stil oder auf die Achtundsechziger mit Peter Gauweiler. Das grenzt nicht nur den Vorbereitungsaufwand ein, sondern gibt dem Gespräch auch eine Grundstruktur – und dem Gesprächspartner Sicherheit: Er weiß, worauf er sich ungefähr einzustellen hat. Doch nicht nur über das Thema sollte man sich gegebenenfalls ausgetauscht haben, sondern auch über den geplanten Charakter des Gesprächs. Will man ein Streitgespräch führen, sollte man den Gesprächspartner nicht damit überraschen. Das Gleiche gilt für Gespräche über Privates. Es bringt keinem etwas, wenn Florian Silbereisen bei der Frage nach Helene Fischer aufsteht und geht. Allenfalls kann man eben darüber dann eine Reportage schreiben, übers eigene Scheitern, aber es sollte nicht die erste Option sein. Schwerlich verabreden lassen sich satirische Gespräche. Sie ergeben sich. Oder sie liegen auf der Hand. Etwa, wenn man über eine komplett fiktive Autobiografie spricht wie die von Helge Schneider.

Es hilft, wenn man fürs Interview einen einigermaßen fixen Zeitrahmen hat, nicht zu eng, aber vor allem auch nicht unbegrenzt, denn das führt zu Weitschweifigkeit. Die tut nicht nur dem Gespräch nicht gut, sondern sie muss nachher beim Abschreiben bitter gebüßt werden. Abgesehen davon hört erfahrungsgemäß nach etwa zwei Stunden selbst beim besten Gesprächsverlauf die Lust des Interviewten aufs Interviewtwerden auf. Raddatz zum Beispiel machte daraus keinen Hehl.

Die Vorbereitung auf ein Interview kann ohne Weiteres eine komplette Woche in Anspruch nehmen. Weil man aber selten eine komplette Woche dafür hat, wenn man nicht hauptamtlicher Interviewer ist, sondern, wie ich, eigentlich für bayerische Landespolitik zuständig, kann man versuchen, die Vorbereitung zu strecken: Mal liest man was im Schwimmbad, mal vor dem Einschlafen. Von Vorteil ist es, wenn man Gesprächspartner wählt, mit denen man sich auch privat beschäftigen würde oder schon beschäftigt hat. Manchmal ist es trotzdem nicht möglich, so sehr ins Werk eines Interviewpartners einzutauchen, wie es dieses verdient hätte. Dann kann man ein bisschen rationalisieren: Kritiken lesen, Youtube-Clips schauen, Bücher überfliegen, Zitate herausschreiben, nach und nach ein paar davon in den Fragen aufblitzen lassen, um dem Gegenüber zu signalisieren, dass man auf Augenhöhe ist – „Zeichen setzen", würde man im Fußball sagen. Man sollte den Ball trotzdem einigermaßen flach halten: Es ist Gift für die Stimmung zwischen zwei Gesprächspartnern, wenn man als Hochstapler enttarnt wird.

Welche Fragen stellt man? Meine Maxime ist: Ich frage nur das, was auch mich wirklich interessiert – also nichts, was irgendeinen fiktiven Leser interessieren könnte, der mit mir nichts gemein hat. Von Vorteil ist, wenn man sich für viel interessiert. Das habe ich früh trainiert: Mit meinem Freund Thomas habe ich mich im Studium bei Unipartys zum Teil stundenlang in den Vorraum der Männertoilette gestellt und jeden, der aufs Klo wollte, in ein längeres, oft sehr lehrreiches Gespräch verwickelt. Besonders Spaß macht es mir, über vermeintlich delikate oder irrelevante Themen zu sprechen, als wäre es das normalste oder das wichtigste von der Welt. In meinem Interview mit der CSU-Politikerin Dorothee Bär über High Heels, das leider nicht zum Konzept dieses Buches gepasst hat, klappte das hervorragend, weil sie voll mitgespielt hat. Irgendwann sagte sie: „Ein bisschen ist dieses Interview heute wie versteckte Kamera. Wir sprechen hier mit einer Ernsthaftigkeit über Damenschuhe, mit der sonst über die Asylpolitik gesprochen wird."

Ich habe gute Erfahrungen mit Fragen gemacht, die so naheliegen, dass sie selten jemand stellt. Etwa: „Was halten Sie von der These, dass Frauen durch das Tragen hoher Schuhe erhöhte Paarungsbereitschaft signalisieren?" Artverwandt sind originelle Fragen. Dazu gehören auch hypothetische, etwa: „Wenn Sie mit jemandem tauschen müssten, wer wäre das dann?" Auch die wurden im Freundeskreis vielfach erprobt. Solche Fragen können ein Interview halbwegs retten, wenn die Antworten schlecht sind. Aber Vorsicht: Die Antworten können auch deshalb schlecht sein, weil sich die Fragen allzu originell vorkommen und an den Antworten nicht wirklich interessiert sind. Das ist mir hin und wieder passiert, etwa im Gespräch mit Elyas M'Barek.

Insgesamt habe ich die Erfahrung gemacht, dass die Gesprächspartner durchaus Lust haben, über Fragen nachzudenken, die sie sich womöglich selbst noch nie gestellt haben. Bei Farin Urlaub war das besonders auffällig, genauso bei Campino. Ein Sonderfall war Wolf Wondratschek. Dem stellte ich Fragen wie „Stößt es Sie ab, wenn das Suchthafte des Rauchens zu offensichtlich ist?" oder „Wie erklären Sie sich, dass ein rauchendes Papierröllchen erotisch wirken kann?". Irgendwann sagte er: „Sie stellen mir Fragen, die ich mir nie gestellt habe und die mich eigentlich nicht interessieren." Aber das ist dann ja auch noch sehr gut ausgegangen.

Ich versuche, den Fragenkatalog, den ich ausgedruckt vor mich lege – Faustregel: 25 bis 30 Fragen für eine Stunde –, sauber zu layouten. Denn der Blick des Gegenübers wird während des Gesprächs öfter darauf fallen. Ich selbst starre so wenig wie möglich auf den Bogen. Seine Funktion ist die eines Sicherheitsnetzes, das wirkt, indem es gerade nicht oder nur selten zum Einsatz kommt. Schon das Wissen darum macht lockerer, ruhiger. Eine ähnliche Wirkung hat die gängige Praxis, dass man den Interviewtext später zur Autorisierung vorlegen muss. Das bedeutet nämlich: Man hat eine zweite Chance.

Wichtig ist, dass man vor einem Gespräch gut gegessen hat. Einmal habe ich das vergessen. Es gab dann Kaffee auf leeren Magen – und meine Konzentration war nach einer halben Stunde im Keller. Als ich danach das Band abhörte, merkte ich, wie ich dem Gesprächspartner immer ungeduldiger und unwirscher begegnet war. Manche Interviewpartner schlagen vor, dass man sich beim Mittag- oder Abendessen unterhält. Davon ist abzuraten: zu viel Ablenkung durch Kellner und Essenszufuhr. Ich bevorzuge ruhige Räume ohne Publikum – eine Lehre aus dem Interview mit Elyas M'Barek. Es fand während der Berlinale in der Bar eines hippen Berliner Hotels statt, wo andauernd Leute vorbeikamen, die ich aus dem Fernsehen oder die M'Barek persönlich kannte: schlecht für die Konzentration. Es gibt aber auch Ausnahmen. Gerhard Polt etwa fühlte sich in dem Wirtshaus, in dem wir uns getroffen hatten, sichtlich wohl, außerdem ergaben sich so Begegnungen mit Gästen, die ich gut ins Interview einbauen konnte. Auch das Thema Alkohol will wohl bedacht sein. Ich hatte mal die Idee für ein Interviewformat „Auf sieben Bier mit …", da wäre der Konsum natürlich unumgänglich gewesen. Bei sonstigen Interviews bin ich, um geistig voll da zu sein, aber am liebsten nüchtern. Nur im Wirtshaus mit Polt wollte ich nicht ungemütlich sein und habe auch ein Bier bestellt, ein leichtes, wie er. Im Gespräch mit Wondratschek habe ich sogar geraucht. Wondratschek hatte mich zuvor aufgefordert, Zigaretten mitzubringen. Aber das war nicht der eigentliche Grund. Mir gefiel vielmehr die Vorstellung, meine letzte Zigarette in einem Gespräch mit Wondratschek übers Rauchen zu rauchen.

Schön ist, wenn man fürs Gespräch Ruhe hat und eine vielsagende Kulisse zugleich. Das Interview mit Michael Glos hat dadurch gewonnen, dass es im pittoresken Hof hinter seinem Haus stattfand, mit Zugang zu seinen Wohnräumen. Da drängte sich geradezu auf, was in den vergangenen Jahren immer häufiger gemacht wurde: Beobachtungen und Szenen ins Interview einzustreuen. Wenn man das machen will, sollte man sich schon während des Gesprächs Notizen machen. Denn wie der Hof von Glos ausgesehen hat, kann man nachher ja nicht mehr vom Band abhören.

Man kann Interviews natürlich auch telefonisch führen. So schlecht ist das gar nicht. Am Telefon schweift man weniger ab, man geht nicht zwischendurch aufs Klo und man konzentriert sich auch nicht mehr auf die Augenbrauen des Gegenübers als auf dessen Worte. Außerdem kann man problemlos mitschreiben, was bei kürzeren Interviews, die schnell publiziert werden müssen, Gold wert sein kann. Beim Interview von Angesicht zu Angesicht habe ich keine guten Erfahrungen mit dem Mitschreiben gemacht. Hier sollte man unbedingt Augenkontakt zum Gegenüber haben, dessen Gedankenfluss sollte nicht dadurch gebremst werden, dass man mit dem Mitschreiben nicht hinterherkommt. Mehr als hin und wieder eine kurze Notiz – zum Beispiel über eine Frage, die einem noch eingefallen ist – sollte man nicht machen und sich stattdessen auf mindestens zwei Aufnahmegeräte verlassen.

Es ist von Vorteil, wenn das Interview während des Führens in etwa die Struktur hat, die man sich fürs Endprodukt vorstellt. Andererseits sollte man darauf eingestellt sein, sich im Interview, wenn es sein muss oder sich anbietet, komplett vom Konzept zu verabschieden oder zumindest in eine stark andere Richtung zu gehen als geplant. Mit Bruno Jonas war das so. Verabredet war das Thema Bayern – aber das Gespräch darüber kam irgendwie nicht so richtig in Fahrt. Vielleicht, weil Jonas darüber schon zu viel gesprochen und geschrieben hat. Das war aber nicht schlimm. Denn was er über Sprache und Mut, Hetze und Haltung zu sagen hatte, war nicht nur besser, sondern auch überraschender.

Dramatik und Dramaturgie sind für Interviews wie die hier versammelten sehr wichtig. Sie können allerdings ganz unterschiedlich ausfallen. Ich mag Interviews, die sich wie gute Gespräche lesen, in denen eine Frage zur nächsten führt, in denen die Grenzen zwischen Interviewer und Interviewtem auch mal verschwimmen. Man sollte es mit dem Flow allerdings auch nicht übertreiben – sonst gelingt die Fiktion nicht, dass es sich um ein richtiges Gespräch gehandelt hat. Das heißt: Man darf im veröffentlichten Interview durchaus mal unvermittelt von einem Thema zum anderen springen, das macht man im Gespräch mit der Frau oder Freunden ja auch.

Die Dramaturgie eines Gesprächs kann man nachträglich noch ganz gut gestalten – bestimmte Kniffe sollte man sich sogar für die Bearbeitungsphase aufheben. Eine provokante Frage zum Auftakt mag sich im gedruckten Interview gut machen, es empfiehlt sich aber nicht, im tatsächlichen Gespräch damit einzusteigen. Man will den Leuten ja die Gelegenheit geben, sich wohlzufühlen, und sie nicht gleich vor den Kopf stoßen. Wenn es im Gespräch dennoch zum Konflikt kommt, sollte man sich dadurch aber nicht verunsichern lassen: In ihm steckt großes dramatisches Potential. Problematischer sind sprachliche Aus- und Abschweifungen, ein weit verbreitetes Phänomen. Die Frage, wann man dann intervenieren soll, kann man nicht pauschal beantworten. Manche Gesprächspartner müssen wie ein Adler kreisen, bis sie dann die Pointe entdecken und darauf zustoßen. Diese Möglichkeit sollte man ihnen nicht nehmen. Man kann dem Gegenüber durch Mimik und Gestik zu verstehen geben, wann das Gespräch in die richtige Richtung geht. Bei guten Aussagen kann man sich eine Notiz machen, zum Beispiel mit der Zeitangabe auf dem Aufnahmegerät. Wenn es ganz schlecht läuft, wenn sich etwa die Leute in einem Vorgespräch viel mutiger gegeben haben, als sie dann, wenn es ernst ist, noch sind, kann man auch mal das Messer aufblitzen lassen, also klarmachen, dass das Gespräch, wenn es so weitergeht, keinen einzigen Leser interessieren und mithin auch nicht gedruckt werden wird.

Bei den meisten der Interviews dieses Bands wusste ich nach zehn Minuten, dass sie gut werden würden. Es gibt aber auch manche Gespräche, die einen so fordern, dass man von ihnen paradoxerweise kaum etwas mitbekommt. Ich kenne das von früher, als ich in der Kirche als Ministrant ab und zu für die Lesung zuständig war. Ich war so sehr aufs richtige Lesen konzentriert, dass ich über den Inhalt der Bibelstelle gar nicht viel hätte sagen können. Am besten ist das Gefühl, aus einem Gespräch zu kommen und zu wissen, dass man Gold auf Band hat. Dann ist man glücklich. Aber sehr schnell spürt man auch die Bürde, es jetzt bloß nicht zu vermasseln und daraus wirklich ein Schmuckstück zu machen.

Dann kommt das Abschreiben – der nervigste Teil des Interviewprozesses, vor allem dann, wenn man, wie ich, kein Zehnfingersystem beherrscht. Für den Fall, dass man das Interview zusammen mit Kollegen geführt hat, kann man sich die Arbeit aufteilen. Das ist einer der Gründe, warum das sinnvoll sein kann. Es gibt andere: Besonders wichtige Leute erwarten oft, dass die Zeitung mehrere Interviewer schickt – dabei geht es um Respektsbekundung, aber auch um Demonstration von Macht und Kompetenz. Unterm Strich finde ich, dass die Chance auf eine dichte Gesprächsatmosphäre einen Tick größer ist, wenn man das Gespräch alleine führt, schon deshalb, weil man nicht auf sachfremde Aspekte achten muss wie den, dass jeder Interviewer genügend Fragezeit bekommt.

Ich habe öfter überlegt, das Abschreiben der Bänder auszulagern. Man fände sicher Studenten, die das machen würden. Ich habe das aber nie weiterverfolgt. Denn erstens will ich nicht, dass Dritte Kenntnis von Informationen erlangen, die die Interviewpartner in dem Glauben weitergegeben haben, sie blieben unter uns. Zweitens kann es immer wieder vorkommen, dass Aussagen auf Band inhaltlich oder akustisch unverständlich sind – wer beim Gespräch nicht dabei war, wird sie sich dann kaum erschließen können. Auch über ein Spracherkennungssystem habe ich nachgedacht. Der Politikwissenschaftler Jürgen Falter hat mir mal gesagt, er habe da ein ganz tolles, das er mir sehr empfehlen könne. Doch auch das habe ich nicht weiterverfolgt. Ich glaube, es ist gut, das ganze Gespräch abzuhören und schreibenderweise zu verinnerlichen – so findet man sich danach, beim Kürzen und Umstellen, besser zurecht. Bei großen Interviews schreibe ich das Band komplett ab, ohne zu glätten oder zu korrigieren. Jeder Interviewte hat einen spezifischen Sound. Den versuche ich beizubehalten. Das Interview mit Oliver Korritke ist dafür ein gutes Beispiel. Man sollte es mit dem Spezifischen aber auch nicht übertreiben. Denn viele sind irritiert, wenn man ihnen zur Autorisierung allzu umgangssprachliche Formulierungen oder gar sprachliche Fehler vorlegt.

Ab und zu kommt es vor, dass man ein Gespräch nicht nur genauso drucken kann, wie es geführt wurde, sondern auch will. Bei Helge Schneider war das so. In der Regel steht dem aber schon die Länge des tatsächlichen Gesprächs entgegen. Man muss sich also an die mühsame Arbeit des Streichens, Zusammenfassens, Pointierens und Umstellens machen. Hin und wieder kommt man auch nicht umhin, etwas zu ergänzen. In einer „Fraktur" in der F.A.Z. habe ich über den Rohtext eines Interviews mal geschrieben: „Oft handelt es sich dabei um ein ungefüges Etwas; man wollte es keinem Leser zumuten. Also geht man noch mal drüber – und noch mal und noch mal. Man stellt um, kürzt, spitzt zu, überlegt, was der Politiker glaubt, was er noch gesagt haben könnte, fügt es womöglich ein." Die Fraktur ist eine Glosse, entsprechend pointiert war die Darstellung. Aber etwas Wahres ist dran. Was aus der Fraktur zu größeren Teilen stimmt: „Man sollte dem Politiker allerdings nichts zur Autorisierung vorlegen, nicht einmal ein einziges Wort, das für ihn den politischen Tod bedeuten könnte. Sonst wird er misstrauisch, selbst gegenüber den eigentlich unproblematischen seiner angeblichen Antworten. Sollkürzstellen sollte man allerdings schon einbauen: Sätze, von denen man mit einiger Sicherheit annehmen kann, dass sie der Gesprächspartner streichen wird. Auch das macht nichts, denn ihre wahre Funktion ist es, von den Stellen abzulenken, auf die es tatsächlich ankommt."

In Deutschland ist es im Unterschied etwa zu Amerika üblich – eine Art ungeschriebenes Gesetz –, dass Interviews autorisiert werden. Zumindest gilt das für bekannte Leute, die Erfahrung haben im Umgang mit der Presse. Bei nichtöffentlichen Personen, die nicht nach Autorisierung verlangen, entscheide ich nach Gefühl. Ich will auf jeden Fall vermeiden, dass sie sich aus Unerfahrenheit in Schwierigkeiten bringen. Zu denken, das sei einerlei, weil man mit ihnen sowieso nie mehr zu tun haben werde, ist ungehörig – es kommt in der Branche aber durchaus vor.

Man kann über die Autorisierung unterschiedlicher Ansicht sein. Sie kann ein an sich schönes Gespräch zugrunde richten. Ich finde dennoch, die Vorteile überwiegen die Nachteile. Wenn Gesprächspartner wissen, dass sie vor der Veröffentlichung noch mal auf das Interview schauen können, dann zensieren sie sich nicht schon im Gespräch. Vor allem aber bietet die Autorisierung die schon vorher erwähnte zweite Chance. Man kann nicht aus Mist Gold machen. Aber man kann durch die Autorisierung aus Fiktion Wirklichkeit machen. Die große Versuchung ist dabei, dass man sich selbst besser darstellt, als man tatsächlich war: dass man bei den eigenen Fragen nachwürzt oder berechtigte Einwände des Interviewten weglässt. Der Versuchung sollte man nicht nachgeben. Beim Wondratschek-Interview zum Beispiel hätte ich seine Kritik an meinen Fragen weglassen können. Vielleicht wäre ich dadurch ein bisschen besser dagestanden – es wäre aber auch eine sehr wichtige dramaturgische Ebene verlorengegangen. Im Übrigen: Man muss verlieren können, um am Ende eben nicht zu verlieren und das bestmögliche Interview publizieren.

Ich erinnere mich an ein Interview mit Oskar Lafontaine, 2009, er war seinerzeit Spitzenkandidat der Linkspartei im Saarland. Ich führte das Interview mit zwei mir sehr lieben und sehr guten Kollegen. Wir hatten uns bestens vorbereitet, waren munitioniert, gerade was heikle Themen wie das Verhältnis der Linkspartei zum SED-Erbe oder mögliche Widersprüche in Lafontaines politischer Vita betrifft. Ich muss aber zugeben: Er konterte gut, zu gut. Beim nachträglichen Komponieren des Interviews versuchten wir, unsere Niederlage, so empfand ich das damals, in einen Sieg umzumünzen.

Es war ein großartiges Interview, das wir da an Lafontaine zur Autorisierung schickten. Um die 400 Zeilen lang – und gegen 14 Uhr nachmittags fest für die morgige Ausgabe eingeplant. Es wurde 15 Uhr, es wurde 15.30 Uhr, doch Lafontaine meldete sich nicht. Allmählich wurden wir nervös, denn 400 Zeilen haben oder nicht haben ist für die Produktion einer Zeitung ein gewaltiger Unterschied. Kurz nach halb vier kam dann die Kunde, Lafontaine autorisiere das Interview nicht. Wir boten an, über Änderungen zu sprechen – er lehnte ab. Das, was ihn störe, seien nicht Details, sondern der komplette Charakter des Interviews – er gebe das tatsächliche Gespräch nur verzerrt wieder. Die Lehre daraus: Das schönste Interview – und es war wirklich sehr schön, ich habe es extra aufgehoben – hilft nichts, wenn es nicht erscheinen kann.

In der Regel jedoch ist das, was vom Interviewten zurückkommt – zumeist ein Word-Dokument mit Anmerkungen und Streichungen – nicht das letzte Wort. Es lohnt sich nachzuverhandeln. Manche Interviewpartner haben darauf keine Lust. Ein ehemals sehr wichtiger Politiker schien es als mangelnden Respekt vor seiner Lebensleistung zu empfinden, dass ich mit ihm am Telefon über Satzbaufragen sprechen wollte. Beglückend und überaus lehrreich war demgegenüber der Autorisierungsprozess mit Wondratschek. Wir kommunizierten so lange über den Text, bis jedes einzelne Wort so war, wie er es haben wollte – und ich auch. Ebenso wunderbar war die Zusammenarbeit mit Heide

Sommer, der Sekretärin von Fritz J. Raddatz. Er vertraute ihrem Sprachgefühl blind, so dass sie auch ohne mit ihm Rücksprache zu halten Änderungen am Text vorschlagen oder absegnen konnte.

Der größte Coup bei der Autorisierung gelang sicher beim Glos-Interview. Reinhard Bingener und ich hatten geschrieben, dass auf dem Spülkasten in Glos' Klo Figuren von Mao, Lenin und Stalin stehen – Glos strich es komplett heraus. Wir fragten, warum – und hätten uns wohl mit der Antwort begnügt, dass er keine Beschreibungen seiner Toilette in der Zeitung lesen will. Doch es stellte sich heraus, dass er sich allein an der Erwähnung von Mao störte – weil er gute Beziehungen nach China hatte und diese nicht belasten wollte. Also haben wir Mao weggelassen. Damit war allen geholfen. Was wir schrieben, war zwar nicht völlig frei von Fiktionalität, aber es stimmte und war abgestimmt.

Es gibt unterschiedliche Auffassungen darüber, was man mit einem autorisierten oder, wie manche Interviewpartner extra schreiben, „so autorisierten" Interviewtext machen darf. Ich bin der Auffassung: gar nichts, außer ihn so drucken. Allenfalls kann man aus den eigenen Fragen noch Füllwörter herausnehmen, wenn es das Layout unbedingt erfordert. Was nicht geht: Eine oder mehrere Frage-Antwort-Blöcke ohne Absprache streichen. Ein gutes Interview ist nie nur eine Aneinanderreihung von Fragen und Antworten, sondern ein kleines Theaterstück. Aus dem kann man auch nicht einfach einen Akt tilgen. Gute Interviews haben Statik, Dramaturgie, Symmetrie. Sie können nur als Gesamtes bewertet werden. Interviewpartner autorisieren manche Antworten nur, weil sie wissen, dass in einer anderen Antwort der Kontext geliefert wird oder dass ein Angriff in der einen Antwort durch eine andere, weichere Antwort weniger grob erscheint. Aber wenn diese Antwort nicht mehr da ist? Man sollte die Interviewpartner so behandeln wie man selbst behandelt werden wollte, wäre man an ihrer Stelle. Befolgt man das, spricht es sich herum und man bekommt leichter weitere gute Interviewpartner.

Es freut mich, wenn ich positive Reaktionen auf ein Interview bekomme, auch dann, wenn das Lob von den Interviewten selbst kommt. Das ist bei anderen journalistischen Formen, bei Porträts oder Kommentaren, anders. Da würde ich mir überlegen, ob ich womöglich zu unkritisch war, mich vielleicht habe um den Finger wickeln lassen. Beim Interview ist mein Ziel, dass beide Seiten glücklich damit sind. Das zu erreichen ist manchmal knifflig, es erfordert ein bisschen Phantasie. Aber die Möglichkeit dazu steckt meiner Erfahrung nach in wirklich jeder Interview-Konstellation.

01 Wolfgang Joop 20
02 Peter Gauweiler 34
03 Peter Furth 46
04 Bazon Brock 54
05 Klemens Berkenbrock 64
06 Elyas M'Barek 76
07 Oliver Korittke 86
08 Fritz J. Raddatz 94
09 Karl-Heinz Frasch 110
10 Wolf Wondratschek 122

11	Helge Schneider	134
12	Kardinal Meisner	142
13	Gerhard Polt	154
14	Campino	162
15	Farin Urlaub	174
16	Harald Schmidt	186
17	Michael Ebling + Sven Gerich	206
18	Michael Glos	218
19	Bruno Jonas	228

01
Wolfgang Joop

An das Gespräch mit *Wolfgang Joop*, das auf Anregung des F.A.Z.-Magazin-Chefs Alfons Kaiser zustande kam, erinnere ich mich sehr gerne zurück. Allein schon die Umgebung: Es fand 2016 in Joops Villa Wunderkind statt, einer neoklassizistischen Schatzkammer am Heiligen See in Potsdam. Schon damals deutete sich an, dass er sie bald verkaufen würde. Im Interview sagte Joop: „Ich habe über die Jahre des Wohlstands zu viel gesammelt, finde ich heute. Alles hier wächst wie die Pilze im Wald, das Haus wird immer größer und größer und ich proportional immer kleiner." Das Wunderbare an Joop: Bei allem Talent zum Effekt, zur Pointe, bei aller Neigung zur Widersprüchlichkeit, auch zum Selbstbetrug, war er einer der Wahrhaftigsten. Er wand sich nicht, wich unangenehmen Fragen nicht aus, benannte seine Ängste und Zweifel. „Das ist wie bei einer Teufelsaustreibung, die funktioniert, indem man den Namen des Teufels nennt." In vielem hatte er auch unbedingt recht. „Der Ästhetizismus des Mainstreams ist heute sowieso Porno." Wer wollte daran zweifeln, wenn man sich die Instagram-Profile junger Influencer anschaut? Ich hatte länger überlegt, was ich zu dem Termin anziehen sollte. Alfons Kaiser, der auch der Modefachmann der F.A.Z. ist und Joop gut kennt, sagte, Anzug sei nicht nötig. Ich entschied mich für Jackett und Jeans, außerdem, es war November, für einen braunen Mantel, immerhin von Hugo Boss. Am Ende des Gesprächs, das mit der einen oder anderen Unterbrechung viereinhalb Stunden gedauert hatte, unter anderem, weil es Probleme mit einem Filzanzug gab, den Joop auf den Fotos anziehen wollte, fragte ich ihn, was man in einem Gespräch mit ihm am besten anziehe. „Whatever you want", sagte er. Ich hakte nach und wies auf mein Jackett: „Okay, halbwegs?" Joop: „Das fragen Sie jetzt bitte nicht!" Und als ich schon dachte, schade, sagte er doch noch etwas, was ich wie eine Geheimwaffe zücken könnte, wenn mir irgendwann mal einer vorwerfen sollte, ich wüsste mich nicht zu kleiden. Aber natürlich mache ich das nicht – alle Bänder bleiben die nächsten dreitausend Jahre unter Verschluss.

"Sie stellen mir Fragen, die ich mir nie gestellt habe" | *Wolfgang Joop*

„Lachen ist lächerlich"

INTERVIEW VOM
10.12.2016 / F.A.Z.-MAGAZIN

Wolfgang Joop über die Arbeit an der Schönheit, amerikanischen Erfolgswahn, geschmacklose Mode, verordnete Feiertage, den abwesenden Vater und den rächenden Gott.

Herr Joop, Sie haben an zwei Staffeln von „Germany's Next Topmodel" als Juror teilgenommen. Warum?
First I did it for the money. Second I discovered my part. Die Teilnahme hat mir in Deutschland neuen Credit gegeben, von dem ich finde, dass er beinahe überfällig war. Ich war in der Show immer auf der Seite der Mädchen. Für mich war es wichtig, von den Teenagern vor dem Bildschirm gemocht zu werden, von deren Müttern und Großmüttern. Das tut gut, und es ist mir nicht durch meinen Roman, nicht durch meine Kollektionen gelungen, sondern dank Heidi Klum. Die Leute haben jetzt begriffen, dass ich nicht dieser Exzentriker bin, der in seinem Luxustempel sitzt, sich das nackte Model bucht, und dann fällt ein Kleid von der Decke und vielleicht ziehen wir es an oder vielleicht auch nicht und machen lieber eine Orgie.

Haben die Deutschen eine falsche Vorstellung davon, was es bedeutet, ein Modeschöpfer zu sein?
Wir sind Industrie-Designer, die ihre Kunden mit der Erfüllung von Wünschen überraschen, die sie eventuell gar nicht hatten. Nur mit Attitude kannst du diesen Beruf nicht lange machen. Das geht nur mit Arbeit und Schmerz. Aber das ist kaum bekannt. Selbst gute Freunde sagen zu mir: Ach, schreib' doch mal wieder ein Buch, Du schreibst doch so gut, warst sogar auf der Bestsellerliste. Dann erwidere ich: Darf ich euch mal was sagen? Ich bin berufstätig.

Einer der beliebtesten Deutschen im Fernsehen wohnt in Ihrer Nachbarschaft: Günther Jauch.

Es ist das Land, das solche Figuren macht oder zumindest zulässt. Günther Jauch spielt in Deutschland die Rolle des ewigen Junglehrers. Er erweckt beinahe schon Mitleid: Der Hemdkragen scheuert, deswegen macht er immer so komische Halsbewegungen, dann die zu großen Schuhe, nichts sitzt richtig. Die Deutschen sind sehr empfindlich, wenn Sachen sitzen. Man gilt dann als oberflächlich, eitel. Hat der nichts anderes zu tun, als sich die Sachen auf Maß arbeiten zu lassen? Man erinnere sich an Kanzler Schröder, den Brioni-Schröder, der hatte damit gleich verschissen.

Wie natürlich kann man in einer Sendung wie „Germany's Next Topmodel" sein?
Ich habe zu den Produzenten ab Ankunft in L.A. gesagt, Ihr dürft das ganze Drehmaterial senden, Joop verschwitzt, durchnässt, frierend, wie er sich umzieht. Das wurde sogar in der F.A.Z. mal positiv vermerkt: dass ich mich vor laufender Kamera umgezogen habe. Der Sender hat natürlich einiges rausgeschnitten, was wohl auch besser für mich war. Ein Beispiel: Als die Mädchen bei einem Walk unglücklich guckten, hab' ich zur ersten gesagt: Ihr guckt alle unglücklich, weil Ihr alle scheiße ausseht – genauso wie ich. Denn wir sind alle mit dem selben Schwamm von der selben Make-up-Tante geschminkt worden – nur Heidi hat 'ne eigene.

Die Sendung ist gerade wegen der Art, wie mit den Mädchen umgegangen wird, umstritten.

Ich finde großartig, wie die Sendung gehasst und dennoch von so vielen gesehen wird. Sie bedient eine ganze Menge Emotionen. Man sieht die Mädchen leiden, zittern. Ehrlich gesagt, quält man sie zum Teil auch unnötig. So läuft das im wahren Leben nicht. Aber wer sich diesem Fernsehformat andient, muss das wissen. Das ist so ähnlich wie das Dschungelcamp. Man sitzt zu Hause vor dem Fernseher und sagt sich: Dieses Mädchen ist viel hübscher als ich, aber dafür fliegt sie gleich auf ihre hübsche Fresse.

Wie kamen Sie mit Klum zurecht?
Bevor ich Heidi kannte, habe ich auf sie grundsätzlich genervt reagiert. Aber das ist eine ganz dumme deutsche Haltung, auf Leute, die glamourös-professionell und massenkompatibel sind, einfach genervt zu reagieren. Da bin ich nach Canossa gegangen.

Sie waren mit ihr einige Zeit bei Dreharbeiten in Amerika.
Wie reagieren die Leute dort auf sie?
Da ist sie das Format: Heidi Klum. Vom deutschen Model, auf das die Modewelt nicht gewartet hatte, zum mega-präsenten Super-Star, Super-Mama, always in love, always in a good mood. Sie hält die Fäden selbst in der Hand. Sie könnte Politikerin werden.

Aber Sexyness zeigt sich doch gerade im Kontrollverlust.
Die Amerikaner sehen das anders. Aber für mich ist es so. Deswegen glaube ich oder hoffe, dass der Tod auch eine sexuelle Erfahrung ist, nicht das Sterben oder die Agonie, aber der Tod. Weil er dir die Kontrolle über dich nimmt, über deinen Körper, deine Sinne. Aus dem selben Grund finde ich auch, dass Narkosen eine gnadenreiche Erfindung sind. Ich verstehe total, warum Michael Jackson scharf war auf Propofol. Erst wehrst du dich noch, dann auf einmal schwindet alles, vor allem die Vernunft.

Wie viel hat Ihr Beruf mit Sex und Erotik zu tun?
Viel, aber anders, als die Leute denken. Es ist ein tief erotischer Ansatz, dass ich komme und dir an die Wäsche gehe. Nicht persönlich, sondern intellektuell. Oder als ich Parfum gemacht habe unter meinem Namen: Da hast du unter deiner Achsel nach mir gerochen.

Wie finden Sie das Phänomen Donald Trump?
Wie gesagt: Jedes Land lässt seine eigenen Figuren zu. In diesem Fall kommt zu dem provozierend Neuen das unheimlich Vertraute. Etwas Ronald Reagan, etwas Liberace, der schwule Entertainer, mit dem Trump mehr Ähnlichkeit hat, als er weiß. Da braucht es hier eine Frau wie Angela Merkel, die sich nicht provozieren lässt.

Sie finden Trumps Gebaren ästhetisch interessant?
Man denkt natürlich: So schlimm, wie es aussieht, kann es nicht bleiben. Nun lass mal die Luft aus den Backen und hol mal die Haarbürste! Aber irgendwie erinnert die Umkehrung von jedem Geschmack auch an die Kunst von Jeff Koons, einem von mir sehr geschätzten Künstler.

Mit dem Unterschied, dass Koons das Geschmacklose
als solches reflektiert.

Für Amerikaner ist das zu komplex, die haben Koons sowieso nicht verstanden. Sie haben es gerne eins zu eins. Ein anderes Wort dafür wäre: Porno. Der Ästhetizismus des Mainstreams ist heute sowieso Porno. Ich habe gerade von dem Trend gelesen, sich die Vagina vor den Titten machen zu lassen. Das sagt doch alles.

Was sagen Sie zu Melania und Ivanka?

Es ist erst einmal interessant, dass sie alle diesen osteuropäischen Einschlag haben. Es gibt ja viele Models aus der Gegend, hohe Wangenknochen, ein bisschen Hardcore. Man hat das Gefühl, die sind etwas zäher als die Westfrauen, schmerzunempfindlicher, die haben schon mehr durchgemacht. Sie sind auch sehr viel luxusaffiner, hinterfragen nicht so viel. Bling-Bling ist für sie selbstverständlich, auch die Schönheitskorrekturen, die Optimierung der eigenen Person mit allen Mitteln. Aber die Trump-Frauen sind so anti zu dem, wonach die Fashion sucht. Die Tochter etwa, Ivanka, hat diese hotdogartige Schönheit, die schon David LaChapelle faszinierte.

Was meinen Sie mit „hotdogartige Schönheit"?

Wie eine Bockwurst: dieses Pralle, Runde, Glatte. Gleichzeitig strahlt sie Disziplin, Ehrgeiz, Leistung aus. Amerika ist eine leistungsfixierte Nation, die no mercy hat mit dem, der es nicht schafft. Dass Melania eine Rede gehalten hat, die fast komplett von Michelle Obama abgekupfert war, passte perfekt. So geht Optimierung.

Es heißt, anders als die Deutschen verziehen die Amerikaner Pleiten und Niederlagen ...

... wenn man danach wieder aufsteht und geständig war. In Deutschland darf man Dinge weniger zugeben. Wenn ich publik machen würde, dass ich irgendetwas Teures verkauft habe, ein Gemälde, ein Haus, hieße es sofort: Joop ist pleite. Das kann fatal sein, denn dann wirken auch die Klamotten so ansteckend, dass die Kundinnen denken: Wenn ich seine Bluse anziehe, dann zieht mich das in den Abgrund.

Ein womöglich weiterer Unterschied zwischen Amerika und Deutschland: Während man dort auf den ersten Blick erkennen soll, wenn sich jemand einer Schönheits-OP unterzogen hat, soll es in Deutschland möglichst natürlich aussehen.

Das ist bei uns auch schon anders geworden. Es fing damit an, dass die Zahnspange zum Statussymbol wurde. Und: My daddy bought me boobs for my 14th birthday – das gibt es nicht nur in den Vereinigten Staaten.

Was halten Sie von der Theorie, dass man durch Schönheitsoperationen Sexualpartnern signalisiert: Ich strenge mich an ...

... ich tue alles für dich. Ein Geschäftspartner erzählte mir mal, er habe einen Autounfall gehabt, mit seiner Geliebten, nicht mit seiner Ehefrau. Die Geliebte nannten wir „Nutella", weil sie immer braun angemalt war. Die habe sich beide Arme gebrochen. Als er zu ihr ins Krankenhaus gekommen sei, habe sie ihn, mit ihren beiden Armen in Gips, darum gebeten, er möge sie mit Selbstbräuner eincremen. Der Geschäftspartner fing an zu weinen, als er mir das erzählte. Da fragte ich: Warum weinst du? Da sagte er: Sie will für mich schön sein, verstehst du, für mich, für mich!

Die „Süddeutsche Zeitung" hat Sie vor einem halben Jahr in einer Reihe mit Costa Cordalis und Sylvester Stallone genannt. Es ging dabei um Schönheitsoperationen.

Erstens habe ich das gar nicht nötig, und zweitens kann man an der Folge von Fotos aus unterschiedlichen Jahren sehen, dass es nicht stimmt. Aber wenn ich es wollte, würde ich es sofort tun. Und wenn es nötig ist, werde ich mich diesem Schmerz unterziehen. Ich bin wirklich kein Masochist, aber ich glaube, du begreifst in dieser Welt, die so laut ist, so zu, so überfüllt, den Wert deiner Existenz nur dann, wenn es wehtut.

Was ist das Problem am Älterwerden?

In Amerika habe ich das deutlich gesehen, da gibt es nur zwei Krankheiten: arm und alt. Beides ist das Todesurteil. Wissen Sie, warum ich noch in dieser Welt der Fashion und der unendlichen Jugend sein darf? Weil es Karl Lagerfeld gibt. Das ist etwas, was ich noch nie gesagt habe, aber wirklich schon lange fühle. Lagerfeld ist wohl 83 oder 84. Er lässt mich in dem Wahn existieren, dass ich nicht alt sei. Er lässt mich immer elf Jahre jünger sein!

Sie selbst haben mal gesagt, Ihnen gefalle „das Bröckelnde".
Warum sollte das nicht auch für Gesichter gelten?

Ich weiß doch aus den Tests, die wir gemacht haben, dass dicke Frauen keine dicken Models sehen wollen. So geht es den Leuten auch mit alten Menschen. Ich zum Beispiel kenne keinen Siebzigjährigen.

Sie haben vorher, während der Fotoaufnahmen, gesagt, das Lachen falle Ihnen heute schwerer als früher. Warum?

Ich muss zu viel vom Gesicht nach oben schieben. Das Gesicht will ja, je älter man ist, desto mehr nach unten.

Gibt es auch einen inneren Grund?

Ich will keine sich grotesk anbiedernde ältere Person sein. Was im Alter hilft, ist der freiwillige Rückzug. Unabhängig davon bin ich natürlich durch und durch auch eine Fashionfigur. Das habe ich den Mädchen bei Heidi immer wieder gesagt: Wenn du verführen willst, entziehe dich. Lachen verführt nicht; Lachen ist lächerlich. Man nimmt sich ernst, man ist blasiert, schaut ins Leere, man ist eine Bitch. Sehen Sie ein lachendes Model? Nein. Ich bin zu sehr „Fashion-Now", um noch zu lachen wie in den Achtzigern.

(Er zeigt auf seinem Smartphone ein Foto von sich als schöner junger Mann.)

Hatten Sie damals ein Bewusstsein für Ihr gutes Aussehen?

Ich konnte immer schon genau hinschauen. Ich wusste immer, was mir nicht passte. Aber mir passte jede aktuelle Mode, auch die geschmacklich fragwürdigste. Die passt mir heute noch, ohne dass ich den Bauch einziehen muss. Aber wer wie ich ganz genau hinschaut, dem gefällt am eigenen Bild stets irgendwann nichts mehr. Es gibt immer neue Standards, die man zwar selbst mit aufgestellt hat, deretwegen man sich aber auch selbst aussortieren müsste.

**Haben Sie sich je gewünscht, nicht so gut auszusehen?
Für viele Künstler war ihr bestenfalls mittelmäßiges
Aussehen die Quelle ihrer Kreativität . . .**

Zumindest hat mir mein Aussehen, meine Wirkung auf andere, nicht immer genützt. Ich ahnte oft nicht, wenn Menschen in mein Magnetfeld gerieten und dann eine Nähe einforderten, die ich nicht geben konnte. Das führte oft zu Verwerfungen. An der Hochschule in Braunschweig, wo ich ab 1968 Kunsterziehung studierte, wurde ich angefeindet, weil ich zu hübsch war – und meine Zeichnungen angeblich zu schön. Das passte nicht in die Zeit, in der fettige Haare, schlechte Haut und Schweißgeruch als Avantgarde galten.

Was sehen Sie, wenn Sie heute in den Spiegel blicken?

Die Frage beschäftigt mich seit meiner Kindheit: So, wie Sie mich sehen, werde ich mich nie sehen. Warum sehe ich mich nur durch ein anderes Medium, durch Sie, durch einen Spiegel, durch ein Foto? Ich sehe nicht die Aura dieser Figur. Aber natürlich möchte ich, dass sie nicht peinlich ist, dass sie nicht zu lange da ist, wenn man sie eigentlich schon längst nicht mehr auf der Bühne sehen möchte. Diese Sorge beschäftigt mich schon sehr. Ich will ja nicht „Joopie" werden, der heut' noch im „Maxim" intim wird.

Und wenn ich Ihnen nun sagen würde, dass Sie ein gut aussehender älterer Herr sind, nachdenklich, witzig, überhaupt nicht peinlich?

Dann würde ich Ihnen sagen, dass ich eben das nicht sein will: ein gut aussehender älterer Herr.

Wer sind Sie?

Ich habe keine wirkliche Identität. Heute erschrecke ich mich darüber, wie jung ich mich fühle und es nicht mehr bin. Diese Disharmonie spüre ich deutlich, und ich glaube, ich habe sie immer schon gespürt. Dass ich zu lange jung aussah, als man von mir schon erwartete, Vater und Geschäftsmann zu sein. Ich habe den Zeitpunkt verpasst, wo ich identisch mit mir selbst war.

Wer oder was wären Sie gerne?

Ein Vagabund. Manchmal denke ich, es grenzt an Umweltverschmutzung, dass ich ständig neue Kollektionen mache, in diesem schnellen Stakkato. Wer räumt das weg, wer entsorgt es? Ich habe über die Jahre des Wohlstands zu viel gesammelt, finde ich heute. Alles hier wächst wie die Pilze im Wald, das Haus wird immer größer und größer und ich proportional immer kleiner.

Was meinen Sie mit Vagabund?

Ich hätte nur einen Rucksack und eine Kreditkarte bei mir. Ich würde nicht trampen, nicht mit der Eisenbahn fahren, sondern immer fliegen. Und wenn ich nach Bayern fliege, dann kaufe ich mir da am Flughafen eine Lederhose. Und wenn ich Bayern verlasse, dann schmeiße ich sie weg. Und wenn ich in Honolulu bin, kauf' ich mir einen Bastrock, den ich am Flughafen wieder wegschmeiße. So geht das weiter. Ich werde mich immer kleiden, wie es Landestracht ist, ich werde essen, was es dort zu essen gibt. Ich mache die Moden mit, wie sie singen, tanzen, Liebe machen. Und dann fliege ich first class ins nächste Abenteuerland.

Glauben Sie, dass es je so kommen wird?
Ich weiß es nicht. Es ist schwer fortzugehen.
Warum?
Aus zwei Gründen. Der erste: Man lässt mich nicht. Wunderkind war der Versuch, als Person, mit meinem Namen, hinter der Kunst zu verschwinden. Aber hier in Deutschland ist meine Legende einfach viel größer. Die Legende erstickt mein Werk, sie lässt Kunst nicht zu. Veruschka hat das auch mal gesagt: Veruschka, das Model, hat die Künstlerin Vera von Lehndorff nicht leben lassen.
Der zweite Grund?
Man geht nicht, weil man nicht geht. Ich habe diesen Film gesehen mit Keira Knightley, „Alles, was wir geben mussten". Der handelt von Waisenkindern, denen erklärt wird, dass sie nur dazu da sind, Organe an reiche Leute zu spenden. Der Film ließ mich erstarren. Ein Freund, der ihn mit mir schaute, sagte: Warum sind sie nicht gegangen? Dann hab' ich gesagt: weil man nicht geht. Die Schicksale der Flüchtlinge erschüttern mich auch deshalb, weil sie gegangen sind. Diesen Akt finde ich die größte Performance, die man einem Menschen abverlangen kann: Gehen.
Bei den Flüchtlingen liegt auf der Hand, warum sie gehen. Aber bei Ihnen?
Ich bin gescheitert am Konzept Heimat. Hier in Potsdam habe ich meine schöne, behütete Kindheit verbracht. Wir mussten dann weg, nach Niedersachsen. Schon das Wort war Demütigung für mich. Als die Mauer fiel, bin ich zurückgekommen. Mein größter Wunsch, um den ich einst im Schloss Friedrich den Großen gebeten hatte, wurde mir dadurch erfüllt. Aber der Moment ist längst verbraucht, die alte, ganz andere Welt, mit den Menschen, die mein Leben geprägt haben, ist längst versunken. Da ist keine Mutter mehr, keine Großmutter und kein Großvater. Ich habe das Gut Bornstedt, wo ich meine ersten Lebensjahre verbracht habe, meinen beiden Töchtern übergeben, die eine andere Erinnerung daran haben. Logischerweise. Aber das alte Heimatgefühl will sich nicht mehr einstellen. Ich trage diesen Sehnsuchtsbegriff nicht mehr in mir.
Wie werden Sie Weihnachten verbringen?
Verordnete Feiertage überfordern mich. Ich habe Angst davor wie vor einer Modenschau. Man arbeitet ein halbes Jahr lang auf die Inszenierung hin, versucht, alles perfekt zu machen, alle Leute zu befriedigen – Was sagt die deutsche „Vogue", was die japanische, verstehen die Japaner und die Deutschen zur selben Zeit dieselbe Aussage? –, und dann hat man alles richtig gemacht, aber die Belohnung findet nicht statt. Die Geschenke sind verkehrt. Mich erinnert das immer an den John-Waters-Film „Female Trouble": Das fette Mädchen Dawn Davenport, gespielt vom Travestiekünstler Divine, reißt unterm Weihnachtsbaum alle Geschenke auf, aber das, was sie wollte, Schuhe mit hohen Hacken, ist nicht drin. Sie reißt daraufhin wütend den Baum um, rennt nach draußen. Auch ich würde am liebsten den Weihnachtsbaum umschmeißen und rennen. I'm sorry.

Sie sind in Ihrem Leben doch wirklich reich beschenkt worden.
Das stimmt. Plötzlich kamen so viele Geschenke vom Himmel gefallen, dass ich bis heute am Auspacken bin. It's too much. Vielleicht passt hier der Satz: Wen die Götter bestrafen wollen, dem erfüllen sie seine Wünsche.
Wie ist Ihr Verhältnis zum Glauben, zur Kirche?
Als Kind bin ich gerne in die Kirche gegangen und hab' mir den Jesus angeguckt, der natürlich blond war, frühes 19. Jahrhundert. Heute denke ich: Der Jesus war ein armes Schwein. Ein Vater, der seinen Sohn opfert und sich gegenüber den Menschen verhält wie ein unsicherer Liebhaber. Er stellt uns dauernd auf die Probe, er lässt uns leiden – um endlich doch unnahbar zu bleiben. Was ist denn das für 'ne Horror-Story! Ich finde den Gott, den sich die Kirche ausgedacht hat, einen rachsüchtigen Gott, der uns in ständiger Angst hält. Mich auch, denn ich staune nicht genug über das Wunder seines Planeten.
Auch Sie hatten ein schwieriges Verhältnis zu Ihrem Vater, der, als Sie bereits acht Jahre alt waren, aus sowjetischer Kriegsgefangenschaft nach Hause kam.
Ich bin eigentlich immer noch dieses Kind, das auf den Vater wartet. Der Vater war ein Phantom, das ich mir selber zurechtschusterte. Der Vater, den ich erwartet habe, der ist nie gekommen, das tut mir bitter leid für uns beide.
Halten Sie die Bibel für einen Schauerroman?
Sie wurde irgendwann mal von Menschen geschrieben und passt nicht mehr in unsere Zeit. Wie übrigens auch der Koran nicht in unsere Zeit passt. Die Bibel hat allerdings gute Legenden, gut aufgeschrieben. Noah zum Beispiel. Das war bestimmt nicht nur ein Einzelner, sondern das Sinnbild für Überlebende. Und die Sintflut gab es, mit Sicherheit. Damals ist vielleicht eine Rasse ausgelöscht worden. Die auf dem Berg ganz oben, das sind immer die Kleinen. Unten im Tal sind die Großen. Jetzt sind die Großen alle weg, ertrunken – und wir sind die Nachfahren der Kleinen. Wir halten uns für Halbgötter, dabei sind wir Wichte.
Sie sagten, Gott halte auch Sie in Angst.
Glauben Sie an ihn?
Ich bin sicher, es gibt dieses überkreative Wesen. Aber wir haben dafür kein Bild, mit diesem Nicht-Bild müssen wir zurechtkommen. Das ist wie bei Heidi: Ich habe kein Foto für dich.
Vom Schriftsteller Don DeLillo stammt der Satz: „Talent ist erotischer, wenn es verschwendet wird."
Können Sie diesem Gedanken etwas abgewinnen?
Sie haben Ihres ja nun nicht verschwendet...
Vielleicht schon. Aus einer bestimmten Perspektive kann man die Mode und alles, was ich da gemacht habe, sehr überflüssig finden. Man kann der Ansicht sein, ich hätte mich besser auf mein Talent zu malen und zu schreiben konzentriert. Diesen Konflikt habe ich auch in meinem Roman „Im Wolfspelz"

beschrieben. Da steht der Protagonist vor einem Gemälde, und dieses Gemälde sagt zu ihm: „Warum hast du mich gekauft und nicht gemalt?"

Sie hätten, statt Ihre eigenen Unternehmen zu führen, sich anstellen lassen können, so wie Karl Lagerfeld. Dann hätten Sie womöglich Zeit und Nerven gespart.

Es ist schon physisch für mich nicht vorstellbar, mich in diesem Korsett zu bewegen. Ich bin eben ein Kind der siebziger Jahre und wäre überall gekündigt worden.

Was halten Sie von Lagerfeld?

Ich schätze ihn heute mehr als je zuvor. Er war früher schon ein besonderer Mensch, mit besonderen Menschen um ihn herum. So habe ich ihn ja auch kennengelernt, vor Jahrzehnten auf der Straße in Paris, als er meine damalige Frau und mich ansprach und in sein Schloss in die Bretagne einlud.

Wusste Lagerfeld, dass Sie Teil der Modewelt sind?

Nein, wir waren einfach hübsch, das war genug. Für mich war das eine beeindruckende Begegnung, begriffen habe ich ihn bis heute nicht. Aber was er geschafft hat, ist einmalig: Die Pariser, die ganz sicher nicht auf einen Deutschen gewartet hatten, zur Arbeit anzutreiben, sie mit seiner Idee zu infizieren, sie dazu zu zwingen, wie in einer Sekte an ihn zu glauben. Als Designer nimmst du ihnen ja alle Entscheidungen ab, du sagst rot oder grün oder blau. Und sie müssen diese Mega-Inszenierung erst basteln und danach wieder wegräumen. Dass Lagerfeld das geschafft hat, bewundere ich zutiefst. Ob das nötig war, sollen Philosophen beantworten. Das gilt genauso für mich und meine Arbeit.

Es gibt noch eine dritte Große im Bunde: Jil Sander. Wie kommt es, dass das Verhältnis zwischen Ihnen dreien zumindest als sehr schwierig gilt?

Erst einmal bin ich Zeuge. Ich bin zum Beispiel Zeuge von Jil Sanders Anfängen, wir kannten uns damals in Hamburg sehr gut. Zeugen werden nie geliebt, weil sie oft Dinge wissen, die andere nicht wissen sollen. Ich habe auch hin und wieder etwas gesagt, was Kollegen als brisant empfunden haben. Dabei verstehe ich die Brisanz bis heute nicht. Ich verstehe zum Beispiel nicht, warum sich jemand jünger machen muss, als er ist, oder aus dem Alter ein Geheimnis macht. Generell beschäftige ich mich lieber mit der Analyse von Phänomenen und Personen als mit deren Anbetung. Mich fasziniert die Realität, nicht der Schein. Dessen ungeachtet finde ich, Feindschaften bedienen nur den Voyeur und den Neider.

Sie haben mal gesagt, Kate Moss sei ein Topmodel, weil sie schweigt, Heidi Klum eher nicht, weil sie spricht. Haben Sie selbst in Ihrem Leben womöglich zu viel geredet?

Ich glaube, es hätte mir manchmal besser gestanden, nichts zu sagen. Dieses Gesicht, das ich Ihnen auf dem Handy gezeigt habe, ist so charmant, weil es nichts sagt. Da kann man eine Menge reininterpretieren. Aber ich brauche auch das Wort. Zum Beispiel, um meine Psychosen zu benennen. Das ist wie bei einer Teufelsaustreibung, die funktioniert, indem man den Namen des Teufels nennt. Ich sage das wörtlich so zu meinen Dämonen, die alle einen Namen haben: Ihr haltet jetzt die Fresse, Ihr seid jetzt nicht dran.

Inwieweit haben Mode- und Sprachschöpfung etwas miteinander gemein?

Ich bin unsicher in dem, was ich tue, wenn ich es nicht benennen kann. Ich arbeite auch wie ein Drehbuchautor: Ich ringe um die Worte, ich suche die Dialoge und die Figuren, die ich haben will. Dann kleide ich sie ein.

Über den Designer Alexander McQueen, der sich 2010 umgebracht hat, sagten Sie mal, seine Kleider verrieten Ihnen zu viel, wonach Sie nicht gefragt hätten. Wo ist da der Unterschied zu Ihnen, der Sie von Ihren Dämonen sprechen?

Mode hat aus meiner Sicht, bei aller Schwierigkeit der Umstände, unter denen sie geschaffen wird, die Funktion, uns zu entführen in eine andere, idealisierte Welt. Nietzsche sagte: „Wir haben die Kunst, damit wir nicht an der Wahrheit zugrunde gehen." Ich weiß noch, dass meine Mutter „Film und Frau" gelesen hat in den Fünfzigern, da gab es eine Spalte „Goldstaub", ganz schicke Leute, mit Drink, alle rauchten, die Frauen im Petticoat. McQueen hingegen zeigte missgebildete, gequälte Kreaturen. Das überfordert den Begriff Fashion.

Sie sagen doch immer, Mode müsse wehtun.

McQueen ist an seinen eigenen Nightmares zugrunde gegangen. Gerade das möchte ich nicht. Es muss wehtun, aber es soll nicht töten!

Was meinen Sie genau mit wehtun?

Fashion muss wehtun beim Hinschauen, beim Tragen, spätestens beim Bezahlen. Denn auch der Preis ist ein Kick. Sehr viele Frauen finden es geil, wenn eine Hermès-Tasche 20.000 Euro kostet und wenn man auf sie warten muss wie auf einen Gigolo.

Und was tut dem Modeschöpfer weh?

Die Nächte durchzuarbeiten, sich tagelang mit winzigen Stoffschnipseln zu beschäftigen und dann, wenn auf einmal 200 Meter Stoff auf dich zugerollt kommen, zu erkennen, es ist die falsche Farbe, die falsche Schwere, zum falschen Preis. Meine Arbeit hat weniger mit dem Maler Gerhard Richter gemein als mit der Schmerzens- und Performancekünstlerin Marina Abramović, die sich hinsetzt und sich anstarren lässt. Ich lasse mich auch anstarren, schon über Jahrzehnte. Meine Mitarbeiter sehen mich verschwitzt, k.o., mit Kopfschmerzen komme ich die Treppe herunter, weil ich auf einmal denke, alles ist falsch. Dann sitze ich da, nachts, und zeichne alles neu. Warum? Warum? Ich habe Nächte und Millionen investiert, wurde verfolgt von Investoren, die nur den Profit sahen. Und dann, nach den acht Minuten Inszenierung auf dem Laufsteg, stehe ich da, tief traurig, weil die Kollektion in dem Moment für mich gestorben ist. Warum das Ganze?

Ja, warum?

Es ist eine Sucht. Alle Leute in der Mode leben wie Süchtige. Der Kick kommt nicht, die Belohnung kommt nicht – beim nächsten Mal, nächster Versuch, und dann gleich richtig ... Aber dann hat die Zeit sich verändert. Der Zeitgeist fickt dich, wenn du nicht aufpasst. Du musst ihn erkennen, aber du darfst ihm keinesfalls die Hand reichen. Um in einer visuell überfüllten Welt durchzudringen, muss eine Nicht-Verabredung mit dem Zeitgeist stattfinden. Das hat jeder große Künstler so gemacht. Warhol hat das verbrauchte Image von Liz Taylor aus dem Müll geholt und es ikonisiert. Darum geht es: Finde das Untouchable und spreche es heilig.

In gewisser Weise wurden auch die Supermodels vom Zeitgeist gefickt.

Die Zeit der glorreichen Sieben, Naomi, Claudia, Cindy, Linda, Nadja, Christy, Kate begann, als Aids aufkam. In einer Sendung auf Arte wurde das kürzlich schön analysiert. Die Supermodels waren Figuren, die unbesiegbar aussahen, gesund und optimistisch. Aber das ist das Gefährliche an der Mode, diesem Planeten der Schönheit und der Eitelkeit: Du wirst plötzlich Star, weil du schön bist, und dann kommst du morgen und bist einfach nicht mehr cool. Die Supermodels sind nicht mehr cool. Nur eine überlebte: Kate Moss. Sie gehörte dazu und gleichzeitig nicht.

Was ist denn cool?

Momentan geht es in der Mode darum zu negieren, was andere lockt, was andere tun. Ganz wichtiger Satz: Du musst auch ugly können. Wir mussten für eine Schau Jungs von Berlin nach Mailand einfliegen lassen, weil wir alle wussten, du kannst keinesfalls diesen gut aussehenden Typus aus den Mailänder Modelagenturen benutzen.

Wie stehen Sie zu Street-Styles, zu den Leuten, die sich im Umfeld der Schauen modisch inszenieren?

Ich finde es großartig, dass man die Freiheit hat, sich von anderen abzusetzen. Wenn aber alle aussehen, als wären sie aus der Norm gefallen, ist das auch schon wieder eine Form der Uniformität. Ich kenne ja diese Street-Styler. Von denen geht eine Blasiertheit aus, ein ignorantes Besserwissen, dass ich oft erschüttert bin. Nur ganz wenige von denen wissen, dass die coole Jacke, die sie anhaben und die aussieht wie von Peter Frankenfeld geerbt, mal ganz große Scheiße war. Und nur weil sie immer noch scheiße ist, ist sie jetzt cool.

Warum muss man von so etwas Ahnung haben?

Wer sich mit Mode befasst, wer meint, mit ihr spielen zu müssen, sollte ihre Gesetzmäßigkeiten kennen. Gestern zog mein Assistent meinem Model Sara einen doppelreihigen Blazer mit einem einreihig geknöpften Rock an. Ich fragte ihn, ob er nicht wisse, dass das wirklich nicht geht, dass das gegen jedes Fashion-Gesetz verstößt. Da sagte er: Wieso? Du selbst zerstörst doch jedes Gesetz. Daraufhin ich: Ja, aber ich kenne sie. Das ist der Unterschied.

Gemessen an der Schnelllebigkeit und der Brutalität Ihrer Branche, haben Sie sich lange gehalten.

Vielleicht hat man mich nicht abgeschossen, weil man mich nicht als Wild erkannte.

Bereuen Sie den Weg, den Sie gegangen sind?

Ich frage mich schon, ob es der einzig richtige gewesen ist. Aber erstens ist es jetzt sowieso zu spät: Es ist, wie es ist. Und zweitens denke ich, mein Gott, es war wirklich selbstbestimmt, dieses nutzlose Dasein. Wenn man Kaschmir verarbeitet, das man der Himalaja-Ziege aus dem Hals gekämmt hat, gibt es unweigerlich auch Abfall. Natürlich kann man sich da fragen: Warum hat man die Ziege nicht ungeschoren gelassen? Ich muss mich das nicht fragen, ich kann mir diese Dekadenz erlauben.

„Du musst auch ugly können."

Wolfgang Joop

02
Peter Gauweiler

Der Name *Peter Gauweiler* ist mir schon in meiner Jugend begegnet: in den derben Liedern von Hans Söllner oder im bayerischen Sozialkundeunterricht, aus dem ich die Verballhornung „Gauleiter" kannte. Gott sei Dank begegnet man sich oft mehrfach im Leben – zum Beispiel in Gauweilers Kanzlei am Promenadeplatz in München, gegenüber dem Hotel Bayerischer Hof. Horst Seehofer hat einmal in einem Interview, das ich zusammen mit zwei Kollegen mit ihm geführt habe, erzählt, er sei dort als junger Politiker „von Ehrfurcht erschlagen" gewesen. Ganz so schlimm war es bei mir nicht: Die Kanzlei ist zwar beeindruckend, vor allem, wenn man die Immobilienpreise dort kennt, aber Gauweiler ist ein sehr freundlicher Mensch, nicht auftrumpfend oder einschüchternd. Er nimmt sich für seine Antworten Zeit, und man schaut ihm gerne zu bei der allmählichen Verfertigung der Gedanken beim Reden. Ende 2017 erfuhr ich zufällig, dass er 1968, zur Zeit der Studentenrevolte, RCDS-Vorsitzender in München war. Ende 2017 bedeutete: Das Jubiläumsjahr 2018 stand unmittelbar bevor, 50 Jahre 68. Also fragte ich bei Gauweiler an – es wurde ein sehr schönes Gespräch. Mich beeindruckte, mit welchem Sportsgeist er über seine politischen Gegner sprach, manchmal auch: mit welcher Zärtlichkeit. Mich erinnerte das an ein Zitat des jüdischen Philosophen Jacob Taubes. Der hatte einmal über seine Beziehung zu Carl Schmitt gesagt: „Wir wussten, dass wir Gegner auf Tod und Leben sind, aber wir haben uns glänzend verstanden." Das Zitat kommt in meiner Magisterarbeit vor. Als die als Buch im Bouvier Verlag veröffentlicht wurde und 2007 der entsprechende Hinweis in der F.A.Z. kam, teilte mir mein Verleger noch am selben Vormittag mit: „Der erste Anrufer war eine Mitarbeiterin von Gauweiler, der das Buch eiligst zu lesen wünscht."

"Sie stellen mir Fragen, die ich mir nie gestellt habe" | *Peter Gauweiler*

INTERVIEW VOM
10.02.2018 / F.A.Z.-MAGAZIN

Peter Gauweiler über NSDAP, RCDS, CSU, Apo, SDS, KBW, KPDAO u.s.w.

„Wir waren für die das Allerletzt

Herr Gauweiler, 1968, im Jahr der linken Revolte, sind Sie in die CSU eingetreten.
Ich hätte es gern früher gemacht. Aber das verbot mir mein Vater. Er sagte, ich solle aufhören mit dem politischen Schmarrn.

Warum?
Er stand unter dem Trauma zweier Kriege und zweier Niederlagen und dachte: Diese Scheiß-Politik, die bringt uns alle um. Das war nicht böse gemeint, im Gegenteil.

Sie gelten als aufsässig. Wären Sie nicht ein prädestinierter Achtundsechziger gewesen?
Eher nicht. Die Aufsässigkeit der Achtundsechziger war zu mainstreamhaft. Dazu die vielen Widersprüche, das ewige Vermischen von Ethik und Heuchelei.

Können Sie Beispiele nennen?
Sie haben für die Befreiung der Menschheit gesungen und sind gleichzeitig unter den Bildern von Massenmördern durch die Straßen gezogen. Ich erinnere mich noch, wie wir 1968 eine große Demonstration gegen die Intervention der Russen in Prag gemacht haben. Meiner Apo war das hochsuspekt, denn die Prager waren ja proamerikanisch.

Wer waren „wir"?
Der Ring Christlich-Demokratischer Studenten, für den ich im Konvent der Ludwigs-Maximilians-Universität saß. Der RCDS war für die Apo das Allerletzte, und ich war in München sein Vorsitzender. Eine meiner ersten Veranstaltungen überhaupt war 1968 ein Teach-in mit Asher Ben-Natan, dem ersten israelischen Botschafter in der Bundesrepublik.

Sie als Reaktionär haben Teach-ins veranstaltet?
Ständig. Das hatte großen Reiz und färbte bei allem Widerspruch ab: die Sprache und Kleidung, das unbefangene und manchmal auch unverschämte Auftreten. Die besten Waffen durfte man doch nicht dem Teufel überlassen.

Also Teach-in mit Asher Ben-Natan.

Das war die heißest mögliche Provokation für die Sympathisanten der Palästinensischen Befreiungsorganisation. Der mutige Diplomat stand im Auditorium Maximum vor einer Phalanx aus Palästinensertüchern. Manfred Schreiber, damals Polizeipräsident, hatte mich am Vortag angeherrscht: „Sagen Sie diese Veranstaltung sofort ab! Die Sicherheit kann nicht gewährleistet werden." Dagegen warf ich auf: „Das ist doch Ihre Aufgabe! Jeden Apo-Aktivisten lassen Sie auf dem Campus alles machen, und uns RCDS-lern, einer winzigen Minderheit, wollen Sie jetzt auch noch das Versammlungsrecht nehmen?" Am Tag der Veranstaltung kochte der Audimax. Alle Mikrofonkabel waren durchgeschnitten, das gehörte zu den üblichen Kampfmethoden. Wir haben über mein Hand-Megaphon gesprochen, das ich immer dabei hatte. Ben-Natan sagte: „In diesem Saal sind viele Flugblätter gegen mich verteilt worden." Antwort Audimax: „Al Fatah! Al Fatah!" Dann kramte Ben-Natan ein Papier aus der Tasche und sagte: „Ich habe hier auch ein Flugblatt. Es wurde nicht heute verteilt, aber an dieser

Universität. Vor 25 Jahren. Die Verfasser sind darauf nicht zu lesen. Aber wir kennen ihre Namen: Alexander Schmorell, Kurt Huber, Sophie Scholl. Und heute, gerade einmal 25 Jahre später, kommt erstmals ein Botschafter von Israel in diesen Hörsaal und wird so behandelt."

Wie war die Reaktion?

Die Apo-Leute waren ja vom Ansatz nicht böse. Es gab ein paar daueraufgeregte Psychotiker, aber in der Breite waren sie zwar gefühlsstark, aber doch politisch und historisch gebildet. Ich habe selten erlebt, wie die Stimmung in einem Saal sich um 180 Grad dreht. Nach diesen Worten ist es passiert. Eine fürchterliche Betroffenheit kam auf. Die Leute haben geschluckt und sich gefragt: Was haben wir da nur gemacht? Und dann wurde daraus eine wunderbare Pro- und Contra-Veranstaltung ohne jede weitere Störung.

Ihr Vater war früh in der NSDAP.

Und er war in der Wehrmacht. Im Krieg hat er seinen rechten Arm verloren. Später hatte er einen Schlaganfall, so dass der verbliebene linke Arm gelähmt war. Er hatte durch den Krieg alle seine Geschwister verloren. Auch die junge Generation des „Dritten Reichs" hat einen hohen Preis bezahlt und dann trotzdem an der Auferstehung aus Ruinen gearbeitet. Vielleicht hat man sich den Verwerfungen manchmal mit Schweigen zu entziehen versucht. Es ist schlimm, einen Krieg zu verlieren. Noch schlimmer ist es, wenn ihn die anderen zu Recht gewinnen. Das konnte man nur in einer Schicksalsgemeinschaft aushalten. Bei Nietzsche gibt es die schöne Sentenz: „Das habe ich getan, sagt mein Gedächtnis. Das kann ich nicht getan haben, sagt mein Stolz. Endlich – gibt mein Gedächtnis nach."

Haben Sie in der Elterngeneration auch die Täter gesehen?

Ich sehe das so: Sie haben uns – in meinem Fall meine Schwestern und mich – aus den Trümmern herausgetragen. Wir verdanken dieser Generation, die zum Teil zwei Kriege durchgestanden hatte, eigentlich alles. Hinzu kommt etwas, worauf sich eine Generation später viele auch von ganz links berufen durften: Jeder Mensch hat das Recht auf eine zweite Chance. Unsere Elterngeneration hat diese zweite Chance unter großen Entbehrungen und mit großem Fleiß genutzt. Vor 2000 Jahren sagte ein Mann aus Nazareth: „Richtet nicht, damit ihr nicht gerichtet werdet." Das war einer der Streitpunkte mit den Achtundsechzigern: Die fühlten sich als neues Volksgericht.

Wie sollte man mit der historischen Last umgehen?

Es ist ein Zeichen höchster Treue zum eigenen Land, sich von solchen Lasten betroffen zu fühlen. Aber nochmal: Es geht um Ethik, nicht um Heuchelei. Man darf nicht „wir" sagen und anderen an die Brust schlagen.

Hat sich Ihr Vater durch die Achtundsechziger ungerecht behandelt gefühlt?

Nein. Er ist schon 1969 gestorben. Seine Freunde und er verstanden sich ja auch als Angehörige einer Rebellenjugend, und er war sich des Fiebers bewusst, das in den zwanziger Jahren über einen großen Teil der deutschen

Jugend gekommen war. Ich erinnere mich an den Sechstagekrieg, 1967, eine militärische Meisterleistung der Israelis. Mein Vater fragte mich: „Hast du das gesehen im Fernsehen?" Sage ich: „Ja, ist doch toll, ist super." Er: „Großartig, natürlich! Wenn sie zwei Sachen nicht können, haben wir über die Juden einst gesagt, dann Bauer zu sein und Soldat. Und heute machen sie aus der Wüste einen Orangengarten und sind die besten Soldaten der Welt. Da siehst du mal den Irrsinn, den wir geglaubt haben."

Der Historiker Götz Aly sieht Parallelen zwischen 1933 und 1968.

Die gibt es. Nicht umsonst hat selbst Habermas mal die These von 68 als linkem Faschismus in den Raum gestellt.

Laut dem Philosophen Hermann Lübbe verhielten sich viele Achtundsechziger so aggressiv wie die Angehörigen des Nationalsozialistischen Deutschen Studentenbundes vor der Machtergreifung.

Wenn ich für die Generation der Eltern um Verständnis ringe, dann muss das auch für die Achtundsechziger gelten. Radikales Denken verstehen heißt nicht, es zu entschuldigen. Aber auch im historisch Missratenen gibt es Tragik und Größe. Auch für die Achtundsechziger-Jugendbewegung setzten manche ihr Leben ein, in bestürzender Weise, warfen es sogar weg. Ich habe Rolf Pohle ganz gut gekannt, Asta-Vorsitzender in München, später RAF-Terrorist. Und den Fritz Teufel. Den habe ich sogar mal nach Stadelheim ins Gefängnis gefahren, weil er zum Haftantritt zu spät dran war. Um zwei Uhr nachmittags musste er sich dem Strafvollzug stellen, und um halb zwei hing er noch an der Mensa herum.

Warum ausgerechnet Sie?

Aus unerfindlichen Gründen hatten wir Sympathie füreinander. Ich hatte an der Uni mal eine Veranstaltung gemacht zum Thema „Anerkennung der DDR". Der Gag war, dass ein Referent von Franz Josef Strauß auftreten sollte, Klaus Bloemer, der für diese Anerkennung warb. Aber unser Parteiapparat hatte ihm dann kurz vorher untersagt, beim RCDS aufzutreten. Wer aber da war: der Fritz. Ich witzelte am Mikrofon: „Ich habe hier den Fritz Teufel als Ersatzreferenten." Man muss sich das alles wie eine Art Happening vorstellen. Ich sagte: „Fritz, möchtest du was zur Anerkennung der DDR aus Sicht der CSU sagen?" Hat er gemacht. So fing das an.

Haben Sie später Kontakt gehalten?

Als meine Frau und ich heirateten, hat er uns eine Collage geschenkt. Der Fritz hat immer viel gebastelt. Und er war ein unermüdlicher Radler. Als ich Staatssekretär war in der Obersten Baubehörde, hat er mich an einem unvergesslichen Abend im Haus des „Spiegel"-Redakteurs Hans Halter, eines Dr. med., der gleichzeitig Arzt von Rudi Dutschke und Rudolf Augstein war, gefragt, ob ich ihm mit einer Subvention helfen könne, er plane einen Radweg von Berlin nach München. Er war sogar bereit, ihn Franz-Josefs-Weg zu nennen. Ich habe mir ernsthaft überlegt, ob die Staatsregierung das Projekt verwirklichen könne.

Kannten Sie auch Rainer Langhans?
Den habe ich erst später kennengelernt. Er wurde glühend beneidet, weil er immer mit zwei Frauen kam, schönen Frauen.

Das Hedonistische und das Politische gingen damals Hand in Hand. Konnten Sie da mithalten?
Nicht so wie Langhans. Wichtig war vor allem, dass man irgendwie im Spiel war.

Als RCDSler galt man nicht automatisch als uncool?
Man stand bei der Apo ständig unter Spießerverdacht. Aber wir haben daran gearbeitet. Ich habe ein Teach-in gemacht zur CSU. Redner war der damalige Bezirksvorsitzende von München, Prinz Konstantin von Bayern, ein guter Typ, lässig, nicht eingebildet, weltläufig. Kaum hatte er zu reden angefangen, haben sie ihm ein Ei an den Kopf geworfen, voll auf die Stirn. Das muss ziemlich weh getan haben. Obwohl er blutete, redete er einfach weiter und gewann so den Saal. Die Apo hat ihm Beifall geklatscht. Es war damals also nicht immer nur Sportpalast angesagt. Wir waren aus ihrer Sicht zwar oft das Allerletzte, aber wir hatten immer wieder auch Spaß miteinander.

Wenn Sie das mit einem Treffen der Jungen Union von heute vergleichen ...
... kommt mir manchmal die Hausschuh-Marke Romika in den Sinn. Aber andererseits soll es auch nicht heißen: Jetzt kommt der Alte und erzählt vom Krieg. Ich bin doch noch so jung.

Gab es eine bayerische Färbung der Revolte?
Ich hatte das Gefühl, dass es in München nicht so böse war wie in West-Berlin. Vielleicht lag das am südlichen Flair und am Föhn. Außerdem hatte München seine wilden Jugendproteste schon sechs Jahre vorher gehabt, bei den Schwabinger Krawallen. Der junge Oberbürgermeister Hans-Jochen Vogel hatte damals noch berittene Einsätze der Stadtpolizei in der Leopoldstraße kommandiert. Danach begann die Karriere von Manfred Schreiber, und zwar mit der Münchner Linie. Das war mehr so die lässige Nummer. Der Polizist hakte sich bei den Demonstranten unter, und die Uschi Obermaier steckte ihm eine Blume ins Knopfloch.

Wie stand die CSU zu den Protesten?
Wie immer: im weiß-blauen Paradox. Die CSU sah sich auch damals als Rechts-Links-Mischung. Es gab natürlich Strauß. Aber die Partei entdeckte Ende der sechziger Jahre auch als erste die Umweltpolitik, gründete in München das erste Umweltministerium der Welt und tolle Universitäten an vielen Orten noch dazu. Ich saß ein Jahr im Uni-Konvent, da hat mich Strauß zum Jugendreferenten der CSU ernannt. „Jetzt haben Sie dich endgültig eingekauft", hieß es bei den Gegenkameraden von der Apo. Aus ihrer Sicht stimmte das ja.

Wie fand Strauß die Achtundsechziger?
Als ein Kommunarde Abführmittel genommen und in den Gerichtssaal geschissen hatte, sagte FJS: „Die verhalten sich wie Tiere, für Menschen gemachte Gesetze sind auf die nicht anwendbar." Da brach der Martin Luther

in ihm hervor. Andererseits war er unglaublich wach und interessiert an richtungsbestimmenden Debatten. Ich erinnere mich noch gut, wie er mich 1969 als Münchner RCDS-Vorsitzenden einlud und sofort das Streiten anfing. Wie ich dazu käme, dieses und jenes zu sagen? Da erwiderte ich: „Ja verflucht nochmal, weil's stimmt." So konnte man damals als Neunzehnjähriger mit dem CSU-Vorsitzenden reden.

Wofür waren Sie als CSU-Jugendreferent zuständig?

Meine erste Aufgabe: den Volksentscheid zu organisieren, mit dem in Bayern das Wahlalter von 21 auf 18 Jahre herabgesetzt wurde. Die zweite: Strauß mit Leuten aus Kunst und Kultur zusammenzubringen. Dazu gehörte Uschi Glas, die damals den jungen deutschen Erfolgsfilm „Zur Sache, Schätzchen" gedreht hatte. Später kam sogar noch Ingmar Bergman dazu, der spektakulärste Regisseur der Zeit, verantwortlich für den größten Filmskandal der Sechziger, „Das Schweigen", hochdramatisch, aber mit expliziten Sexszenen, also schwierig. Es traf sich, dass Bergman die groteske schwedische Steuerpolitik am eigenen Leibe zu spüren bekam. Er wollte gern nach München wechseln, wo wir die besten Theater Europas hatten. Strauß grummelte, das sei doch der mit dem Leinwandskandal. Aber er lud ihn ein, erst zum Kaffeetrinken nach Hause, dann zum Abendessen. Ergebnis: Bergman inszenierte am Residenztheater. Die linke Theaterkritik ist – als sie sich von dem Schock erholt hatte – ans Resi gepilgert, zum Bayerischen Staatsschauspiel.

Haben die Linken Strauß falsch eingeschätzt?

Da sind zwei Züge aufeinander zu gefahren, und jeder hat vor dem Zusammenprall nochmal richtig Gas gegeben. Mir ist heute noch weh ums Herz, wenn ich daran denke, welche Chancen dadurch verspielt wurden. Zu Recht hat Martin Walser mal zu Rudolf Augstein gesagt: „Ihr habt uns den Kanzler Strauß vorenthalten durch das Zerrbild, das ihr von ihm gezeichnet und verbreitet habt."

Strauß war 1975 der erste westdeutsche Politiker, der von Mao empfangen wurde.

Ich saß mit Alfred Sauter, dem späteren bayerischen Justizminister, meinem Studienfreund, im Juristischen Seminar, da verbreitete sich die Meldung, dass sogar die „Peking-Rundschau" über das Ereignis berichte. Die konnte man an der Universität auf Deutsch bekommen, übrigens auch die Traktate des albanischen Diktators Enver Hodscha. Eigentlich unlesbar – aber die Linken haben das vor sich her getragen wie die Zeugen Jehovas den „Wachturm".

Wie fanden Sie es, dass er Mao besuchte?

Großartig! Für uns war das ein Riesentriumph. In den siebziger Jahren waren aus dem SDS schon streng maoistische Studentengruppen geworden, Rote Zellen, KSV, KBW, KPDAO, von uns KPDANull genannt. Ich erinnere mich an einen Dialog mit einem ihrer Aktivisten in der Mensa: „Na, wie findest du, dass unser Vorsitzender in Peking ist?" Da hat der Ärmste nur verlegen erwidert: „Ich möchte mich dazu nicht äußern, bevor ich nicht die ‚Peking-Rundschau' gelesen habe." Ein heftiger Fall war Joscha Schmierer, den Joschka Fischer später als

Berater ins Auswärtige Amt geholt hat. Schmierer war einst Anhänger von Pol Pot. Sie sind alle brave Renegaten geworden. Ich glaube, ihr Weltbild geriet an jenem Tag ins Wanken, als das Zentralorgan der Kommunistischen Partei Chinas das gemeinsame Bild von Strauß und Mao veröffentlichte.

Was hat Strauß Ihnen vom Besuch erzählt?

Viel. Es muss ein intensives Treffen gewesen sein. Mao konnte wegen einiger kleiner Schlaganfälle nicht mehr gut sprechen, seine zwei Nichten waren dabei und haben auf Englisch übersetzt. Viel detaillierter war später sein Kontakt zu Deng Xiaoping, dem Vater der Politik der vier Modernisierungen. Von dem stammt die berühmte Antwort auf die Frage, warum er mit Strauß so gut auskommt: „Es ist egal, ob die Katze schwarz ist oder grau, Hauptsache, sie fängt Mäuse."

Hatte Strauß keine Skrupel, mit einem Massenmörder und Diktator zu sprechen?

Die Frage war, wird ganz Europa in zehn Jahren sowjetisch sein, wovon Henry Kissinger noch 1970 überzeugt war. Was ist gut für unsere Zukunft? Das war später auch das eigentliche Thema beim Milliardenkredit für die DDR, den Strauß eingefädelt hatte. Entweder es gibt Krieg – oder wir tun etwas, um der Sache eine andere Richtung zu geben.

Also reden, auch mit den ärgsten Feinden?

Das klappt nicht immer, aber man muss es tun. Geschichte besteht bekanntlich darin, dass etwas geschieht. Marlene Dietrich soll sich noch bis in die sechziger Jahre Vorwürfe gemacht haben, dass sie das Interesse von A.H. nicht irgendwie erwidert hat, um das Verhängnis abzuwenden.

War der Weg von 68 in den Terrorismus vorgezeichnet?

Jede Bewegung dieser Art trägt die fortgesetzte Radikalisierung in sich. Aber 68 in seiner Gesamtheit war zu vielfältig, als dass alles nur auf diesen Endpunkt hin geführt hätte. In ihrer Langzeitwirkung hat die Revolte uns alle berührt. Je länger man im Zug des Lebens sitzt, umso mehr Bilder ziehen vorbei. Man nennt das „Er-fahren". Emanzipationsfragen im Bewusstsein sind Zeitfragen.

Bereuen Sie manche Ihrer früheren Positionen?

Die westdeutsche Kritik am Vietnamkrieg empfand ich in jungen Jahren als Verrat – in der Auseinandersetzung gegen die gulagische Sowjetunion. Heute, erfahrungsgesättigt, sage ich: Das hätten die Amerikaner nicht tun dürfen. So auf keinen Fall. Sowieso glaube ich an den Satz aus Goethes Gesprächen mit Eckermann: „Die menschlichen Dinge haben alle 50 Jahre eine andere Gestalt."

Ihr Parteifreund Alexander Dobrindt hat zum 50. Jubiläum von 68 eine Abkehr von den damaligen Ideen verlangt, mittels einer „konservativen Revolution". Wie finden Sie das?

Jedenfalls ist das ein Ansatz und der Versuch einer weltanschaulichen Debatte. Man ist diesbezüglich ja nicht sehr verwöhnt in Deutschland. Aber wenn dann schon der Begriff Revolution fällt: Okay, Alexander, dann denken wir halt mal revolutionär, lasst es uns versuchen.

Auf viele hat gerade der Begriff „revolutionär" abschreckend gewirkt.

Wenn wir nicht Maschinenmenschen werden wollen oder Schlafwandler, brauchen wir das Gedanken-Revolutionäre. Glasnost. Perestroika. Wir tragen es in uns und haben es in der Hand, daraus einen Segen zu machen oder einen Fluch.

Was muss sich radikal ändern?

Vier Dinge. Erstens müssen die „Militäreinsätze für unsere Werte" im Ausland beendet werden. Alles, was noch an Air-Berlin-Flugzeugen verwendbar ist, nehme man, um unsere Soldaten sofort aus dem Ausland zurückzuholen. Zweitens: Es geht nicht, eine Million Flüchtlinge ins Land zu lassen, ihren Aufenthalt zu dulden, aber ihnen zu verbieten zu arbeiten. Drittens: Hört mit den Russland-Sanktionen auf. Die Russen sind nicht schlechter als die Amerikaner, auch nicht besser, aber unsere Nachbarn. Viertens: Stoppt Mario Draghi, seine Gelddruckmaschinen und die missglückte, undemokratische Euro-Rettung.

War das Revolutionäre der Kern von 68?

In meiner Rückschau waren die Achtundsechziger vor allem kerndeutsch.

Inwiefern?

Die starke Gefühligkeit, der unbedingte moralische Anspruch. Wissen Sie, wie Deutschland auf Chinesisch heißt? Moralisches Land. Wenn Sie mit den Achtundsechzigern „moralisch" diskutierten, konnten die nach wildem Auslachen der gegnerischen Positionen jederzeit in Tränen ausbrechen.

Und haben sie mehr Gutes oder mehr Schlechtes gebracht?

Schlecht sind die seit damals beschleunigten Tendenzen zur Verwahrlosung, die Verluste an Differenz und Distanz, auch der Angriff auf die Menschenwürde durch die Sexualisierung der Gesellschaft. Gleichzeitig haben sie Deutschland das Verzopfte, Tanzstundenhafte ausgetrieben und eine neue Unbefangenheit zum Leben gebracht. Wie heißt es bei Paracelsus: Alles ist ein Heilmittel, nur die Dosis macht das Gift.

Selbst die heute Konservativen reden mit viel größerem Feuereifer über 1968 als, sagen wir, über die Deutsche Einheit.

Ja – weil die Jugendkraft dahinter stand. Und weil die Achtundsechziger etwas wollten. Die Nacht des Mauerfalls bleibt unvergessen. Aber der westdeutschen Politik, die in 40 Jahren die Voraussetzungen zur Deutschen Einheit so großartig entwickelt hatte, fiel danach nichts mehr Großes ein. Nur noch der Euro, und der wurde zum Irrgarten. Und danach handelte die politische Klasse, als wäre sie nur für das Kleine geboren. Ich erkläre mir die Fehlentwicklung der westdeutschen Politik in den neunziger Jahren immer als eine Art Erfolgsdepression. Ich selbst hätte mir eine neue Europäische Gemeinschaft gewünscht, die ihren Sitz in Prag hat und vom Atlantik bis zum Ural reicht. Und Transrapid-Verbindungen von Berlin nach Moskau und von München ans Schwarze Meer. Stattdessen haben sie mit Brüssel weitergemacht, als ob nichts geschehen wäre. Serbien zu bombardieren befahl

ausgerechnet die Regierung, mit der so viele Alt-Achtundsechziger an die Macht kamen. Sie waren durch die Tatsache, dass der Kommunismus in Trümmern lag, völlig durcheinander gebracht worden. Einige schlossen sich dann amerikanischen Beratungsfirmen an. Eine Art Renegaten-Wirrsal.
Renegaten sind meist von links nach rechts gewechselt.
Bei Ihnen gibt es Anzeichen für den umgekehrten Weg.
Keine Angst. Schlagen Sie nach bei Thomas Mann: „Wenn der Kahn nach rechts kippt, setze ich mich nach links – und umgekehrt." So wirken beide Seiten zusammen. Die Achtundsechziger wollten dem Guten in der Welt dienen. Aber es brauchte ein Gegengift. Wie immer.

„Die Apo waren ja nicht bös

Leute
vom Ansatz
e."

Peter Gauweiler

03
Peter Furth

Auf *Peter Furth* bin ich in Plettenberg gestoßen, der Heimat des Philosophen Carl Schmitt, über den ich meine Magisterarbeit geschrieben habe. Als ich dort 2007 für eine Reportage war, in der es um den Umgang der Stadt mit dem problematischen Sohn gehen sollte, erzählte mir Gerd Giesler, ein Wegbegleiter Schmitts, vom Doktorvater Rudi Dutschkes: ein Philosophieprofessor und Renegat, der politisch von weit links nach weit rechts gewandert war. Furth eben. Mich hat immer schon interessiert, wie es zu solchen Entwicklungen kommt, wie die Protagonisten sie vor sich selbst rechtfertigen. Heute ist die Meinung verbreitet, man könne oder dürfe mit solchen Leuten nicht reden, ihnen zumindest kein Forum bieten. Ich glaube das nicht – solange die Leute klug zu argumentieren versprechen. Bei Furth ist das unbedingt der Fall gewesen. Es war 2008, die Achtundsechziger-Revolte jährte sich zum vierzigsten Mal. Eine gute Gelegenheit. Also fragte ich, damals gerade Redakteur geworden, bei Furth ein Interview an. Er lud mich zu sich in seine Berliner Wohnung ein. Wir verstanden uns auf Anhieb gut. Mir fiel auf, dass er in vielerlei Hinsicht verunsichert, am Zweifeln war. Ich finde das sympathisch. Er erzählte davon, wie schwer ihm das Schreiben fiel, dass er sich im Alter als Außenseiter Sorgen um seine intellektuelle, aber auch um seine materielle Existenz machte. Das Gespräch dauerte mehr als fünf Stunden. Furth versorgte uns mit Häppchen, womöglich gab es gegen Ende, als das Interview schon nicht mehr vergeigt werden konnte, auch Rotwein. Der Prozess danach war mühsam. Mehr als fünf Stunden muss man erst mal abtippen und zusammenfassen. Zumal, wenn man kaum Erfahrung hat und das Zehnfingersystem nicht beherrscht. Erschwerend kam hinzu, dass Furth, wie mir erst beim Abhören des Bandes so richtig aufging, oft hochtheoretisch antwortete und bei persönlichen Fragen nach seinem Werdegang in Fachdiskurse auswich. Für den Politikteil wäre das nichts gewesen, womöglich nicht einmal fürs Feuilleton. Ich legte daher in der Fassung, die ich ihm zum Autorisieren schickte, stärkeres Gewicht aufs Anekdotische, aufs Menschliche. Erst als das Interview schon veröffentlicht war, erfuhr ich, dass Furth sich damit schwer tat. Er fürchtete, Eingeweihte empfänden es als zu oberflächlich. Am 24. Juli 2008 hatte er mir zum autorisierten Text geschrieben: „Hier nun mein Versuch, durch leichte Eingriffe ein bißchen mehr von meiner Selbstwahrnehmung in den Text zu bringen." Es waren tatsächlich nur leichte Korrekturen. Das Interview erschien schließlich auf der dritten Seite der F.A.Z. – ein Privileg, das üblicherweise Politikern vom Rang der Bundeskanzlerin vorbehalten ist. Der Philosoph Peter Sloterdijk zitierte in seinem 2012 veröffentlichten Buch „Zeilen und Tage" aus dem Interview: „Wenn man weiß, daß man seinesgleichen nicht nur lieben kann, sondern fürchten muß, dann braucht man viel Platz um sich herum ..." Für Furth gilt das nun nicht mehr: Am 2. Juni 2019 ist er im Alter von 88 Jahren gestorben. In der Todesanzeige seiner Familie, geschaltet im Berliner „Tagesspiegel", hieß es: „Ein intensives Leben ist zu Ende gegangen."

"Sie stellen mir Fragen, die ich mir nie gestellt habe" | *Peter Furth*

„Die Revolte hat eine Wächtergeneration hinterlassen

INTERVIEW VOM
06.08.2008 / F.A.Z.

Peter Furth, Sozialphilosoph,
über 1968 und was daraus geworden ist.

Herr Furth, Sie haben einst bei Adorno als studentische Hilfskraft gearbeitet, waren im Sozialistischen Deutschen Studentenbund aktiv und haben Rudi Dutschkes Promotion betreut. Heute kritisieren Sie die „Unterwerfungsbereitschaft" und den „Konformismus" auf der Linken. Was halten Ihre früheren Weggefährten davon?

68 hat eine Wächtergeneration hinterlassen; man darf als jemand, der einmal als dazugehörig betrachtet wurde, nicht glauben, dass heute irgendetwas unbemerkt geäußert oder auch nur gedacht werden könnte. Ich bekomme E-Mails, Anrufe, Vorwürfe über Dritte. Es heißt, ich sei ein Renegat und Verräter. Ich selbst war früher auch so: Meinen Schwiegervater, der als Jude und Sozialdemokrat in Buchenwald war, habe ich als deutsch-nationalen Bonzen gebrandmarkt. Das bereue ich heute. Er war einer der wenigen wirklichen Republikaner, der als Fraktionsführer im Preußischen Landtag wusste, dass man für eine Republik Volk und Nation braucht. Ein Mann wie Tucholsky hatte nur Verachtung dafür. Er hat Weimar nicht wirklich verteidigt.

Was genau stört die „Wächter" an Ihnen?

Ich glaube, es sind meine Hypothesen über die Rolle des Antifaschismus, den ich heute untersuche, wie ich in meiner Doktorarbeit in den fünfziger Jahren den Rechtsradikalismus untersucht habe. Meines Erachtens ist der Antifaschismus ein moralisches Herrschaftsmittel, das der Ausgrenzung von Andersdenkenden dient. Ein so erfolgreiches Instrument lässt man natürlich nicht so ohne weiteres kritisieren. Die Achtundsechziger sind es schließlich gewohnt, kultureller Hegemon zu sein. Das macht dumm.

Nicolás Gómez Dávila, ein reaktionärer Aphoristiker, schreibt: „Die subtile Interpretation jedes Ereignisses scheint dem Linken immer suspekt." Sind Linke einfältiger als Rechte?

Im Allgemeinen kann man sagen, dass Linke genauso dumm oder so klug sind wie alle, die Weltanschauungen produzieren oder pflegen, um damit an Machtkämpfen teilzunehmen.

Ist die Linke siegreich aus 68 hervorgegangen?

Ohne Zweifel. Als Kulturrevolution hat 68 gewonnen, ihr Siegespreis ist die politische Korrektheit, die allenthalben zu einer semantischen Politik geführt hat. Nach ihrem Sieg haben sich die Achtundsechziger zurückgelehnt. Sie glaubten, nichts mehr dazulernen zu müssen. Ihr Problemstand kennzeichnet sich durch den inflationären Gebrauch der Vorsilbe Neo, eine Feindbezeichnung, die alles beim Alten lässt; überall Neoliberale und Neokonservative, bezeichnenderweise aber keine Neosozialisten. Die größere Lernchance in der Geschichte haben wohl eher die Verlierer.

Sie selbst haben sich mit den Themen Erinnerung und Enttäuschung auseinandergesetzt. Lohnt es sich heute noch, an die Achtundsechziger zu erinnern?

Oh ja! Aus 68 kann man zweierlei lernen: Zunächst, dass es eine unvermeidbare Differenz gibt zwischen dem, was man will und denkt, und dem, was ist und was wird. Aus Demokratisierung wurde Modernisierung, das heißt die Anpassung der Rollen und Mentalitäten an die Konsumverheißungen von Massendemokratie und entfesseltem Kapitalismus. Die Achtundsechziger haben in dem absoluten Glauben, moralisch im Recht zu sein, versucht, sich über die Conditio humana, über die Dinge, die Natur hinwegzusetzen. Kein Gott und keine Autorität, keine Rücksicht schien ihnen mehr nötig, der Mensch selbst war ihnen Weg und Ziel. Wer nicht auf dem Weg zur emanzipierten Menschheit mitmachte, wurde aus der Menschheit ausgegrenzt. Das ist etwas anderes, als aus einem Ruderverein geworfen zu werden.

Was kann man noch von 68 lernen?

Dass der Antiautoritarismus, der Grundzug der Revolte, brutal und destruktiv ist. Er verfolgt das Ziel, alle vermittelnden Instanzen zwischen dem Individuum und der Gesellschaft – Familie, politische und juristische Institutionen, Traditionen, Ethnien – zu entwerten. Die Folge ist, dass der Einzelne unmittelbar und schutzlos den Kräften des Marktes ausgesetzt ist und nur die Stärksten überleben.

Der Historiker Götz Aly hat zuletzt behauptet, es gebe Parallelen zwischen dem Jahr 1968 und dem Jahr 1933. Stimmen Sie damit überein?

Man kommt nicht umhin festzustellen, dass der Achtundsechziger-Bewegung etwas Totalitäres anhaftete. Man könnte sagen: Wenn das „Dritte Reich" und der Stalinismus die Tragödien waren, dann war 68 das Satyrspiel, das aber durch konfessionelle Tabuierungen die kathartische Bearbeitung der Tragödien eher behindert als gefördert hat. Nach 68 kann man sich jedenfalls vorstellen, dass es weiter Tragödien und ihre Satyrspiele geben wird.

Das Attentat auf Dutschke hat die Achtundsechziger nach dem Tod Benno Ohnesorgs ein zweites Mal jäh mit der Realität konfrontiert. Nur mit Mühe hat Dutschke, der schwer am Kopf verletzt worden war, in den siebziger Jahren seine Doktorarbeit geschrieben. Inwiefern hatte ihn das Attentat verändert?

Ich habe Dutschke 1967 kennengelernt. Als er mit seiner „Subversiven Aktion" in den SDS eintreten wollte, habe ich noch versucht, ein Flugblatt dagegen zu verfassen. Das war mir alles zu dadaistisch, zu anarchistisch, zu spontaneistisch, kurz: zu unsolide. Bei Dutschke gab es eine gewisse, mir damals verdächtig vorkommende politische Frivolität. Ich habe ihn als Volkstribun erlebt, der hemmungslos Affektlagen der Leute ausgenutzt hat, um Stimmung, um Mut zu machen. Das musste er auch. Es ging schließlich darum, Feuer in die Köpfe zu bekommen, um die Reste bourgeoiser Rücksichten wegschmelzen zu können. Ich fand das letztlich zu billig, weil es mir wie eine historische Reprise vorkam.

Und dann in den siebziger Jahren?

Da hatte er sich verändert. Eines Tages rief er mich an und fragte, ob ich seine Doktorarbeit betreuen könnte. Damals war ich schon Professor an der FU Berlin. Es war für mich klar, dass ich ihm die Bitte nicht abschlagen würde, ich fühlte mich den früheren SDS-Leuten nach wie vor verpflichtet. Bei unserer ersten Unterhaltung haben wir über Solschenizyn gesprochen. Der war für Dutschke ganz wichtig geworden für die Selbstkritik eines Sozialisten. Ich wollte mich damit eigentlich nicht beschäftigen, hatte Angst, meine Illusionen könnten zerstört werden. Solschenizyn war etwas, was ich gerne verleugnet hätte. Ich habe mich dann aber bald besonnen – und habe ihn gelesen.

Eine andere wichtige Figur von 68, Bernd Rabehl, treffen Sie auch heute noch hin und wieder. Stört es Sie nicht, dass er zwischenzeitlich bei NPD-Veranstaltungen aufgetreten ist?

Aus meiner Sicht steckt Rabehl immer noch im klassischen Dilemma der Achtundsechziger: Er ist auf der Suche nach einem Praxisanschluss für seine Theorie, kurz: nach politischem Einfluss. Offenbar ist er dabei auf die NPD verfallen. Ganz inkonsequent ist das nicht: Dutschke und er haben etwa den Sozialstaat immer im nationalen Rahmen gedacht. Das ist links, das ist nicht rechts. Ich halte dennoch Rabehls Versuch, Dutschke historisch zum Nationalrevolutionär und -sozialisten zu machen, für übertrieben, wie ich überhaupt finde, dass die Lehren, die Rabehl aus 68 gezogen hat, noch zu viel von den Achtundsechziger-Hoffnungen in sich haben. Aber ich will hier nicht als ein Wächter anderer Art auftreten.

Rabehl hat 1998 vor der Münchner Burschenschaft Danubia, die vom Verfassungsschutz im vergangenen Jahr als „rechtsextrem" eingestuft wurde, einen Vortrag gehalten, in dem er vor einer kulturellen „Überfremdung" westlicher Gesellschaften warnte. Auch Sie haben dort 1998 referiert. Ist es dann nicht nachvollziehbar, dass Sie den Argwohn derer erregen, die über das Erbe von 68 wachen?

Die „Bogenhausener Gespräche" bei Danubia haben eine lange Tradition. In diesem Rahmen haben hervorragende Leute vorgetragen, die selbst unseren Wächtern gänzlich unverdächtig sind. Im Übrigen habe ich schon zu früheren Zeiten die links-ideologische Feindschaft gegenüber Burschenschaften für nicht angemessen gehalten und bin öfter dorthin gegangen, um mein Promotionsthema vorzutragen: Kampf gegen Rechtsradikalismus. Historisch stehen die Burschenschaften für Schwarz-Rot-Gold. Auch das wollte ich durch die Annahme der Einladung zum Ausdruck bringen. Die Burschenschafter wollten von mir ganz offensichtlich wissen, welche Rücksichtslosigkeit notwendig sei, um à la 68 Eingang in die öffentliche Wahrnehmung zu finden und schließlich kultureller Hegemon zu werden. An den Reaktionen auf meinen Vortrag merkte ich, dass sie enttäuscht waren. Das war ihnen alles viel zu skeptisch.

Auch Horst Mahler zählt zu den Danubia-Referenten. Was halten Sie von seinen biographischen Brüchen?

Man muss ihn wohl als Spätopfer der deutschen Geschichte interpretieren. Ich halte ihn für verwirrt. Was ja in Deutschland öfter das Schicksal eigensinniger Geister war.

Gibt es überhaupt Achtundsechziger, die ihrer Linie treu geblieben sind?

Viele SDSler sind so. Die meisten, die ich kenne, leben in Milieus, in denen sie nicht wirklich gefordert werden. Dass sie links sind, wird dort als interessant angesehen. Nichts nötigt sie weiterzudenken. Wo, wie bei den Achtundsechzigern, radikales Denken einmal alles plattgemacht hat, da wächst so schnell nichts Neues. Das Problem der Theorie-Praxis-Schere haben viele übrigens auf ihre Weise gelöst: Sie sind Lehrer geworden – Deutsch und Sozialkunde.

Wie beurteilen Sie Lebenswege wie die von Otto Schily oder Joseph Fischer?

Im Grunde sind sie wie die Schullehrer, nur mit mehr Macht ausgestattet.

Wann haben Sie sich von 68 losgesagt?

Das war in den Jahren 1981 und 1982 und lässt sich an zwei Dingen festmachen. Ich war damals in der Friedensbewegung engagiert, bin dann aber bei meiner Untersuchung der Eskalationsdialektik der nuklearen Abschreckung durch den Konflikt zwischen Palästinensern und Israelis zur Überzeugung gelangt, dass auch der Krieg zur Conditio humana gehört. Im menschlichen Zusammenleben gibt es Situationen, die eine Entscheidung mit Gewalt erfordern.

Die zweite Schlüsselerfahrung?

Die hatte mit meiner Zusammenarbeit mit Philosophen der Akademie der Wissenschaften in Ost-Berlin zu tun. Dort sollten zwei von mir geschätzte Kollegen als Abweichler aus der SED und der Akademie ausgeschlossen werden. Von Seiten der westdeutschen DKP setzte man mich unter Druck, die Vorgänge an der Akademie geheim zu halten. Die DKP wollte nicht, dass es im Westen zu einer Diskussion über die Schwierigkeiten der Intelligenz in der DDR kommt. Ich habe mich widersetzt, mit meinem Anspruch als linker Aufklärer war das nicht vereinbar. Ich besann mich auf den Antikommunismus, wie ich ihn in den fünfziger Jahren kennengelernt hatte und konnte von da an als Persona ingrata nicht mehr in die DDR einreisen.

Sie haben nicht nur mit der Ost-Berliner Akademie der Wissenschaften kooperiert, sondern in Ihrer Funktion als stellvertretender Vorsitzender eines Fachbeirats an der FU auch einen Brief an Erich Honecker gesandt, in dem Sie gegen die Ausbürgerung des Liedermachers Wolf Biermann eintraten. Sind das Dinge, die Sie bereuen?

Dass wir überhaupt den Brief geschrieben haben und dann auch noch an die Adresse Honeckers, bedauere ich, wie jemand, der eine Torheit zu beklagen hat, die er am liebsten ungeschehen machen würde. Die Kooperation mit der Akademie bedauere ich dagegen gar nicht. Da wollte ich, was ich immer noch so einschätze, ein wissenschaftliches Manko des Marxismus beheben: an Substanz herankommen durch die Einbeziehung der fundamentalen Kategorie Arbeit, gegen die kommunikationstheoretische Verdünnung des historischen Materialismus, etwa durch Habermas.

Gibt es noch etwas, was Sie bereuen?

Eine Sache gibt es, die ich sehr bereue: In der Zeit meines Heranwachsens habe ich so viele Berufe zumindest in der Vorstellung ausprobiert, aber Geld spielte dabei gar keine Rolle. Inzwischen habe ich festgestellt, dass es sehr viel Geld kostet, privat und damit frei zu sein. Wenn man weiß, dass man seinesgleichen nicht nur lieben kann, sondern fürchten muss, dann braucht man viel Platz um sich herum. Mein erstes eigenes Geld habe ich am Frankfurter Institut für Sozialforschung verdient. Ich war zwar nur studentische Hilfskraft, trotzdem bin ich abends als Letzter die Treppen vom Institut heruntergesprungen und habe gejubelt: „Hurra, ich bin am Institut für Sozialforschung!"

Das Verhältnis der Achtundsechziger zu Adorno war schwierig. Er, der die Rolle der Studenten mit der der Juden verglichen hatte, sah sich plötzlich Vorwürfen ausgesetzt, er sei ein Reaktionär...

Es gab einen Vortrag von Adorno an der FU. Dabei kam es zum Eklat, eine Provokation mit Luftballons, glaube ich. Am nächsten Tag gab es ein klärendes Gespräch. Adorno und wir, zwei oder drei SDSler. Ich fühlte mich gegenüber Adorno wie ein Verräter. Zwischenzeitlich habe ich das alles verdrängt. Ich kann die Situation überhaupt nicht mehr konkret erinnern. Offensichtlich ist sie mir zu nahegegangen.

Wo stehen Sie heute?

Wer einmal Aufklärer ist, bleibt Aufklärer. Was ich versuche, ist eine auf den Arbeitsbegriff gegründete konservative Verteidigung des Marxismus. In der Geschichte der Arbeiterbewegung gab es immer starke Motive, traditionelle Gemeinsamkeiten und Loyalitäten zu bewahren, um zu verhindern, dass der Mensch zur bloßen atomistischen Arbeitskraft in einer Reichtumsmaschine degeneriert. Diese konservative Seite am Marxismus haben die Achtundsechziger verkannt.

Sind Sie mit sich im Reinen?

Wenn es gut im Leben läuft, wenn man oft genug enttäuscht wird, dann lernt man mit dem Älterwerden, Widriges eher zu ertragen und sich vom Wunschdenken zu verabschieden. Ich habe den Eindruck, dass ich spät, aber doch noch zu Verstand gekommen bin – auf der Suche nach existentiellen Kategorien des Lebens, nach der Conditio humana. Und ich habe gelernt, dass gegenüber dem Unternehmen „Idee", weil es über die Lebenszeit der jeweiligen Menschen hinausgeht, Zurückhaltung geboten ist. Man kann also nur warnen vor dem Primat der Möglichkeit gegenüber der Wirklichkeit. Der moderne Mensch kann mit dieser Warnung aber nicht umgehen, er vermag zu viel.

Würden Sie jungen Leuten dennoch empfehlen, sich einen linken Lebensabschnitt zu gönnen?

Ich würde entgegen der Weisheit „wer mit zwanzig nicht links ist, hat kein Herz" niemandem raten, links zu sein. Es ist immer anmaßend. Erst kürzlich waren junge Leute bei mir, die haben geredet wie wir damals beim SDS. Sie diskutierten über die Möglichkeit eines völligen Neuanfangs, einer Tabula rasa oder Creatio ex nihilo. Da ist Skepsis geboten.

04
Bazon Brock

Von *Bazon Brock* habe ich das erste Mal über einen ehemaligen Studienfreund gehört, der bei ihm als eine Art wissenschaftlicher Mitarbeiter beschäftigt war. Brock hatte damals noch eine Professur an der Universität Wuppertal inne, für „Ästhetik und kulturelle Vermittlung" – das hörte sich, wie ich fand, sehr gut an. Ich begann zu verfolgen, was er so machte – und es gefiel mir. 2009 schrieb ich meinen ersten kleinen Artikel über ihn. Er handelte von einem etwas dubiosen, aber schon deswegen sehr interessanten neuen Studiengang an der Hochschule für Gestaltung in Karlsruhe: In vier Semestern sollten die Bürger der Stadt in ihren unterschiedlichen Rollen – etwa als Patienten oder Gläubige – professionalisiert, das heißt: wieder zum Bürgersein ermächtigt werden. So sollten sie den Eliten auf Augenhöhe begegnen können. Ein erster Höhepunkt meiner sich allmählich entwickelnden Beziehung zu Brock folgte mit dem Artikel „Das neue Athen", der Ende 2012 auf drei Seiten in der Frankfurter Allgemeinen Sonntagszeitung erschien. Es ging dabei um die wunderbare und leicht durchgeknallte Gelehrtenszene, die sich in Karlsruhe um Peter Sloterdijk, Peter Weibel und eben Brock entwickelt hatte.
An einem Abend waren wir in einer größeren Gruppe in einem italienischen Restaurant. Die Tischgespräche gingen so: Sloterdijk erwähnte beiläufig, dass er gerade eine Biographie über Napoleon III. lese, was Brock zu der Frage veranlasste: „Wann machen Sie das denn noch?" „Vor dem Frühstück", antwortete Sloterdijk. Brock: „Ihr Lesepensum ist mir unbegreiflich." Er selbst finde es schon „tollkühn", sagte Brock, lesenderweise von Seite 2 auf Seite 3 zu kommen, woraufhin Sloterdijk sagte, seine Art des Lesens sei „inhalatorisch". Es schloss sich die Frage an, ob Querlesen eine Beleidigung des Autors sei. Sloterdijk zu Weibel: „Bei dir quietschen die Autoren." Weibel erwiderte, er lese nicht quer, er scanne. 20 Minuten brauche er für ein Buch. Sloterdijk habe das nicht geglaubt und ihn deshalb abgefragt, ob er alles verstanden habe. Das sei der Fall gewesen. Sloterdijk bestätigte das. Brock fügte an, dass man die Einverleibung eines Buches mit der Einverleibung einer Mahlzeit vergleichen könne. Das finde sich schon beim Apokalyptiker Johannes und bei Dürer. Auch der Volksspruch „die Weisheit mit Löffeln fressen" gehöre in diesen Zusammenhang. Daraufhin Sloterdijk: „Ich glaube sehr an die Analogie der Stoffwechsel."
Bei Sloterdijk habe ich mehrfach wegen eines Interviews angefragt – vergeblich. Warum er nicht wollte, weiß ich nicht.

Vielleicht hat er in meinem Raddatz-Interview gelesen, wie der sich über seine Frisur echauffierte („Ich kenne das Buch von Sloterdijk nicht, ich wünschte mir aber vor allem, er würde mehr auf seine Haare achten.") – und mich in Verbreiterhaftung genommen. Umso schöner, dass es mit Brock geklappt hat. Er hat eigentlich zu allem was zu sagen. Ich habe mich mit ihm zum Beispiel mal sehr gewinnbringend über das Saarland unterhalten. Fürs Interview mit der F.A.S. entschied ich mich dann aber für ein Thema, das im Zentrum seines Werks steht: die Unmenschlichkeit des Wahrheitsanspruchs. Wir führten das Gespräch in Berlin-Kreuzberg, in seiner „Denkerei", die auch das „Amt für Arbeit an unlösbaren Problemen und Maßnahmen der hohen Hand" beherbergte. Das Interview machte nicht wenig Arbeit, weil Brock, dem einst sein Lateinlehrer den Vornamen Bazon („Schwätzer", abgeleitet aus dem Griechischen) verpasste, zu langen Ausführungen neigt, die man nur schwer unterbrechen kann. Aber am Ende waren wir beide zufrieden. Wir haben uns danach noch mehrfach getroffen. Unter anderem besuchten wir gemeinsam den Bauern und rheinland-pfälzischen CDU-Landtagsabgeordneten Michael Billen in der Eifel. Als Brock mein Billen-Porträt („Billen the kid") in der F.A.Z. gelesen hatte, erkannte er in ihm den letzten Menschen – so war „Billen the kid II" geboren. Zuletzt war ich 2016 bei Brock in Berlin für mein Projekt Ai Eiei. Es ging dabei um die alte Frage, was Kunst sei. 2012 auf der Documenta hatte ich mich von meiner heutigen Frau mit einem aus der Hose hängenden Hoden vor Kunstwerken, sprich: in einem Kunstkontext, fotografieren lassen – ich rechne das meiner Frau bis heute sehr hoch an. Jahre später bin ich mit den Fotos durch die Republik gefahren und habe sie Fachleuten gezeigt: der Nacktkünstlerin Milo Moiré, dem Bildhauer Peter Lenk, dem hessischen Kunstminister Boris Rhein – und eben Brock. Auf meine Frage, ob das Kunst sei oder Schwachsinn, antwortete Brock: „Es ist nicht Schwachsinn, es ist schwach. Man erkennt sofort, dass dahinter keine Idee steckt, es gibt keinen durchdachten Zusammenhang von Physis und Metaphysis." Er riet mir, das Ganze zu entsorgen. Ich war daraufhin etwas besorgt, dass er, der große Documenta-Künstler, sich veräppelt vorkommen könnte, was ich nie beabsichtigt hatte. Seine positive Reaktion, als er von diesem Buchprojekt hörte, legte allerdings nahe, dass die Sorge unbegründet war.

„Die Wahrheit ist eine schmutzige Menschenfalle"

INTERVIEW VOM
20.04.2014 / F.A.S.

Der Kunsttheoretiker Bazon Brock sagt:
Der Westen ist nicht der Sieger der
Geschichte, und der Machtpolitiker
Putin hat das begriffen.

Herr Brock, es soll heute um Wahrheit und Lüge gehen. Beginnen wir mit einem Thema, das für Sie als Kunsttheoretiker von Interesse sein wird: Sebastian Edathy. Der hat seine Bestellungen von Bildern nackter Jungen mit seinem angeblichen kunsthistorischen Interesse erklärt. Halten Sie das für eine glatte Lüge?

Behauptungen dieser Art sind nie gelogen, sondern Rationalisierungen, das heißt, wir versehen unsere Handlungen nachträglich mit Gründen.

Aber die müssen doch plausibel sein.

Bei Edathy scheitert es tatsächlich an der mangelnden Evidenz. Er schneidet sich mit seinem nachgeschobenen Motiv auch ins eigene Fleisch, denn gerade in der antiken Kunst wurden Jünglinge rein pornographisch dargestellt. Die Alten haben damals entdeckt, dass alle Bildwirkung pornographisch ist, weil sie darauf hinausläuft, einen bestimmten Impuls zu vermitteln. Also: „Du sollst kaufen!" oder: „Du sollst begehren!" Aus dem Wahrnehmen des Bildes wird eine Handlung initiiert. Dass Edathy diesen Zusammenhang nicht kennt, zeigt, dass er von der ästhetischen Bildwirkung keine Ahnung hat, sich also auch nicht dafür interessieren kann.

Zweiter Fall: die Krise in der Ukraine. Es scheint, dass da zwei völlig verschiedene Konzepte von Wahrheit aufeinandertreffen.

Überhaupt nicht. Putin handelt völlig rational, und zwar in unserem Sinne. Es ist erstaunlich, wie er den Westen mit dessen eigenen Argumenten auskontert. Der Westen wurde auf diese Weise unglaublich blamiert.

Warum?

Weil er kein Verständnis für den Begriff des Politischen hat.

Was ist denn das Politische?

Es geht dabei nicht um Definitionen, sondern um das, was der Fall ist, also um Macht. Für den Westen heißt das: Man kann sich nicht gegen etwas wehren, was man selber zur nachträglichen Rationalisierung des eigenen Verhaltens ständig anwendet. Putin hat kapiert, dass er sich genau der Verfahren bedienen muss, die ihm der Westen vorgibt.

Was meinen Sie damit? Der Westen hat ihm schließlich nicht vorgegeben, die Krim zu annektieren.

Um dem Vorwurf zu entgehen, er sei ein Diktator, befleißigt er sich westlicher Argumente: demokratische Legitimation, Wiedervereinigung, Selbstbestimmungsrecht. Das Zynische daran ist, dass wir durch Putin erkennen, wie völlig haltlos das ist, was wir hier treiben. Er hätte das alles doch nicht tun können, wenn nicht die EU mit geradezu zuhälterhaftem Getue versucht hätte, die Ukraine in ihr Bett zu ziehen.

Viele in der Ukraine wollen ins Bett der EU, und viele haben Angst vor Putin, weil er eine Machtpolitik betreibt, die man zumindest im Westen für überwunden hielt.

Nicht, wer Macht ausüben will, ist eine Gefahr für die Menschheit, sondern wer sie nicht ausüben will, zumal dann, wenn das betrügerisch kaschiert wird mit Ideologien, Frömmigkeiten oder, was das Gleiche ist, mit der Wahrheit. Das Ziel aller Politik muss es sein, niemandem zu erlauben, für sich den Besitz der Wahrheit zu reklamieren. Die Wahrheit ist eine schmutzige Menschenfalle, und Politik ist die Instanz, die die Wahrheit zu zähmen hat. Die Fanatiker à la Platon, die nur der Wahrheit und nichts als dieser verpflichtet zu sein glauben, legitimieren Mord und Totschlag im Namen der Wahrheit.

Wollen Sie ernsthaft behaupten, dass es Putin um die Kritik an einem Totalitarismus der Wahrheit geht?

Natürlich, Putin ist ein Kritiker der Wahrheit. Die Wahrheit, die er kritisiert, lautet: Wir im Westen sind die Sieger der Geschichte, und die anderen glauben noch an Gespenster. Die Überlegenheit von Putins Position besteht darin, dass er nicht politisch korrekt agiert, sondern Machtpolitik betreibt. Machtpolitik heißt: Verantwortung für die großen politischen und historischen Dimensionen zu übernehmen und das Hantieren mit Begriffen wie Völkerrecht, Rechtsstaatlichkeit oder Demokratie als das zu erweisen, was es ist. Nämlich: Rationalisierung oder Ideologie oder – das wäre das Beste – Utopie. Utopien bieten die Argumente für die Kritik an der unmenschlichen Wahrheit. Sie sind ein Reservoir von prinzipiell nicht erfüllbaren Wünschen, das uns davor bewahren soll, zu glauben, dass wir uns je genügen könnten. Es gibt immer ein Mehr, immer ein Größer.

Sie reden doch einem kompletten Relativismus das Wort. Wahrscheinlich würden Sie selbst noch Kim Jong-un dafür geeignet finden, dem Westen seine Grenzen aufzuzeigen.

Gerade der demonstriert ja, in welchen Wahnsinn man gerät, wenn man sich im Besitz der Wahrheit wähnt. Im Übrigen fröne ich nicht einem Relativismus. Denn relativ heißt, alles gewinnt seine Bedeutung in Bezug zu etwas anderem. Auch Macht ist nur im Hinblick auf Gegenmacht bestimmbar. Macht braucht Gegenmacht, man nennt das Balance of Power.

Oder Kalter Krieg.

Jedenfalls ist das Gleichgewicht seit dem Ende der Sowjetunion nicht mehr gegeben. Da fing das Globalisierungsaffentheater an, der Siegesrausch des Westens, der ihn keine Grenzen seines Potentials mehr anerkennen ließ. Es ist ein Treppenwitz der Geschichte, dass ausgerechnet die Achtundsechziger zur erfolgreichsten Generation aller Zeiten wurden, weil ihre Gegner alles realisierten, was sie erwartet hatten: den Geltungsanspruch der USA weltweit ganz erheblich zu reduzieren; die Ohnmacht der Macht und die Macht der Ohnmacht zu demonstrieren; die westlichen Ideologien zu desavouieren et cetera et cetera. Die Bürgerrechte werden ausgesetzt, um sie angeblich zu retten. Die Landschaft wird durch Energiemaschinen vernichtet, um die Landschaft angeblich durch nachhaltige Energiegewinnung zu bewahren. In diesem Wahnsinn der Begriffsjongliererei ist der Westen ohnmächtig geworden und hat seinen Siegerinfantilismus so weit getrieben, diesen sogenannten Verzicht auf Macht als humanitäre Tugend auszugeben.

Sie nennen es Ohnmacht, andere loben es als militärische Zurückhaltung. Was sollten Amerika und die Nato Ihrer Meinung nach in der Ukraine-Krise tun? Einmarschieren?

Den Mund halten, weil doch sowieso alle nur ihren Vorteil suchen, also mit den Russen handeln auf Teufel komm raus. Nie hat sich irgendein Händler geschert um die Menschenrechtsverletzungen in China, Afrika oder sonstwo. Den Leuten das einzureden, sabotiert hier den letzten Rest an Verbindlichkeit.

Der Westen hat aus Ihrer Sicht also keinen Deut mehr Recht, sich im Besitz der Wahrheit zu glauben, als etwa Russland?

Verstehen Sie doch: Die Wahrheit ist das Synonym für Irrsinn. Das ist die Erfahrung aller Zeiten. Wer sich im Besitz der Wahrheit glaubt, ist ein psychopathischer Fall. Der Westen hantiert ausschließlich mit psychopathischen Wertigkeiten. Er soll sich mit den Fakten beschäftigen! Und wenn man etwa die Maastricht-Verträge aus Opportunitätsgründen bricht oder Grundprinzipien des Rechtsstaats per Gesetz liquidiert, wie das 2012 mit dem Gesetz zur Sicherung der Leistungsfähigkeit von Versicherungen geschehen ist, dann soll man das als politisch gewollt darstellen, sich aber nicht beschweren, wenn andere in ähnlicher Weise handeln. Ganz sicher sind die Rechtsbrüche à la EZB-Bankenrettung für erheblich mehr Menschen von Bedeutung als die Lage auf der Krim.

Sie haben gesagt, Macht gebe es nur in Bezug auf eine Gegenmacht. Das bedeutet doch, dass es Lüge auch nur in Bezug auf die Wahrheit gibt, dass also der, der lügt, die Wahrheit kennen muss. Mithin muss es die Wahrheit doch geben. Oder etwa nicht?

Die Unterscheidung zwischen Wahrheit und Lüge ist eine Denknotwendigkeit, mit der aber nicht festgelegt ist, was im einzelnen wahr ist oder nicht.

Die Gegenmacht kann doch auch in der Geschichte liegen, Stichwort „Drittes Reich". Was ist so falsch daran, wenn wir endlich gelernt haben, dass Rechtsstaatlichkeit und Demokratie unserem Wohlergehen zuträglich sind?

Zuträglich ist der Streit, griechisch „Polemik", über diese Fragen, aber nicht die Behauptung, eine Partei könne den Streit für sich entscheiden. Was haben Sie von der Rechtsstaatlichkeit, wenn Verfahren zehn Jahre und länger dauern? Wo bleibt der Rechtsstaat, wenn Rechtsanwälte irrsinnig hohe Honorare dafür bekommen, einem Klienten überhaupt den Zugang zur Rechtsprechung zu ermöglichen? Und wo bleibt der Rechtsstaat, wenn Dutzende von Rechtsanwälten einen streitbaren Sachverhalt so umfassend darstellen, dass kein Richtergenie die Sachlage tatsächlich vollständig beherrschen kann?

Ein Beispiel, bitte.

Nehmen Sie den Hoeneß-Prozess. Ein ganz toller Fall von Rechtsstaatlichkeit. Ein kurzer Prozess trotz kurzfristiger Veränderung der Sachlage verhindert gerade die Klärung dessen, was er zu klären gehabt hätte, nämlich: Woher kam das ganze Spielgeld? Offensichtlich hält selbst die Kanzlerin es für eine

rühmliche Ausnahme, dass Herr Hoeneß dem Urteil zu entsprechen gedenkt. Sie ließ hochoffiziell ihren Respekt verkünden. Was heißt da Anerkennung des Rechts durch die Macht?
Wenn Sie dergleichen in Russland äußern würden, könnten Sie Probleme bekommen.
Ich sehe da keinen großen Unterschied zu entsprechenden Rationalisierungen am Hof Putins. Ihr Argument gibt mir ja gerade recht. Vor noch nicht langer Zeit hieß es, wenn es Ihnen hier nicht passt, gehen Sie doch rüber.
Hobbes hat gesagt, die Macht und nicht die Wahrheit schafft das Gesetz. Das müsste Ihrem Begriff von machtpolitischem Realismus ziemlich nahekommen.
Der Unterschied zwischen einer Mafiabande und einer Regierung besteht nur darin, dass das Treiben der einen als legal und das der anderen als illegal gilt. Das hat schon Max Weber gesagt. Die Weltgeschichte unterscheidet nicht zwischen Gut und Böse, Wahrheit und Lüge, Demokratie und gelenkter Demokratie, Recht und Willkür, sondern zwischen Legalität und Illegalität. Das heißt: Es gibt Menschen, die töten andere oder lassen sie töten, ohne sich vor Gericht dafür verantworten zu müssen (amerikanischer Präsident werden die zum Beispiel genannt). Historisch gesprochen, aber dennoch völlig unsinnig, schützt der „Führer" das Recht, weil er sein Handeln als legales von dem illegalen Handeln anderer unterscheidet, indem er das gleiche Handeln anderer als illegal bezeichnet. Eine schöne rechtsstaatliche Bescherung.
Max Weber sagt auch: Der Staat habe das Monopol auf legitime Gewaltsamkeit. Ist nicht das der entscheidende Unterschied?
Nur unter der Voraussetzung, dass er sich selbst dieser Regel unterwirft. Gewalt auszuüben als Repräsentant des Staates muss eben auch parlamentarisch kontrolliert werden, also durch die Gegenmacht.
Hatte Jean-Claude Juncker recht, als er sagte, es gebe Situationen, in denen es notwendig ist, dass man das Volk belügt?
Da hat er sich zum ersten Mal als Politiker erwiesen. So wie Wehner oder Strauß, die großen Aufklärer. Wenn Strauß etwas sagte, wussten alle, ihn selbst eingeschlossen, dass man auf der Hut sein muss. Strauß machte den Leuten klar, mit dem Urteil über mich werdet ihr nicht so schnell fertig, da ihr jederzeit damit rechnen müsst, dass ich aus machtpolitischem Kalkül zu lügen gezwungen bin. Das ist eine aufgeklärte Haltung, weil er ganz offen zu verstehen gab, dass Wahrheit und Lüge in der Politik nur im außermoralischen Sinne gelten. Das ist machtpolitischer Realismus. Die Politiker in der EU haben sich offensichtlich durch moralische Selbstglorifizierung verdummt.
Sind sie dümmer als Putin?
Man hoffte immer, sie seien auch nur Gauner. Aber inzwischen glaube ich das nicht mehr, sondern ich glaube, sie sind wirklich dümmer, eingeschläfert worden durch die eigene Suggestion, der Westen habe den Endsieg errungen.

Halten Sie Putin dann für einen Gauner?
Es entspricht dem natürlichen Verständnis von überlegener Intelligenz, dass sich die Handelnden wie etwa Rechtsanwälte oder Fußballer bei ihren „Fouls" nicht erwischen lassen.
Merkel und Steinbrück können, wenn man Ihnen folgt, nicht dumm sein. Die haben den Bürgern auf dem Höhepunkt der Bankenkrise versichert, eure Sparguthaben sind sicher. Das war eine Lüge, die dadurch, dass sie geglaubt wurde, in den Rang der Wahrheit aufstieg.
Theologisch ist das die pia fraus, die fromme Lüge, die segensreich eingesetzt werden kann. Das muss auch der Arzt gegenüber dem Todkranken tun.
Generell gilt: Was immer man für wahr hält, wird durch die Konsequenzen des Dafürhaltens wahr, wahr im Sinne von wirklich. Gespenster gibt es nicht, wer aber an sie glaubt und deshalb sein Haus verrammelt, schafft damit eine wirkliche Gegebenheit. Andererseits, liebe Frau Merkel, liebe Börsianer, liebe Psychologen: Zu wissen, nur der Glaube hält uns, pflanzt bereits den Zweifel an der Verbindlichkeit des Glaubens.
Auf die Politik bezogen heißt das doch, der Politiker muss manchmal lügen, darf es aber nicht zu erkennen geben. Das widerspricht dem, was Sie vorher über Strauß sagten.
Der Richter, der seine Vorurteile kennt und seine Konflikte benennt, ist vertrauenswürdig. Der Richter, der Arzt, der Politiker, der behauptet, er folge nur dem Gesetz, er habe gerade keine Vorurteile, ist nur ein unaufgeklärter Dummkopf.
Carl Schmitt hat gesagt: Wer Menschheit sagt, will betrügen. Würden Sie sagen, wer Wahrheit sagt, will betrügen?
Das wäre schön. Es muss aber heißen: Wer betrügen will, sagt die Wahrheit.
Das sind doch philosophische Taschenspielertricks, die Sie da vorführen.
Das war auch der Einwand von Platon gegen die Sophisten.
Er hat ihnen vorgeworfen, für Geld jede schwächere Sache zur stärkeren zu machen, kraft ihrer argumentativen Fähigkeiten.
Wenn es Argumente sind, dann muss man sie ja gerade anerkennen. Nein, diese platonischen Wahrheitsfanatiker sind schlicht Erpresser gewesen, die die Überlegenheit derer zurückweisen wollten, die etwas „um zu" taten – um das Leben zu verbessern, um die Lebensanstrengungen zu verringern oder Verträglichkeit zu fördern. Aber das wollten die anderen eben nicht wissen. Die Wahrheit sollte bedingungslos sein. Nicht umsonst hat Platon die Künstler, deren wichtigste Aufgabe es ist, die Wahrheit zu kritisieren, aus seinem „Staat" rausgeschmissen.
Kennt man doch von Putin.
Eben damit zeigt er aber, dass es um die Macht geht und nicht um die Wahrheit.
Es gibt seit Längerem Forderungen nach einer neuen europäischen Erzählung.

Es gab ja mal eine große europäische Erzählung. Eben Rechtsstaatlichkeit, Sozialstaatlichkeit et cetera. Aber das wurde ja von uns selbst sabotiert: Rechtsstaatlichkeit durch kollektiven Rechtsbruch, Sozialstaatlichkeit durch Globalisierung. Globalisierung heißt: Als lupenreine Demokraten dürfen und wollen wir gar nicht versuchen, weltweit unsere Standards durchzusetzen, also geben wir sie gleich auf. Wenn man das den Leuten sagt, dann sind sie immer noch erstaunt. Früher waren sie bass erstaunt, wenn man ihnen Märchen erzählte, heute sind die Tatsachen das Sensationellste. Da erzählt Frau Göring-Eckardt von den Grünen, wir müssten aber bei den Stromtrassen strikt darauf achten, dass durch sie die Landschaft nicht zerstört wird. Eine tolle Logik! Leute wie sie lieferten durch die totalitäre Etablierung der Windräder doch Gründe dafür, warum eben die Zerstörung der Landschaft nicht zerstört werden dürfe – und die ganze subventionierte Gewinnmacherei wird auch noch als Triumph des freien Marktes gefeiert. Wo ist denn da die Marktwirtschaft? Das ist doch alles gar nicht „wahr". Und Herr Putin macht uns das jetzt alles klar. Gott sei Dank gibt es wieder jemanden, der dem Westen in seiner selbstüberhöhenden Ideologie gewachsen ist!

Die Energiewende ist eben ein komplexes Problem.
So ist es. Und die Politiker müssen den Leuten endlich wieder sagen, am Ende werden die Probleme viel größer sein als jetzt. Denn wir haben keine Problemlösungskompetenz, sondern nur Problemschaffungskompetenz. Alles andere ist angemaßt. Unter Menschen wurden Probleme bisher nur gelöst durch die Schaffung neuer Probleme.

Dann können wir den Fortschritt doch gleich vergessen.
Fortschritt besteht gerade darin, unsere Gegenkräfte für das Weiterkommen zu nutzen. Das lehrt die Seefahrt: Kreuzen gegen den Wind, das ist Fortschritt – gegenüber dem bloßen Sich-vom-Wind-treiben-Lassen.

Laut Lévi-Strauss wurde die Liebe zur Wahrheit durch das Know-how ersetzt.
Leider ist auf das Know-how auch kein Verlass, weil es sich ständig ändert. Die Welt kann unserem Know-how nicht unterworfen werden, denn als wirklich haben wir zu akzeptieren, was sich unserem Willen nicht beugt. Alles andere ist Psychopathologie. Das Wirkliche ist die Gegenmacht, die unserem Belieben Grenzen setzt, also auch dem Know-how. Ein staunenswerterweise verschwundenes Flugzeug ist eine Sensation, weil die Zeitgenossen es nicht mehr aushalten wollen, solche Zumutungen als Einspruch der Wirklichkeit zu akzeptieren. Da tun sich Abgründe auf, die man gern mit Know-how planieren würde. Aber die Welt ist voller schwarzer Löcher, und zwar nicht nur im buchstäblichen Sinne. Wenn Sie in Ihr Büro zurückgehen, sollten Sie bedenken, wie unwahrscheinlich glückhaft es ist, da auch wirklich anzukommen. Alter Spruch: Wer nicht an Wunder glaubt, ist kein Realist.

05
Klemens Berkenbrock

Auf *Dr. Klemens Berkenbrock* bin ich durch Zufall gestoßen. Sonja, die beste Freundin meiner heutigen Frau, hatte erwähnt, sie habe Freunde, die wiederum einen Bekannten hätten, der nicht nur ein fanatischer F.A.Z.-Leser sei, sondern sogar überlege, sein Erbe der F.A.Z. zu vermachen. Auch in sonstiger Hinsicht sei der pensionierte Richter aus Münster besonders. Ich beschloss daher, ihn aufzusuchen, und erläuterte mein Ansinnen, wie von ihm über den Umweg seiner Bekannten erbeten, per Brief. Wenig später lud er mich telefonisch ein, ihn in dem Hotel im hessischen Werra-Meißner-Kreis zu treffen, in dem er, ganz Gewohnheitstier, seit vielen Jahren seinen Urlaub verbrachte. Berkenbrock hatte sich penibel auf das Gespräch vorbereitet. Dazu gehörten auch Gags wie der, dass er das Redaktionskollegium der F.A.Z. für die ideale Regierung hielte. Nachfragen meinerseits erwünschte er zunächst nicht oder hielt sie zumindest für unnötig. Als ich ihm dann aber klargemacht hatte, dass ein Interview nicht aus einem Vortrag des zu Interviewenden bestehen könne, entwickelte sich ein so herrlich skurriles Gespräch, dass einige Leser der Sonntagszeitung, in der es erschien, an eine Erfindung glaubten, was auch mit dem etwas loriothaften Namen Berkenbrock zu tun haben mochte. Ein ehemaliger Kollege schrieb mir, der Doktor Berkenbrock habe „allzusehr jenem Voltaire-Verschnitt aus dem Candide" geglichen („Baron Thunder-ten-tronckh"), der ja „auch eine köstliche Denkfigur" sei. Ein anderer Leser lies mich wissen: „Und zum ersten Mal in meinem Leben muss ich zugeben, nach der Lektüre eines Artikels nachhaltig verstört zu sein. Ich kann schlechtestenfalls nur sagen, es wäre besser gewesen, es nicht getan zu haben ... Froh hingegen bin ich jetzt, mein Abo vergangenen Mittwoch gekündigt zu haben. Das ist für die nächsten Wochen meine Art der Selbstbeschränkung." Auch hier kam der Unglaube durch. „PS: Wenn Sie Herrn Dr. Berkenbrock hingegen nur erfunden haben, muss ich Sie beglückwünschen. Aber ein ‚Titanic'-Abo besitze ich schon seit fast 25 Jahren." Aus Anlass dieser Veröffentlichung habe ich mich nach sechs Jahren wieder bei Berkenbrock gemeldet. Am Telefon sagte ich ihm, dass unser Interview in ein Buch komme und dass er sich dort neben Raddatz, Wondratschek und Co. in guter Gesellschaft befinden werde. Darauf Berkenbrock: „Jaja, ich kenne die alle, die Typen, ich bin der Kleinste und Unbedeutendste, aber nicht der Dümmste. Wenn Sie sich das bitte notieren." Ich fragte ihn, ob er nach wie vor die F.A.Z. lese. Er: „Eindeutig zu hundert Prozent.

Meine Identifikation ist nachhaltig. Ich bin der Zeitung nach wie vor hemmungslos treu." Auch sonst sei alles beim Alten. In dem Hotel im Werra-Meißner-Kreis sei er nach wie vor Gast, zwischen 400 und 500 Mal sei er mittlerweile dort gewesen. Ich fragte ihn, ob er denn auch meine Texte noch lese. Da sagte er: „Jajaja." Ich hakte nach: „Und?" Berkenbrock: „Intensivst lese ich die Texte von Reiner Burger und Rüdiger Soldt aus den anderen Bundesländern, die beiden schätze ich richtig. Von Ihnen lese ich auch alles, schon deshalb, weil ich den Typen kenne, der da schreibt, und weil Sie, wenn ich das so sagen darf, gut zu lesen sind. Ich hoffe, dass Sie das nicht als despektierlich empfinden. Burger und Soldt, die lese ich direkt am Morgen, weil es mich sehr beschäftigt, was die machen, während das rund um Herrn Söder und Konsorten mich mehr unterhält als beschäftigt. Sie ahnen, was ich meine – und Sie nehmen mir das nicht übel." Natürlich fragte ich Berkenbrock auch zu der Sache mit dem Erbe. Im Interview 2013 hatte er über den Kreis der Aspiranten gesagt: „An Institutionen kommt die Studienstiftung in Betracht, die mir ein wunderbares Studium ermöglicht hat, und eben die F.A.Z., die im Mittelpunkt meiner persönlichen Bildungsbiographie steht. Wobei ich nicht sagen würde, dass die Stiftung gleichrangig in Betracht kommt wie die F.A.Z., das geht nach anderer Dignität bei mir, nämlich der Frage, wem ich mich innerlich mehr verbunden fühle, und die Frage beantworte ich Ihnen jedenfalls heute nicht." Sechs Jahre später hat sich etwas getan: „Die Stiftung ist gestrichen", sagte Berkenbrock am Telefon. Auf meine Frage nach dem Grund erwiderte er: „Haben Sie denn gestern den wunderbaren Artikel von Bernhard Schlink in der F.A.Z. gelesen?" Ich verneinte. „Müssen Sie, sonst dürfen Sie mich nicht wieder anrufen. Der Artikel hat zehn Punkte bei mir bekommen in der Wertigkeit." In dem Artikel, in dem es um die Auswüchse der politischen Korrektheit ging, wurde erwähnt, dass die Studienstiftung eine Podiumsdiskussion abgesagt hat, an der auch der Verleger Götz Kubitschek als Vertreter der Neuen Rechten teilnehmen sollte. Die Absage fand Berkenbrock gar nicht gut, aus prinzipiellen Gründen. Ich fragte nun: „Die Chancen der F.A.Z. aufs Erbe sind also gestiegen? Er: „Nicht nur gestiegen – die F.A.Z. bleibt als einzige übrig." Es könne allerdings sein, dass sie mit seiner Lebensgefährtin konkurriere. „Kommt darauf an, wer zuerst stirbt. Das heißt, wenn ich so alt werde, wie Sie hoffen, dann ist Ihre Zeitung Alleinerbe."

INTERVIEW VOM
28.04.2013 / F.A.S.

F.A.Z.-Ultra Dr. Klemens Berkenbrock erklärt, wie er durch die F.A.Z. wurde, was er ist, und warum er weder Union noch SPD noch F.A.S., sondern allein die Redakteure der F.A.Z. an der Regierung sehen will.

„Ich bin für Denken"

Herr Dr. Berkenbrock, Sie sind 70, lesen seit 50 Jahren die F.A.Z. Wie kam es dazu?
Zu meiner Abiturzeit habe ich mit der F.A.Z. am Samstag begonnen, wahnsinnig gut, insbesondere wegen des schwarzen Blatts, so nannte ich damals die Tiefdruckbeilage: von größter Wichtigkeit für meine Bildungsbiographie.

Die Tiefdruckbeilage gibt es nicht mehr. Was schätzen Sie heute an der F.A.Z.?
Ich interessiere mich nicht für alles. Im Gegenteil: Das Kapitel, das mich nicht interessiert, ist viel größer als das, was mich interessiert. Ich erkläre Ihnen das mit Beckett. Da fragt mal einer den anderen: „Gibt es etwas, was Dich besonders interessiert? Oder bloß alles?"

Was also interessiert Sie besonders?
Schwerpunkt I: politisches Leben in Deutschland. Schwerpunkt II: Wirtschaft. Was mich gar nicht interessiert: das siebte Erdbeben des Monats in Kasachstan, der zehnte Flugzeugabsturz über Finnland. Da steckt nichts Allgemeines dahinter, da lese ich noch nicht einmal die Überschrift zu Ende.

Sie haben doch viel Zeit.
Ich bin aber zu dem sicheren Schluss gekommen, dass ich in meinem Leben nicht für alles kompetent werden kann. Deswegen: hemmungslose Vertiefung und nachhaltige Beschränkung auf das Wesentliche. Was wesentlich ist, bestimme ich.

Wie viel Zeit am Tag wenden Sie für die Zeitungslektüre auf?
Umgerechnet auf die 50 Jahre im Schnitt zwei Stunden pro Tag.

Wann lesen Sie Zeitung? Gleich als Erstes am Tag?
Ja.

Beim Frühstück?
Nein. Dafür ist das zu anstrengend und zu anspruchsvoll. Entschuldigung, ich lese ja keine Wochenendfrühstückszeitung im Bett, sondern im Gegenteil, Dinge, von denen ich von vorneherein weiß, dass sie von größter Wichtigkeit sind.

Wann stehen Sie auf?
Ich bin jetzt pensioniert. Das ist jetzt anders als die Jahrzehnte vorher. Da war das so: Die erste halbe Stunde habe ich im Zug gelesen, selbstverständlich in der ersten Klasse, weil es da ruhig ist. Ich kann nicht Plapperquark von anderen Leuten bei der F.A.Z.-Lektüre an den Ohren haben. Zweite halbe Stunde F.A.Z. dann spätestens auf dem Rückweg vom Dienst und je nach Geschäftslage auch schon mal eine halbe Stunde im Büro. So. Was dann überbleibt, das wird dann noch zu Hause im Laufe des Tages nachgeholt. Das war dann oft das Feuilleton, das wird nicht zur wichtigsten Tagesstunde gelesen, sondern zur Unterhaltungsstunde.

Die aus Ihrer Sicht gewichtigeren Ressorts lesen Sie direkt nach dem Aufstehen?
Nenene. Da kommen erst die täglichen Waschungen und die Speisung. Und dann, in ausgeruhtem und versorgtem Zustand, geht es an die Lektüre.

Sie wollen bei der F.A.Z.-Lektüre das Gefühl von Arbeit verspüren?

Aber gewiss doch!

Sie finden das nicht schlimm?

Im Gegenteil. Ich lese nicht, um unterhalten zu werden, sondern ich lese, wenn ich mindestens die Erwartung haben kann, dass ich anschließend klüger bin als vorher und auch klüger als die Leute, die den Artikel nicht gelesen haben. Dass das Anstrengung ist, ist gar keine Frage. Darum sage ich ja auch immer: Ich lese Artikel nicht, ich studiere sie.

Sehen Sie sich als Teil einer Elite?

Ja, ist doch ganz klar. Aber das sagt man heute nicht mehr, kann man nicht mehr sagen.

Aber es trifft es doch irgendwie?

Ich habe nichts dagegen, würde aber präzisieren: Ich bin nicht Teil einer Funktionselite, wohl aber Teil einer Geistes- und Bewusstseinselite.

Wenn Sie in der ersten Bahn-Klasse die F.A.Z. lesen: Ist das auch eine Art Statussymbol für Sie?

Bestimmt. Aber ich benutze das anderweitig, nämlich um die Leute abzuschrecken. Ich will mit fremder Bevölkerung nichts zu tun haben, auch im Zug nicht. Das sage ich so ganz brutal. Wenn ich die Zeitung in der Hand habe, werde ich nicht so schnell angepöbelt von Leuten, die da rumtelefonieren, die ich dann meinerseits anpöble, weil ich das nicht will, wenn ich gestört werde. Also: Ich lese die Zeitung nicht deshalb, aber ich bin ganz sicher, dass eine gewisse Achtung da ist gegenüber jemandem, der die Zeitung in der Hand hat.

Ist die Achtung bei der F.A.Z. größer als bei anderen Zeitungen?

Doch, doch, doch. Auf jeden Fall ist in der Bevölkerung ein Element von Respekt oder Achtung oder Hochachtung gegenüber den Lesern der F.A.Z. Das ist teilweise durchaus negativ, im Sinne von: hochnäsig oder sich etwas Besseres dünkend oder oder oder. Das ist wohl da, das muss auch nicht schlimm sein. Aber: Es nimmt die Leute nicht ein in dem Sinne, dass die Leute positive Gefühle gegenüber dem hegen, der die F.A.Z. liest. Davon kann nicht die Rede sein.

Was kann die F.A.Z. gegen den Auflagenrückgang tun?

Da kann ich Ihnen nicht weiterhelfen. Die allgemeine Bildung wird eben leider dünner.

Auch bei F.A.Z.-Redakteuren?

Die Frage kann ich nicht so schnell beantworten, wie es meiner Seriosität entspricht. Ich will Ihnen aber sagen, dass ich einigen Personen aus meiner fünfzigjährigen F.A.Z.-Historie nachhänge. Ein Mann wie Friedrich Karl Fromme ist für mich unerreicht. Der war nicht nur gut, der war souverän.

Viel hat sich seither verändert. Zum Beispiel gibt es jetzt ein Bild auf Seite 1 der F.A.Z. Wie finden Sie das?

Schlecht. Ich will keine Bilder sehen. Passen Sie auf: Für mich gibt es nur ein einziges Medium, das ist das Wort, das geschriebene Wort.

Haben Sie protestiert?
Das bringt nichts, das ist nur Offenbarung von Gesinnung ohne Argumentationswert. Wenn das einen eigenen Argumentationswert hätte, dann könnte ich mich damit befassen. Aber dies ist mehr nach Art von: gefällt mir, gefällt mir nicht. Das ist so wie im Computer.

Bei Facebook?
So ist es. Da sind aber keine Worte, keine Begriffe, keine Erkenntnisse zu vermitteln.

Sie könnten damit leben, wenn es in der Zeitung nur Text gäbe?
Natürlich. Ich bin eher negativ kritisch zu den Bildergeschichten eingestellt als positiv. Die bringen nichts. Bilder können, so pflege ich zu sagen, unterhalten und diejenigen überzeugen, die ohnehin überzeugt sind. Aber Bilder haben keinen Erkenntniswert, sondern lenken ab. Wenn ich einen Artikel habe, von dem ich glaube, dass er zwingend gelesen werden muss, passiert es nicht selten, dass ich die Zeitung so knicke, dass ich ein daneben stehendes Bild nicht sehen muss. Ich bin für Denken, für Sprechen und Worte, nicht für Bilder.

Lesen Sie neben der F.A.Z. noch andere Zeitungen?
Ich sehe darin keinen Sinn. Wie Sie sicher bemerkt haben, bin ich gut beschäftigt mit der F.A.Z., und ich habe nicht die Spur eines Zweifels, dass ich mit der Nutzung der F.A.Z., wohl gemerkt über Jahrzehnte, über wesentliche Dinge blendend informiert worden bin. Mir ist keiner über den Weg gelaufen in den letzten 20 Jahren, der in den Dingen, die mich interessieren, besser informiert oder kompetenter gewesen wäre als ich.

Das haben Sie der F.A.Z. zu verdanken?
So ist es.

Waren Sie schon mal in Frankfurt bei der F.A.Z.?
Nein.

Hätten Sie Interesse daran? Ich könnte Sie herumführen . . .
Ich weiß genug von der F.A.Z. Ich will da nicht hin. Das ist für mich nur Drum und Dran, daran bin ich nicht interessiert. Ich sage es nochmal: Ich bin sehr sachorientiert und beschränkt, vorsätzlich beschränkt. Das andere wäre ins Unterhaltsame, Persönliche gehend, nichts dagegen, aber nichts für mich.

Haben Sie sich je gewünscht, die Seiten zu wechseln und journalistisch tätig zu werden?
Ne. Das ist mir zu lebhaft. Ich habe wohl etwas publiziert, aber wissenschaftliche Aufsätze, nicht als Journalist. Das wäre mir zu anstrengend. Ich bin auch ziemlich schwerfällig im Denken und im inneren Habitus. Ich lese auch nicht schnell. Wenn ich Bücher lese, moderne Literatur vor allem, dauert das zehn Mal länger als bei anderen Leuten. Ich habe keinerlei Begabung für

Hektik und auch keinerlei Interesse daran. Nur, wo ich das Tempo selber bestimmen kann, da kann ich was produzieren.
Macht man sich als Leser Vorstellungen von redaktionellen Abläufen?
Vorstellungen hab' ich wohl. Auch ein bisschen Kenntnis über das Zeitungsgeschehen. Also ich weiß schon, wie die Zeitung unter die Leute kommt und dass die Schlusskonferenz das vorletzte Wort hat, und dann die Blattmacher und die Aufmacher und und und. Das Vokabular ist mir also geläufig, aber auch da muss ich sagen, im Einzelnen interessiert es mich nicht. Ich bin kein Fachmann für Zeitungswesen, ich bin Fachmann für Gedanken.
Dann reden wir über Gedankliches. Europa zum Beispiel.
Sehr gerne.
Dazu schreiben in der F.A.Z. die Politik, die Wirtschaft und das Feuilleton. Wie nehmen Sie die drei Teile in dieser Frage wahr?
Also als Erstes: unterschiedlich, der Art und dem Inhalt nach. Zweitens, aber da bin ich ganz schnell mit fertig, auch unterschiedlich gewichtig. Hab' ich ja schon gesagt. Oft ist es so, dass ich sage: Naja, das steht nicht zufällig im Feuilleton. Sie hören meinen Unterton. Ist ja nichts Schlimmes.
Stellen Sie Unterschiede in der Kommentierung zwischen dem Politik- und dem Wirtschaftsteil fest?
Sehr wohl. Aber die haben auch unterschiedliche Fragestellungen. In der Zeit der Krise habe ich angefangen, den Wirtschaftsteil zuerst zu lesen. Früher habe ich Jahrzehnte zuerst den Politikteil gelesen. Aber seit der Krise den Wirtschaftsteil zuerst.
Wie sieht es mit Ihrer Begeisterung für den Sportteil aus?
Null. Der kommt ungelesen in den Papierkorb.
Sie sind an Sport nicht interessiert?
Nein. Aber wohl daran, mich selber zu bewegen. Ich laufe zum Beispiel im Urlaub durch die Wälder, zwei Stunden morgens, eine Stunde am Nachmittag. Zu Hause laufe ich ganz oft Unterkante Jogging, aber so, dass ich gesund und munter bin.
Technik und Motor?
Auch null. Ich bin technisch völlig unbegabt und desinteressiert. Das gehört alles zu den unendlich vielen Dingen, die mich überhaupt nicht interessieren.
Junge Leute sagen oft, es koste sie zu viel Zeit, die ganze F.A.Z. zu lesen.
Ist ja auch richtig.
Von Ihnen scheint das aber nicht als Manko begriffen zu werden.
Nein, ganz und gar nicht. Das kann auch gar nicht als Manko begriffen werden, weil ich, wie gesagt, große Neigungen zur Selbstbeschränkung habe. Ich gehe von vorneherein an die Zeitung mit anderer Erwartung heran. Ich habe keine Enttäuschung, wenn ich zwei Drittel oder vier Fünftel nicht lese, sondern ich bin froh, wenn ich das Fünftel, das mich allerdings heftigst interessiert, tatsächlich verinnerliche, so dass ich es auch nach Jahren noch

parat habe. Ganzseitige Artikel zum Beispiel, von kompetentesten Leuten deutscher Sprache.

Fühlen Sie sich bei der F.A.Z. politisch zu Hause?
Sie entspricht meinem Selbstverständnis. Das soll aber nicht heißen, dass ich jeden Artikel unterschreibe.

Wie nehmen Sie denn die politische Haltung der F.A.Z. wahr? Sind die Redakteure auf Linie?
Ich lehne die Fragestellung ab. Und sage: Diese Frage interessiert mich nicht. Mich interessiert nur das Niveau.

Verfolgt die F.A.Z. aus Ihrer Sicht eine politische Agenda?
Nein, nein, nein. Ich habe kürzlich noch mit einem geredet, der sagte, die F.A.Z. habe ja jetzt die Rundschau gekauft, und irgendwer hätte ihm gesagt, jetzt kauft ein CDU-freundliches Blatt diese linke Zeitung auf. Ich sag': Affenscheiße, Entschuldigung, dass ich das so sage, aber die F.A.Z. steht weit jenseits von parteipolitischer Zugehörigkeit oder Hörigkeit. Ich bin todsicher, dass zahllose Leute aus der Redaktion oder aus der Zeitung eine ausgesprochene Geringschätzung für einzelne politische Personen oder politische Richtungen und und und haben. Und ich weiß, wovon ich spreche, das haben Sie ja gemerkt.

Sind Sie ein politischer Mensch?
Absolut.

Auch ein parteipolitischer?
Eindeutig nein. Ich bin in keiner Partei und wähle seit langem nicht mehr und begehe auch keine Wahlersatzhandlungen. An den Kreuzchenspielen beteilige ich mich nicht. Es soll bloß kein Politiker glauben, dass die meisten Leute nicht wählen aus Desinteresse. Im Gegenteil: Ich bin mehr als interessiert. Aber ich habe bessere Gründe, nicht zu wählen, als zu wählen.

Sind Volksentscheide besser?
Mit dem ganzen Volk will ich nichts zu tun haben, die sind in Einzelheiten nicht so kompetent wie ich. Wenn ich gefragt werden würde, wie denn meine ideale Regierung aussähe, jetzt kommt ein Gag, den ich vorbereitet habe, dann würde ich ganz klar sagen: das Redaktionskollegium der F.A.Z.

Würden Sie da Leute der Frankfurter Allgemeinen Sonntagszeitung auch mit einbeziehen?
Ich kann Ihnen nicht ersparen, Ihre Sonntagszeitung zu beschimpfen. Ich kenne die gut, ich hatte die auch probehalber schon mal. Und wenn ich manchmal im Hotel bin und nix anderes habe, dann schaue ich auch mal rein. Also: Ich weiß genau, was drinsteht.

Was also ist Ihr Eindruck?
Das ist ganz einfach: Das ist das ideale Blatt für Leute, die zwar den guten Ruf der F.A.Z. kennen, die aber weder Zeit noch sonstwas investieren wollen, um eine Zeitung zwei Stunden am Tag zu lesen. Aber die ganz gerne an dem guten Ruf teilhaben und auch allerdings gerne was Unterhaltsames Sonntagvormittag zum Frühstück im Bett haben wollen, um darin zu

blättern. Oder auf dem Sofa, die Zeitung in der einen Hand, und mit der anderen Hand den Hund streicheln. Ich lese Zeitung nie im Bett und auch nie auf dem Sofa, sondern immer aufrecht am Schreibtisch sitzend, aber in bequemer Formation, dazwischen mache ich Lockerungsbewegungen.

Kennen Sie Leute, die die Sonntagszeitung lesen?

Acht von zehn Gesprächspartnern, die ich habe, lesen die F.A.Z. Sie wissen auch, wenn ich abends zu ihnen komme, dass sie dann die F.A.Z. gelesen haben sollten. Über Urlaubsreisen und und und wird mit mir höchstens zum Aufwärmen gesprochen. Mindestens vier oder fünf von den acht Lesern habe ich selbst geworben. Leute meistens in meinem Alter, die Gruftie-Generation. Das geht dann so, dass ich den Leuten, wenn ich sie denn rumgekriegt habe, sage: Die Prämie kriegst du, aber du musst die F.A.Z. lesen.

Und die lesen auch die F.A.S.?

Manche. Ich kenne ein Paar, die lesen sie noch nicht, die könnten sie aber lesen. Das würde passen, die haben auch einen Hund und einen Garten.

Mir scheint, bei Ihnen bestimmt die Beschränkung aufs Wesentliche nicht nur Ihr Lektüreverhalten, sondern auch Ihr Leben.

Das ist richtig. Ich mache mir zum Beispiel nichts aus vornehmer Kleidung, im Dienst war ich immer der am schlechtesten angezogene Mensch, mit nur einem Jackett im Schrank, das habe ich nur bei Sitzungen angezogen. Ich habe auch kein Auto, und bis zum 60. Lebensjahr habe ich auch keine bürgerliche Wohnung gehabt, in der ich jemanden hätte empfangen können. Das Einzige, was mich interessiert, ist das, was ich im Kopf habe.

Leben Sie allein?

Ich bin Junggeselle, habe aber eine Lebensgefährtin, die im selben Haus wohnt, zwei Etagen tiefer.

Kann die Ihre Leidenschaft für die F.A.Z. nachvollziehen?

Jahrelang lief das so: Sie holte die Zeitung aus dem Kasten, hängte sie bei mir an die Tür, ich lese dann Politik und Wirtschaft, das Feuilleton kriegt sie, und nachmittags kriege ich das Feuilleton, und sie kriegt Politik und Wirtschaft, selbstverständlich mit Kreuzen und Hieroglyphen am Rand, als Hinweis, was sie unbedingt lesen muss.

Sie haben keine Kinder?

Keine Kinder.

Und haben sparsam gelebt. Da muss über die Jahre einiges zusammengekommen sein. An Geld, meine ich.

Ist richtig. Ein anständiges Stück habe ich überbehalten.

Was machen Sie damit?

Es ist so, dass in persönlicher Hinsicht nur zwei Personen in Betracht kommen als Erben meines nicht übermäßigen, aber doch nennenswerten Vermögens, wenn ich es, wie ich hoffe, nicht noch selber verbrate. Zwei Personen und zwei Institutionen. Über die Personen sprech ich nicht mit Ihnen. An Institutionen kommt die Studienstiftung in Betracht, die mir ein wunderbares Studium ermöglicht hat, und eben die F.A.Z., die im

Mittelpunkt meiner persönlichen Bildungsbiographie steht. Wobei ich nicht sagen würde, dass die Stiftung gleichrangig in Betracht kommt wie die F.A.Z., das geht nach anderer Dignität bei mir, nämlich der Frage, wem ich mich innerlich mehr verbunden fühle, und die Frage beantworte ich Ihnen jedenfalls heute nicht.

Herr Dr. Berkenbrock, Sie machen den Eindruck, ein zufriedener Mensch zu sein.

Ich vermisse nichts. Ich habe noch nie etwas vermisst, und ich vermisse auch jetzt nichts. Wenn das Ihr Eindruck ist, und ich nehme an, dass das nicht einfach so oder wegen Erbschleicherei dahergesagt ist, dann ist er völlig richtig.

Wenn Sie als Leser ein so langes Interview mit einem Herrn Dr. Berkenbrock in der Zeitung gesehen hätten – hätten Sie es für so wesentlich gehalten, dass Sie nicht weitergeblättert hätten?

Das kann ich so schnell nicht beantworten. Und offen gestanden: Ich würde es auch nicht zu Ende denken wollen.

„Ich bin ke
für Zeitur
ich bin F
für Geda

n Fachmann
gswesen,
chmann
ken."

Klemes Berkenbrock

06 Elyas M'Bare

Das Interview mit dem Schauspieler *Elyas M'Barek* stand unter keinem allzu guten Stern. Es fand 2014 statt in dem damals (und womöglich heute noch) sehr angesagten Berliner Hotel Soho House, und zwar während der Berlinale. Als ich das Hotel betrat, begegnete ich in der Lobby George Clooney und Bill Murray, die damals ihren Film „Monuments Men" vermarkteten. Überhaupt herrschte eine enorme Geschäftigkeit – das Gegenteil einer konzentrierten Atmosphäre. M'Barek, den ich in „Fack ju Göhte" durchaus lustig gefunden hatte, wollte das Interview nicht in einem Hotelzimmer, sondern in einer Bar des Hotels führen. Während des Gesprächs winkten hin und wieder Leute zu ihm herüber, die nicht nur seine, sondern auch meine Aufmerksamkeit weckten. Das machte es nicht unbedingt einfacher. Ich hatte mir zur Vorbereitung auch die Serie „Türkisch für Anfänger" angeschaut, in der er mitgespielt hatte, ich konnte daraus aber nicht viel Honig saugen. Etwas ratlos entwarf ich einen Katalog von Fragen, der sich ein wenig an den Fragebögen von Max Frisch orientierte, ein wenig auch an dem Interview, das ich 2012 mit Campino geführt hatte – ich wollte sehen, wie M'Barek sich im Vergleich schlagen würde. Wie bei Frisch hätten die Fragen für sich allein stehen können. In jedem Fall kamen sie sich origineller vor, als es die Antworten je werden konnten. Beispiel für eine Frage: „Dem Achtundsechziger Dieter Kunzelmann wird der Satz zugeschrieben: ‚Was geht mich der Vietnamkrieg an, solange ich Orgasmusschwierigkeiten habe.' Können Sie mit dem Weltbild, das dahinter steht, irgendetwas anfangen?" Antwort M'Barek. „Das Thema sagt mir überhaupt nichts, tut mir leid." Kann man verstehen. So ging das öfter. Ich weiß nicht mehr genau, was ich mir von dem Gespräch versprochen hatte – und schon gar nicht wusste ich, was er sich davon erwartete. Mir schien es so, als habe er bis dato vor allem Interviewer gehabt, die wissen wollten, mit wem er gerade ausgehe und wann der nächste Teil von „Fack ju Göhte" in die Kinos komme. Ich merkte jedenfalls schnell, dass er sich nicht wohlfühlte. Ihm rann der Schweiß von der Stirn, und mir gelang es nicht, die Situation zu entspannen. Es dauerte nicht lange, bis auch ich mich unwohl fühlte und gleichfalls anfing zu schwitzen. Am Ende haben wir es dann doch noch ganz gut hinbekommen. Die Autorisierung lief problemlos. Ich habe allerdings Grund zur Annahme, dass M'Barek mich seltsam gefunden hat.

"Sie stellen mir Fragen, die ich mir nie gestellt habe" | Elyas M'Barek

INTERVIEW VOM
22.03.2014 / F.A.Z.-MAGAZIN

Der Schauspieler Elyas M'Barek über den Film „Fack ju Göhte", seine frühe Prollphase, die Arbeit an der Schönheit und das Leben als Mann.

„Niveau finde ich sexy"

Herr M'Barek, Ihr Body wird immer wieder lobend hervorgehoben. An welchem Körperteil schlägt bei Ihnen das Krafttraining besonders schnell an?
 Am Bizeps.

Gehören auch Sie zu der noch weitgehend unerforschten Spezies Fitnessstudio-Gänger, die ausschließlich den Oberkörper trainiert?
 Ein Mann muss seine Beine nicht trainieren, denn die sieht man nicht im Club.

Ach so.
 War ein Witz. Machen trotzdem viele genau deswegen.

Gibt es etwas, das Sie an Ihrem Körper stört?
 Ich hab' sehr große Ohrläppchen. Außerdem hab' ich einen sehr breiten Spann. Das macht sich immer dann bemerkbar, wenn ich schmale Anzugschuhe trage. Gestern zum Beispiel hab' ich die Schuhe unter dem Tisch ausgezogen, weil es unfassbar gedrückt hat.

Mal einen Ohrring getragen?
 Hab' ich.

Brilli?
 Einen richtig großen goldenen Ohrring. Ich hatte 'ne Prollphase, so mit 16.

Der Schönheitschirurg Werner Mang hat früher in seiner Klinik – ich weiß nicht, ob es immer noch so ist – der Mitarbeiterin des Jahres als Belohnung für ihre gute Arbeit eine Schönheits-OP ihrer Wahl geschenkt.
 Oh, mein Gott.

Würden Sie ein solches Geschenk annehmen?
 Auf keinen Fall.

Wieso nicht?
 Ich halte nichts von Schönheits-OPs. Okay, wenn Frauen mit ihrer Brustgröße nicht zufrieden sind und da ein bisschen nachhelfen, das kann ich noch nachvollziehen. Aber ich finde Eingriffe ins Äußere, also Nase, Mund, Augen, das finde ich ganz schlimm. Jeder Mensch ist entweder hübsch oder nicht so hübsch auf die Welt gekommen, und gerade Schönheitsmakel machen doch interessant.

Sie haben sehr schöne Haare.
 Ach, ja?

Angenommen, die würden Ihnen mal ausfallen. Wäre eine Haartransplantation dann ein Thema?
 Das könnte ich mir vorstellen. Weil da ja nichts verändert wird, sondern nur der Originalzustand wieder hergestellt.

Ihr Hintern, der in diversen Filmen zu sehen war, ist schon jetzt fast so legendär wie der von Jennifer Lopez. Die soll ihren für mehrere Millionen Dollar versichert haben.
 Wie kann man denn seinen Hintern versichern lassen? Wie soll das funktionieren? Bekommt sie dann Geld, wenn sie zunimmt, oder wie?

Oder wenn Sie verunfallt.
Dann bekommt sie für ihren kaputten Arsch fünf Millionen oder was? Das ist doch total absurd.

Cem, Ihre Figur aus der Serie „Türkisch für Anfänger", ist auf ein anderes Körperteil fixiert. Unter anderem sagt er, sein „Schwanz" sei zu groß fürs Ozonloch. Schießt er da übers Ziel hinaus?
Mit Sicherheit. Das ist natürlich eine Übertreibung, und ich glaube, selbst Cem weiß in seinem Innersten, dass sein Penis durchaus ins Ozonloch passt. Auch wenn das Ozonloch kleiner geworden ist.

Schauspielkollegen wie Sascha Hehn haben sich zeitweilig im Softporno-Business versucht. Wäre das auch was für Sie?
Das Metier gibt's doch gar nicht mehr.

Angenommen, es gäbe es noch.
Auch dann nicht. Ich bin bestimmt nicht prüde, und manchmal machen Sexszenen ja auch Sinn. Schauspielerisch sind die aber uninteressant, weil es da nur darum geht, gut auszusehen.

Liest ein Elyas M'Barek?
Ich lese.

Was?
Eigentlich alles.

Zum Beispiel?
Neulich hab' ich ein Buch von Wolfgang Herrndorf gelesen, „Arbeit und Struktur".

Krasses Buch.
Ja, man kann nicht aufhören zu lesen, obwohl man möchte.

Würde man bei einem so lockeren Typen wie Ihnen gar nicht denken, dass Sie so ein Buch lesen. Da geht es doch um Krebs und das quälende Wissen um den bevorstehenden Tod.
Das gehört zum Leben dazu. In dem Buch geht es darum, wie endlich alles ist, Erfolg, Glück, Gesundheit. Es gibt im Buch eine Stelle, die hat mich sehr berührt, da beschreibt er, dass die Filmrechte für seinen Bestseller „Tschick" verhandelt werden. 30 Jahre lang, so schreibt er, habe er am Existenzminimum rumgekrebst, und jetzt, wo er mehr Geld hat, als er ausgeben kann, da ist es ihm scheißegal. Erfolg, Geld, Liebe, das alles spielt dann keine Rolle mehr.

Nicht einmal die Liebe?
Auch die nicht. Die hilft vielleicht, aber sie bedeutet doch nichts, wenn man todkrank ist.

In dem Film „Heiter bis wolkig" spielen Sie einen jungen Mann, der so tut, als sei er todkrank, um das Mitleid der Mädchen zu bekommen und sie so ins Bett zu kriegen.
Das ist doch nur ein Film. Im richtigen Leben würde die Masche nie funktionieren.

Gab es in Ihrem richtigen Leben schon einmal eine Erfahrung, die Ihnen die Endlichkeit des Daseins extrem vor Augen geführt hat? Oder sind Sie bisher ziemlich gut durchgekommen?
Bin ich, und das weiß ich auch, und ich frag' mich immer wieder, wann es mal knallt. Das wird passieren. Dass ich das weiß, macht mich gelassener.

Könnten Sie glücklich sein, wenn „Fack ju Göhte" Ihr letzter Film gewesen wäre – und Sie gezwungen wären, trotzdem noch 50 Jahre weiterzuleben?
Wär' schade, wenn nicht. Das würde ja heißen, dass der Beruf alles ist. Das ist er aber nicht. Und ich weiß aus Erfahrung, dass man immer irgendwie zurechtkommt, sich an alles gewöhnt. Mit 15 Jahren, als ich noch keine Filme gedreht habe, war ich auch glücklich. Warum sollte das, wenn ich keine mehr mache, nicht wieder so sein?

Wäre für Sie eine ganz andere Existenz als die jetzige denkbar? Sagen wir: Hooligan oder Bauer?
Ich hab' mir da noch nie drüber Gedanken gemacht, weil ich total happy bin mit dem, was ich tue. Bauer klingt aber gar nicht so verkehrt. Ich hab' einen Freund, einen ehemaligen Klassenkameraden, der ist Bauer, Biobauer. Ich bekomm' das auf Facebook immer so mit, wenn er postet, dass neue Lämmer zur Welt gekommen sind. Er macht einen sehr glücklichen Eindruck.

Haben Sie zu den Leuten von früher noch Kontakt?
Vor allem zu denen.

Was machen Sie mit denen so?
Ich komme ja aus München und lebe auch dort. Da hängen wir zum Beispiel an der Isar rum. Im Sommer bin ich oft an der Isar.

Was macht man da?
Wir lassen uns gerne den Fluss runtertreiben, in die Stadt hinein.

Schwimmend?
Ja klar, man kann da schwimmen. Und wir haben uns ein Schlauchboot gekauft.

Sie gehen auch gerne aufs Oktoberfest. Wie viele Maß packen Sie?
Einige.

Heißt?
So sechs, sieben können das den ganzen Tag über schon werden.

Man hört, die schenken dort zwischendurch alkoholfreies Bier aus.
Ja? Da muss man aber schon richtig hacke sein, dass man das nicht mehr merkt. Ich bin ein disziplinierter Trinker. Man wird mich selten torkelnd oder lallend irgendwo antreffen.

Trinken Sie auch alleine?
Nie. Ist langweilig. Ich hab' noch nicht mal Bier zu Hause.

Sie können wählen: 2500 Euro in bar oder Alkohol im Wert von 5000 Euro.

Ich würd' natürlich das Geld nehmen.
Warum? Sie sind gerade 31, werden in Zukunft doch wohl noch Alkohol im Wert von 5000 Euro trinken.
Warum soll ich denn für 5000 Euro Alkohol trinken? Nur weil ich Schauspieler bin oder was? Vielleicht will ich in einem Monat nie wieder Alkohol trinken, und dann?
Das wäre natürlich Pech.
Nee, sorry, mach' ich nicht. Da bin ich zu sehr Geschäftsmann.
Können Sie irgendwas, was Männer können sollten, zum Beispiel eine Bierflasche mit den Zähnen oder mit dem Augenlid aufmachen?
Mit dem Feuerzeug kann ich es.
Rauchen Sie?
Sieht man doch im Film.
Sieht professionell aus. Aber gibt es am Set keine Filmzigaretten für Nichtraucher?
Gibt es, aber das Zeug stinkt ganz furchtbar. Dann lieber richtige. Jedenfalls gelegentlich.
Welche Marke?
Sag' ich nicht. Ich mach' doch keine Werbung für die Tabaklobby.
Können Sie mit dem Rauch Ringe machen?
Ich kann sogar Herzen machen.
Was sollte ein Mann noch können?
Autoreifen wechseln. Das ist mir mal bewusst geworden, als mir eine Freundin erzählt hat, dass sie mit ihrem neuen Lover im Urlaub war, und dann hatten die eine Autopanne, und der Typ konnte den Reifen nicht wechseln, das war im Grunde das Ende der Beziehung. Die Freundin fand das so unsexy, dass da der Pannennotdienst kommen musste und der Typ nur hilflos danebenstand. Danach war der Ofen im Grunde aus.
Kollegen von der „Süddeutschen Zeitung" haben vor ein paar Jahren ein hübsches Buch mit dem Titel „Ein Mann – ein Buch" veröffentlicht.
Kenne ich.
Da steht drin, was ein Mann noch so draufhaben sollte. Zum Beispiel: eine Schlägerei überstehen. Sind Sie auch in dieser Hinsicht ein Mann?
Jeder sollte sich in seinem Leben mal geprügelt haben.
Sie haben das schon hinter sich?
Auf jeden Fall.
Sie könnten also in einer Schlägerei bestehen?
Kommt drauf an, wie groß der andere ist.
Bei Ihnen darf er nicht allzu groß sein.
Klar, wenn er 1,90 ist, dann hab' ich ein Problem. Aber wenn jemand dieselben körperlichen Voraussetzungen erfüllt, dann würd' ich mich durchaus auch in einer Schlägerei messen können.
Irgendwelche Tipps für unsere jungen Leser?

Nicht darüber nachdenken, einfach zuschlagen. Und zwar nicht mit der flachen Hand, sondern mit der Faust.

Und wohin schlagen?
Schläfe ist meistens ganz gut. Oder Nase.

Schon mal mit Kopfstoß probiert?
Noch nie. Aber ich hab' schon mal einen bekommen. Hat weh getan. Für ein paar Sekunden war ich außer Gefecht. Die Schlägerei war verloren.

Ihr Kollege Götz George wurde im Alter von 14 Jahren von einer 19 Jahre alten Hausangestellten in die Liebe eingeführt. Gibt es auch bei Ihnen einen Moment, der den Übergang vom Jungen zum Mann markiert?
Ich weiß gar nicht, ob ich diese Schwelle schon überschritten habe. Ob man sie je überschreitet. Und ob man sie überhaupt überschreiten sollte.

Irgendetwas, was Sie in Ihrem Leben bereuen?
Ich hatte mal eine Fernbeziehung. Die ist im Grunde daran zerbrochen, dass wir beide damals zu sehr an die Karriere gedacht haben. Ich denke mir manchmal: Hätte ich doch um diese Liebe gekämpft.

Haben Sie mal gegen irgendetwas rebelliert?
In der Klasse vielleicht. Ich wollt' immer Klassensprecher werden. Und hab' nie verstanden, warum immer die Streber Klassensprecher wurden. Weil ich dachte, die größten Schleimer in der Klasse, die werden sich ja nie für die Belange der Klasse einsetzen, sondern sich immer bloß beim Lehrer einschleimen. Ich dachte, dass eigentlich immer die größten Chaoten Klassensprecher werden müssten, weil die die größte Klappe haben und sich am meisten getraut haben. Mit der Argumentation kam ich dann auch relativ weit und wurde mehrmals gewählt.

Dem Achtundsechziger Dieter Kunzelmann wird der Satz zugeschrieben: „Was geht mich der Vietnamkrieg an, solange ich Orgasmusschwierigkeiten habe." Können Sie mit dem Weltbild, das dahinter steht, irgendetwas anfangen?
Das Thema sagt mir überhaupt nichts, tut mir leid.

Gut, dann ein anderes Thema: Fast jede Frau kennt Sie inzwischen, und noch mehr Frauen finden Sie richtig gut. Haben Sie Angst, dass Ihre Flirtfähigkeiten verkümmern, weil Sie auch ohne Anstrengung fast jede bekommen können?
Das glauben Sie.

Na klar. Da sagt man, hier, „Fack ju Göhte", und los geht's.
Frauen, bei denen es so einfach wäre, die würden mich überhaupt nicht interessieren. Wenn man es mir zu einfach macht, dann ist es bei mir vorbei. Außerdem hatte ich auch vor meinem jetzigen Erfolg keine Probleme, Frauen kennenzulernen.

Einfach kann aber auch schön sein. Cristiano Ronaldo, der Fußballspieler, hat in Amerika zu einer Kellnerin gesagt: „Me, you, fuck, fuck". Daraus ist ein Kind entstanden.

Oh, mein Gott! Das ist die Mutter seines Kindes! Also 'ne Frau, die auf so 'ne Anmache anspringt, die sollte eigentlich nicht Mutter werden. Tut mir leid.
Da ist die Grenze des guten Geschmacks überschritten?
Für mich persönlich schon. Mir wär' das zu billig. Aber Ronaldo wird 'ne super Nacht gehabt haben.
**Cem aus „Türkisch für Anfänger" sagt:
„Ich bumse oft unter meinem Niveau."**
Soll er sagen. Ich finde Niveau sexy.
Der Film „Fack ju Göhte" hat nicht nur wahnsinnig viele Zuschauer gehabt, sondern auch viele gute Kritiken bekommen. Senta Berger war nach Monaten, glaube ich, die erste, die den Film scharf kritisiert hat.
Endlich!
Sie sagte: „Für mich ein grob erzähltes Märchen mit unnötig vulgärer Sprache." Können Sie das nachvollziehen?
Kann ich. Mich hat es eher gewundert, dass die Kritik so spät kam. Allerdings muss man sagen, dass die Sprache im Film exakt die Sprache ist, die auf vielen deutschen Schulhöfen gesprochen wird, das weiß ich, und das wird uns auch immer wieder bestätigt. Aber da ist Frau Berger vielleicht zu weit weg vom Thema. Trotzdem kann ich total nachvollziehen, wenn das jemand zu vulgär findet. Ist es ja auch.
Warum zu vulgär? Zeki Müller, die Hauptfigur, ist vulgär und doch die sympathischste Person im ganzen Film. Andere Leute haben beste Manieren und sind Kotzbrocken. Warum also sollte man zu einer Frau nicht „Bitch" sagen dürfen, solange man das Herz am rechten Fleck hat?
Bei Zeki kommt so was nur deshalb so sympathisch rüber, weil es ein Film ist.
Jetzt kommen Sie nicht wieder damit!
Ist aber so. In der Realität würde doch jeder sagen: Warum rülpst der jetzt? Warum benimmt er sich so scheiße? Und man würde ihn gar nicht so herzlich finden, weil man den Rest der Geschichte nicht kennt. Als Kinobesucher findet man Zeki nur deshalb so sympathisch, weil man offen in sein Gefühlsleben blicken darf. Man kann bei ihm sein, wenn er alleine ist, wenn er im Keller sitzt und weint. Das geht wirklich nur im Kino.

„Das Thema sagt mir überhaupt nichts, tut mir leid."

Elyas M'Barek

07
Oliver Korittke

Turnschuhe oder, wie man heute sagt, Sneaker, waren in meiner Jugend ein großes Thema für mich. Ich erinnere mich an eine Fahrt in den Urlaub, auf der ich mir die Zeit damit vertrieb, dass ich im Stillen alle Turnschuhmarken aufzählte, die ich kannte: Reebok, Nike, Asics, LA Gear, Brooks, Mizuno, Diadora. Ich erinnere mich auch an eine dramatische Situation mit meinen Eltern im Weißenhorner Schuhhaus Wolf. Es ging damals darum, ob ich bloß Nike-Turnschuhe bekommen sollte, die 80 Mark kosteten, oder Nike Air für 140. Im Ansehen von Klassenkameraden machte das damals einen Unterschied. Ich machte in dem Geschäft ein solches Theater, dass man sich für mich schämen musste. Meine Eltern, mit denen man eigentlich über alles reden kann, blieben bei ihrer Meinung: 140 Mark muss nicht sein, vor allem, „wenn der Fuß noch wächst". Viele Jahre später, als mich das Thema längst nicht mehr beschäftigte, bat mich unser Magazin-Chef Alfons Kaiser einen Essay über Sneaker zu schreiben – es war die Zeit, als das halbe Land Laufschuhe von New Balance trug. Kaiser gab mir den Tipp, doch auch mal mit dem Schauspieler *Oliver Korittke* zu reden, der sei ein fanatischer Sneaker-Sammler. Korittke kannte ich vor allem aus dem Film „Bang Boom Bang", den ich Ende der Neunziger im Kino gesehen hatte und damals sehr lustig fand. In Kombination mit den frühjugendlichen Turnschuherfahrungen sollte das, so dachte ich, reichen, um ein vernünftiges Telefonat mit Korittke zu führen. Es ging ja sowieso nur um ein paar Zitate für den Essay. Doch dann lief das Gespräch, das etwa eine halbe Stunde dauerte, so gut, dass ich das Interview als Wortlaut der Seite „Deutschland und die Welt" anbot – mit Erfolg. Natürlich sind Turnschuhe kein Thema auf Leben und Tod, umso schöner ist es, wenn es gelingt, eine Ebene dahinter aufblitzen zu lassen oder den Menschen, der in den Schuhen steckt, einzufangen. Korittkes Agentin schrieb mir, als sie das – bewusst in umgangssprachlichem Ton gehaltene – Gespräch zur Freigabe durchgegangen war: „In bald zehn Jahren beruflicher Allianz hab ich noch nie ein Interview gelesen, in dem Oliver Korittke so rüberkommt, wie ich ihn empfinde im täglichen Umgang. Sie haben ihn hier wirklich ganz toll eingefangen. Somit habe ich keinerlei Änderungswünsche." Das hat mich wirklich sehr gefreut.

„Sie stellen mir Fragen, die ich mir nie gestellt habe" | *Oliver Korittke*

„Sneaker sind das Gold des kleinen Mannes"

INTERVIEW VOM
12.09.2014 / F.A.Z.

Oliver Korittke über seine
2500-Paar-Sammlung, den
allgemeinen Trend zum Laufschuh
und den Cheerleader-Style.

Herr Korittke, Sie gelten als fanatischer Sammler von Sneakern. Wie kam es dazu?
Als ich jung war, aufgewachsen in der Eckkneipe meiner Großeltern, da war es ein Statussymbol, coole Sneaker zu haben. Wir sind damals in die Siedlungen der US Army gegangen und haben uns mit 30 oder 50 Dollar in der Hand vor die Kaserne gestellt, bis irgendwann mal einer kam und uns für das Geld ein paar Turnschuhe rausbrachte. Später, in den Achtzigern, war das dann so ein gegenseitiges Hochkitzeln: Wer hat die geilsten Treter, wer die ersten Superstar-Schuhe?

Hat das nach der Pubertät nicht aufgehört?
Diese Liebe zieht sich bei mir durchs ganze Leben. Sneaker sind das Gold des kleinen Mannes. Wenn Sie sich heute unter Jugendlichen bewegen, das erste, was die tun: auf die Schuhe schauen.

Und die, die sich die teuren Modelle nicht leisten können, haben die A-Karte gezogen.
Ich weiß noch, wenn früher in der Schule die Leute mit Lico angekommen sind! Das waren die Billigturnschuhe mit den zwei Streifen. Klar, das waren oft Kinder aus ärmerem Elternhaus. Aber als Junge hatte man dafür kein Verständnis, das ging einfach gar nicht, da war man gnadenlos. Ich kann Ihnen dazu eine Geschichte erzählen, von einem Freund aus meiner Klasse, den hat sein Vater vor die Wahl gestellt: entweder Turnschuhe oder Töppen, also Fußballschuhe. Der Junge hat sich für die Töppen entschieden, denn er wollte ja Fußball spielen. Und dann ist er eben mit Stollenschuhen in die Schule gekommen. Wir haben natürlich geschrien vor Lachen.

Mit welchem Geld haben Sie Ihre Sneaker bezahlt?
Ich hab' mir die von meiner Gage gekauft. Ich konnte das, weil ich schon mit vier Jahren mit der Schauspielerei angefangen habe. Von den 2500 Paar, die ich heute besitze, habe ich sicher 500 selber bezahlt. Der Rest wurde mir geschenkt oder von den Schuhfirmen gesponsert, nachdem sich rumgesprochen hatte, dass ich sammle. Bis heute habe ich keinen davon weggegeben, nicht einen Schnürsenkel habe ich veruntreut.

Wann haben Sie gemerkt, dass sich das zwischen Ihnen und den Sneakern in eine amouröse Richtung entwickelt?
Mitte der Neunziger hatte ich 150 Paar Turnschuhe. Schon das war ungewöhnlich. Und da fing der große Hype ja erst an, mit den Dunks von Nike zum Beispiel. Das ging bei mir dann immer so weiter, bis ich 2012 ein Museum aufgemacht habe, in dem neben den Schuhen auch meine Actionfiguren-Sammlung gezeigt wurde. Das Museum mussten wir inzwischen leider schließen, weil dort ein paar Sachen schief gelaufen sind und ich es mir nicht mehr leisten konnte. Wer Interesse hat, finanziell mit einzusteigen, kann sich übrigens gerne bei mir melden. Das ist mir ganz wichtig, weil ich finde, dass die Schuhe ein Kulturgut sind, das man der Öffentlichkeit nicht vorenthalten sollte.

Was gehört für Sie überhaupt zur Gattung der Sneaker?

Sneaker ist der amerikanische Begriff für Turnschuh. Aber ich verstehe darunter Schuhe, die man abends anzieht, wenn man ausgeht, auf die Straße, auf 'ne Party, aufs Konzert. Aber nicht immer dieselben. Wenn man auf ein Hiphop-Konzert geht, dann zieht man nicht irgendwelche Jogging-Sneaker an, sondern da holt man dann schon den Air Force One raus oder einen Dunk oder den Adidas Superstar oder meinetwegen auch 'nen Puma Disc.

Die schuhtechnische Entwicklung ist über diese Modelle längst hinweggegangen. Warum tragen Sie nicht die Schuhe, die zum Beispiel dämpfungstechnisch auf dem allerneuesten Stand sind?

Ich bin kein Basketball-Profi, also brauche ich nicht das neuste Dämpfungssystem. Ich brauche auch nicht den drehfähigsten oder hochspringendsten Schuh. Andererseits bin ich jetzt 46, ich lege schon Wert auf einen gewissen Laufkomfort und kann mir nicht mehr irgendwelche Gummitreter anziehen, da werden die Füße noch platter, als sie sowieso schon sind. Der Nike Blazer oder der Adidas Superstar sind mir mittlerweile zu hart. Trotzdem würde ich sie jederzeit irgendeinem High-Tech-Modell vorziehen. Die neuen Schuhe sehen furchtbar aus, als hätte man 'nen Gesundheitsschuh am Fuß.

Teilen Sie die Auffassung, dass wir gerade einen besonderen Sneaker-Hype erleben?

Das ist leider so. Jeder Depp rennt jetzt damit rum. Ich meine das nicht böse, den Leuten gegenüber. Man kann es ihnen ja nicht verbieten. Aber bei mir geht es doch um etwas ganz anderes. Ich habe vor knapp zehn Jahren, 2006, schon Michael Air Jordan getroffen. In Nike Town in Berlin hat er mir 'nen Schuh übergeben, da hat man dann natürlich eine Beziehung dazu. Heute laufen die ganzen Mädels mit Air-Max-Schuhen rum und wissen gar nicht, was sie da an den Füßen haben.

Versuchen Sie bewusst, sich von Trends abzukoppeln?

Wenn ich merke, die Leute ziehen verstärkt dies oder jenes an, dann zieh' ich genau das Gegenteil davon an. Man ist lieber Trendsetter als Trendmitläufer.

Demzufolge tragen Sie im Moment keine Laufschuhe von Nike oder New Balance, weil die gerade allzu sehr in Mode sind?

Die Laufschuhe kauf' ich mir für den Sommer auch. Den Adidas Flux zum Beispiel trag' ich sehr gerne, weil, ganz ehrlich, wenn man bei 35 Grad noch irgend 'nen Lederschuh am Fuß hat, da kann ich mir echt was Besseres vorstellen.

Bekommt man von den Sneakern nicht Schweißfüße, zumal dann, wenn sie schon etwas in die Jahre gekommen sind?

Bei mir ist das nicht so. Allerdings habe ich auch um die 400 Paar zu Hause – der Rest ist im Lager – und ziehe jeden Tag ein neues Paar an. Da bekommt man keine Käsefüße. Wenn man natürlich nur zwei Paar Turnschuhe hat und die zwei Jahre lang im Wechsel anzieht, dann kann man sie irgendwann wegschmeißen.

Viele von Ihren Schuhen werden Sie schon aus zeitlichen Gründen nie getragen haben.
Die 400, die ich zu Hause habe und anziehe, die habe ich doppelt, die sind bei mir nochmal im Lager, alle original verpackt und, abgesehen von ein paar wenigen, auch alle in meiner Größe. Es gibt also etwa 1700 Modelle, die ich noch nie anhatte. Das heißt aber nicht, dass der Tag nicht irgendwann kommen wird. Der Sarg, in dem ich mal liegen werde, ist ja nicht so groß, da kann man nicht viel mit reinnehmen, und deshalb werde ich mit Sicherheit von den 1700 Paar in meinem Leben noch 500 Paar anziehen. Das ist jedes Mal ein großer Spaß: zu sehen, wie den Leuten die Augen aus dem Kopf fallen, wenn du plötzlich mit 'nem Schuh ankommst, den die anderen schon vor zehn Jahren kaputtgetragen haben.

Gibt es in Ihrer Sammlung auch Schuhe, die Sie definitiv nie ausführen werden?
Es gibt bestimmt 100 oder 200 Paar, die ich von den Farben oder vom Style her nie tragen würde. Das sind hundertprozentige Sammelobjekte, die sind gar nicht zum Anziehen gedacht. Weil sie einfach zu schrill, zu laut sind.

Können Sie dem Laien nochmal genau erklären, worin sich ein Sneaker-Sammler vom Fußvolk unterscheidet?
Du kaufst halt nicht die Sachen, die es bei Foot Locker gibt, sondern holst dir Schuhe, bei denen die Leute, die sie sehen, gleich wissen, wie der Hase läuft. Ich will mich jetzt nicht als den Sneaker-Gott hinstellen, und jeder soll Turnschuhe tragen, wie er möchte. Fakt ist aber, dass heute alles viel einfacher und viel leichter geworden ist. Man kann in den Laden gehen und sich Sneaker holen. Aber wenn man ein Paar anständige haben will, die sonst keiner hat, dann muss man nach wie vor richtig Ausschau halten.

Hört sich so an, als stecke bei Ihnen hinter jedem Schuhkauf ein gedanklicher Prozess oder eine Geschichte.
Vielleicht nicht hinter jedem, aber hinter jedem zweiten. Es geht um den persönlichen Bezug zur Sache. Zu wissen, der Schuh gehört zu der und der Basketballmannschaft oder zu dem und dem Superhelden. Von Converse habe ich Superhelden-Chucks bekommen, mit Batman und Superman drauf, dafür bin ich sehr dankbar. So etwas kann man nicht mit Mädchen vergleichen, die sagen, ich kauf' mir jetzt rote Sneaker, die passen so schön zu meinem roten Kleid. Bei mir müssen die Schuhe zu meiner Sammlung passen. Darum geht es nämlich immer noch: um sammeln und jagen. Das ist wie eh und je.

Erzählen Sie doch mal eine besonders eindrucksvolle Schuh-Geschichte.
Vor vier Jahren habe ich in Italien mit dem Regisseur Spike Lee gedreht: „Miracle at St. Anna". Da waren unheimlich viele black people am Set. Und die haben mir dann irgendwann gesagt, dass sie die absoluten Sneaker-Nerds seien mit unschlagbaren Sammlungen. Der beste von denen hatte um die 200 Paar. Dann hab' ich ihnen auf meinem Ipad mal ein Foto gezeigt, mit

500 bis 700 Paar Schuhen drauf. Danach war Feierabend. Die haben das sehr persönlich genommen und die nächsten zehn Tage nicht mehr mit mir geredet. Das war nicht lustig.

Die Jungs fühlten sich provoziert.
Wenn mir jemand erzählt, er sammle Sneaker, dann bin ich normalerweise erst mal ganz ruhig. Weil das inzwischen so ein Modeding geworden ist. Wenn ich vor 15 Jahren zu einem gesagt habe, dass ich Turnschuhe sammle, dann hat der mich angeguckt wie ein Auto. Und heute hat jeder 50 Paar Sneaker zu Hause, und die hauen sich deswegen gegenseitig auf die Schnauze oder schneiden sich in der Bronx die Füße ab, um an die Schuhe zu kommen. Das wird heute alles so aufgehyped und aufgepeppt, und jeder Hip-Hopper redet davon, dass er mit 500 Paar Schuhen der Sneaker-King sei. Da halt' ich mich lieber raus und genieße im Stillen, weil ich eben weiß, dass man mir, was dieses Thema betrifft, ganz schwer das Wasser reichen kann.

Warum fiel Ihre Entscheidung überhaupt auf Sneaker? Sie könnten doch auch Lederhalbschuhe sammeln ...
Das hat was mit meiner Generation zu tun. Ich bin 68er Jahrgang, da ist man Amerika-affin aufgewachsen: Skateboard- und BMX-Fahren, amerikanische Filme gucken. Levi's und Sneaker.

Nie eine andere Phase gehabt?
Nur kurz, als ich am Theater war. Das war meine Samuel-Beckett-Phase, da hab' ich Budapester getragen.

Es gibt ja auch Sneaker, die aussehen wie Lederhalbschuhe und deswegen gern zum Anzug getragen werden.
Furchtbar, da könnt' ich mich kaputtlachen. Da kauf' ich mir lieber 'nen Dunk aus Lack und zieh' den zum Anzug an. Ich hab' ja auch in Anzug und Turnschuhen geheiratet, ich glaube, es waren Adidas Metro Attitude. Und bei der Scheidung hatte ich auch Turnschuhe an.

Nennen Sie mir doch bitte Ihren All-Time-Favourite unter den Sneakern.
Das werde ich nicht tun und kann ich auch nicht, weil ich andere Schuhe denunzieren müsste. Ich bin allenfalls bereit, Ihnen zu sagen, dass mein Lieblingsschuh von Nike ein Dunk ist. Alles andere ginge zu weit. Und schreiben Sie auch, dass Kangaroos richtig unterschätzt sind, dass das richtig gute Schuhe sind. Weil die auch diesen Kultstatus von früher mitbringen.

Kangaroos, the super shoes.
Genau, so sieht's aus! Wissen Sie noch, da waren früher zwanzig Pfennige drin. In 'ner kleinen Tasche. Die letzten zwanzig Pfennige für die Telefonzelle.

Kommen wir nochmal zum Thema Mädels in Sneakern: Dem gängigen Begriff von Sexyness, wonach High Heels die Schuhe der Wahl sind, entsprechen sie ja nicht gerade.
Da sind Sie aber auf dem ganz falschen Dampfer. Es gibt ja nichts Schöneres als 'ne Frau mit Tube-Socks, die man sich bis unters Knie zieht, und mit Turnschuhen an den Beinen. Das ist dann die Sport-Sexyness, dieser Cheerleader-

Style. Wenn die Frauen nicht gerade Schuhgröße 45 haben, sieht das zum Minirock oder zu Leggings super sexy aus. Ich hab' trotzdem nichts gegen 'ne Frau mit hochhackigen Schuhen.

Sie gelten als bodenständiger Typ, der mit Schickimicki nicht viel am Hut hat. Haben Sie sich nicht irgendwann mal gedacht, dass der Schuhtick dem widersprechen könnte, weil er eine extrem konsumistische Dimension hat?

Na logo! Ganz klar. Wer 2500 Paar Turnschuhe hat, der hat konsumiert. Das is' 'ne Sucht. Aber sagen Sie doch mal zu Nike, nein, ich nehm' die zehn Paar Turnschuhe nicht, wenn die Ihnen die Schuhe zuschicken. Oder sagen Sie: Nein, ich komm' nicht in den Show Room und suche mir keine Sachen bei Euch aus. Oder: Ich will nicht nach Flimby in England, um mir dort im Werk von New Balance meine eigenen Schuhe handfertigen zu lassen. Ich meine, ich bin ja ein bisschen blöd, aber nicht ganz blöd.

Also nie ans Aufhören gedacht?

Ne, wieso denn? Ich meine, ich kann die Sammlung später ja mal in eine Stiftung geben und damit die Welt verändern!

Für welchen Preis würden Sie Ihre Sammlung verkaufen? Würden Sie überhaupt?

Wenn mir morgen einer einen Koffer mit zwei Millionen Euro hinstellt, dann kriegt er den Schlüssel zu meinem Lager. Dann ist er stolzer Besitzer meiner Schuhe, und die Actionfiguren leg' ich noch obendrauf.

„Sie stellen mir Fragen, die ich mir nie gestellt habe" | *Fritz J. Raddatz*

08
Fritz J. Raddatz

Fritz J. Raddatz war ein sensationeller Interviewpartner – wenn man es denn bis zum Interview schaffte. Er hatte klare Vorstellungen, wie so etwas abzulaufen hatte. Im Sommer 2012 fragte ich ihn, nach begeisterter Lektüre seiner Tagebücher und auf Anregung des Magazin-Chefs Alfons Kaiser, ob er sich vorstellen könnte, mit mir für das Magazin der F.A.Z. – damals noch „Z" genannt – über Stilfragen zu sprechen. Raddatz antwortete auf eine Mail, die ich an den Rowohlt-Verlag geschrieben hatte, ebenfalls per Mail: „Da Sie in Ihrer Anfrage von ‚Stilfragen' sprechen, liegt mir daran zu betonen: Ich möchte kein Gespräch führen, das sich auf Manschettenknöpfe, Messerbänkchen oder die widerwärtigen Sandalenträger beschränkt. Stil ist für mich ein durchaus erweiterter Begriff und schließt selbstverständlich die weit verbreitete Stillosigkeit mit ein: Darunter verstehe ich sowohl die Verkommenheit der Sprache (vor allem im Journalismus) als auch soziale Stillosigkeit; etwa dass der Milliardär Gerd Bucerius sich zeitlebens weigerte, für seine Redakteure eine Altersversorgung einzurichten, oder dass Helmut Schmidt – seine Sicherheitsbeamten wie persönliches Personal behandelnd – sie etwa kürzlich nach einer internationalen Konferenz ‚Rollt mich hier raus' anblaffte, als seien sie der Pflegedienst; noch dazu per Domestikenduzerei. Wenn wir uns über diese inhaltliche Skizzierung einigen könnten, stehe ich zur Verfügung. Zum Technischen: Ich reserviere in meinem Kalender Freitag, den 17. August, 16.00 Uhr und möchte Sie bitten, im Hamburger Grand Hotel Elysée, wo ich bisher alle meine Interviews führte, ein entsprechendes Konferenzzimmer mit Raucherlaubnis auf F.A.Z.-Kosten zu reservieren." Die Stillosigkeit, hier aus einer Mitteilung, die nicht für die Öffentlichkeit bestimmt war, zu zitieren, ist im Falle von Raddatz keine wirkliche Stillosigkeit. Zum einen, weil er in meiner Gegenwart selbst die Relativität dieses Begriffs demonstriert hat: Während unseres Gesprächs leckte er sich, formvollendet zwar, aber doch: seine langen Finger ab; kurz zuvor hatte er seinen Tee darüber geschüttet. Zum anderen, weil Raddatz selbst keinerlei Probleme damit hatte, Intimstes von anderen preiszugeben – und erst recht nicht von sich selbst. Letzteres ehrt ihn. Als Journalist, zumal als politischer, ist man es gewohnt, dass Gesprächspartner ihre Interviewaussagen hernach, bei der Autorisierung, glätten, rundschleifen, sinnentleeren. Bei Raddatz war das ganz anders. So pointiert, so spektakulär und ohne Rücksicht auf Verluste war das, was er sagte, dass man schon bei der Abschrift des Interviews geneigt war, selbst abzuflachen, um ihn so vor sich selbst zu schützen. Doch das war ein Missverständnis. Seine Sekretärin, die sprachbegabteste Sekretärin, die ich je kennengelernt habe (und die später dem großartigen Interviewer Sven Michaelsen ein Interview fürs SZ-Magazin gegeben hat, verdammt!), wusste das. Denn Raddatz' Schutz war ja gerade die absolute Offenheit. Geheimnisse hatte es genug gegeben in seinem Leben, vor allem in seiner Kindheit, und die hatten immer nur anderen genützt, dem brutalen Vater etwa, ihn selbst aber so tief verwundet, dass man sich nur davor verneigen kann, was Raddatz daraus gemacht hat. Am 19. August 2012, also zwei Tage nach unserem Interview, notierte Raddatz in seinem Tagebuch: „Und wie passe ich überhaupt noch zu mir? Ein pinkelnder Geck, außen weiße Flanellhose und ‚innen', nach einem 1½-Stunden-Interview, schleunigst das Herrenklo aufsuchen müssend. Das eine so albernunnötig (das Interview für irgendein Bilderblatt) wie das andere, der Harndrang, demütigend-peinlich. Ich bin ein geschminkter Greis."

Das Interview, das ausweislich des Mitschnitts zwei Stunden, 25 Minuten und fünf Sekunden dauerte, erschien am 27. Oktober in dem Bilderblatt. In seinem Tagebuch hat Raddatz dazu notiert: „Mein heute in der F.A.Z. erschienenes Interwjuh [sic] zum Thema ‚Stil' könnte man auch als Fieberthermometer benutzen …" Ganze drei Tage später ließ er uns in einer unzweideutig formulierten Mail daran erinnern, dass man ihm fest versprochen habe, ihm drei Exemplare des Magazins mit seinem Interview zu schicken, das sei bisher nicht geschehen, und das möge man doch bitte nachholen, denn unter Stil verstehe man auch, Zusagen einzuhalten. Keine drei Wochen danach erreichte uns dann Raddatz' Bitte, ihm ein Leserecho auf sein Interview zusammenzustellen (Blogbeiträge und Leserbriefe aus F.A.Z. und F.A.S.). Wiederum zwei Wochen später, am letzten Tag des alten Jahres, beendete Fritz J. Raddatz sein großartiges Tagebuch – wie wir heute wissen: für immer. Er starb am 26. Februar 2015 durch begleiteten Suizid in der Schweiz. Im Interview hatte er zum Thema Freitod gesagt: „Auch das kann Stil haben, und zwar nicht im Sinn der Messerbänkchen, sondern im Sinn von Mut, Würde, Anstand."

INTERVIEW VOM
27.10.2012 / MAGAZIN „Z"

Der Kritiker Fritz J. Raddatz über Kunst als Dekor, die Verwüstung der Sprache und Stil als Korsett für Unsichere.

„Stil braucht Lässigkeit"

Herr Raddatz, ich muss gestehen, ich habe länger als sonst überlegt, was ich zu unserem Interview anziehen soll. Sie sind ja, wie man aus Ihren Büchern weiß, sehr genau in der Beobachtung und noch schärfer im Urteil.

Das kann man sagen, ja.

Glauben Sie, die Leute haben inzwischen Angst, sich Ihrer Gesellschaft auszusetzen?

Es kann sein, dass Menschen durch die kleinen Zeremonien, die ich mir nach wie vor leiste, wenn ich Gäste habe, zwar nicht Angst, aber doch Vorbehalte haben, weil sie meistens zu Hause so nicht leben. Ich kann gut verstehen, dass manche das Ganze albern finden, weil sie nicht wissen, was ein Messerbänkchen ist, oder weil sie keine Ahnung haben, wie man mit meinem Spargelbesteck aus dem Ritz in Paris überhaupt umgeht. Manche mögen das Zeremonielle aber auch. Mein früherer Freund Günter Grass etwa hat mich einst gefragt, ob er wenigstens zwei seiner Söhne mal zum Abendessen mitbringen dürfte, damit die sehen, wie es in einem kultivierten Haus zugeht.

Wie sieht es mit der Kleidung aus?

Auch da erschöpft sich für mich Stil nicht in der Frage, welche Hemden jemand trägt, ob mit Manschettenknöpfen oder ohne, wenngleich ich auch darauf Wert lege.

Da dürften Sie oft enttäuscht werden.

Ich gehe ja jeden Tag in meine soziale Beobachtungsstation, ein wunderschönes altes Jugendstilschwimmbad in Hamburg. Punkt neun stehe ich jeden Morgen wie ein Schüler vor der Tür und gehe dann eine Stunde ins Außenbecken. Da beobachte ich unangenehme, zum Teil ekelhafte Dinge: dass die Leute zum Beispiel barfuß in ihre Schuhe steigen – und ich rede dabei nicht von den Schwimmlatschen. Man hört ja immer wieder das Gerücht, dass Strümpfe bei Gelegenheit sogar gewaschen werden. Nun frage ich mich: Wer wäscht denn die Schuhe, wenn die Leute mit ihren bloßen Füßen in die Lederschuhe gehen? Oder, was ich wirklich grauslich finde, auch eine Unsitte, Entschuldigung wenn ich sage: Ihrer Generation, die ziehen ihre Jeans auf den nackten Arsch. Ich nehme an, dass sie die Hose nicht täglich wechseln und wahrscheinlich auch nicht jeden zweiten Tag, was man normalerweise mit Unterwäsche tut. Das ist sehr unhygienisch und mir zuwider. Ich bekenne mich schuldig, dass ich noch Unterhosen trage, aber das ist offenbar out.

Wo sehen Sie das denn, dass die Leute nackt in ihre Hosen steigen? Gibt es dort keine Umkleidekabinen?

Es gibt nur Umkleideräume, das heißt, da steht jemand neben mir oder vor mir oder hinter mir, da kann ich das beobachten. Und da wir im Moment noch bei Stil und Sitte sind, bekenne ich mich auch schuldig im Sinne der Anklage, dass ich zum Beispiel ein Buttermesser benutze, selbst wenn ich keine Gäste habe. Was ich eher beobachte, selbst in sehr guten Restaurants wie dem Hamburger Vier Jahreszeiten, dass die Leute ihr Messer ablecken oder das Messer in der linken Hand hochhalten als wäre es eine Standarte.

Manchmal habe ich das Gefühl, ich muss jeden Moment einen Arzt rufen, weil die sich gleich die Zunge abschneiden werden.

Gestatten Sie es sich wenigstens zu Hause, leger gekleidet zu sein?

Normalerweise ziehe ich mich zum Abendessen an oder um. Mein Tageslauf ist sehr streng reguliert: Nach dem Schwimmen Frühstück, nach dem Frühstück Arbeit, Briefe beantworten zum Beispiel, danach Schreibtisch. Ich esse nie zu Mittag, diese Mahlzeit kenne ich gar nicht, ich esse aber richtig zu Abend, entweder im Speisezimmer oder im Garten, je nach Wetter. Und normalerweise ziehe ich mich dann um, auch wenn ich alleine esse, und decke mir den Tisch mit Blumen oder einer Kerze, oder ich höre Musik dabei. Ich erwarte das allerdings nicht von allen. Wenn jemand zu Hause mit dem Pullover beim Abendessen sitzt, kann ich nicht sagen, das ist widerwärtig, ich kann nur sagen, ich bin ein alter Herr und ein altmodischer Mensch und halte an meinen Ritualen fest. Ich erteile keine ordres und erlasse keine Gesetze.

Dem Stil verwandt ist der Geschmack. In welchem Verhältnis stehen die beiden zueinander?

Geschmack ist vielleicht ein etwas erweiterter Begriff. Geschmack in der Kunst heißt etwa, dass man weiß, Herr Damien Hirst ist kein Künstler, aber Picasso, so hört man jedenfalls immer wieder gerüchteweise, war einer. Oder in der Literatur, dass natürlich Fräulein Hegemann keine Schriftstellerin ist.

Warum sollte das, was Damien Hirst macht, keine Kunst sein?

Weil es mit dem, was Kunst eigentlich bedeutet, nämlich dem Menschen die Augen neu einsetzen, um ihn eine Phantasiewelt erfahren zu lassen, die über das Gewohnte hinausweist, nichts zu tun hat. Das ist Masche, nicht Kunst. So ist es auch mit einem Gedicht. Wenn etwa Herr Robert Gernhardt meint, es sei ganz toll, wenn er dichtet „den Mistkerl hab ich rangekriegt, er hat sie in den Mund gefickt", dann kann ich nicht sagen, dass mir damit neue Welten erschlossen werden. Auch bei Musik geht es mir so. Wenn ich bei mir im Garten sitze und weit weg, in einem Park, wird diese Stampfmusik gespielt, dann denke ich: Sind da Bauarbeiten im Gange? Da kann mir niemand erzählen, dass Haydn oder Bach dasselbe war.

Sollte man sich, auch gegen den eigenen Geschmack, zu gutem Stil im Zweifel sogar zwingen lassen?

Alles, was Geschmack und Stil heißt, heißt auch Bildung und Erziehung, und Erziehung hat immer mit Zwang zu tun; das fängt schon beim Kind an. Jedenfalls muss man Geschmack und Stil lernen, und lernen kann man beides nur von jemandem, der etwas davon versteht. Ich fange nicht an, als Zwölfjähriger Thomas Mann zu lesen, sondern es muss mir jemand sagen: Lies mal und fang nicht gleich mit den „Buddenbrooks" an, sondern mit „Tonio Kröger", dann kommst du allmählich rein. So bilden sich Geschmack und Stil. Ich kenne Menschen, die zum Beispiel in meinem Hause tätig sind, Hilfskräfte, die sagen, ja, das ist alles wunderbar, es hat uns aber keiner beigebracht, ich verstehe so ein, sagen wir mal: Dix-Bild gar nicht. Dix ist ja nicht hübsch, das sind keine Seerosen. Also man muss verstehen lernen, warum Dix eine von Drogen zerfressene Prostituierte gemalt hat und was daran trotzdem schön ist, nicht als Sujet, sondern als Malerei. Das kann natürlich der Hausmeister nicht wissen, weil er es nicht gelernt hat.

Versuchen Sie, es dem Hausmeister beizubringen?

Das hängt von seinem Alter ab. Einem sechzigjährigen Hausmeister brauchen Sie nicht mehr Dix zu erklären, das ist so, als wollten sie mir noch Stepptanz beibringen. Wäre der Hausmeister 25, würde ich das schon versuchen. Ich habe auf der Herfahrt eben mit dem Taxifahrer über solche Dinge geredet. Allerdings sah ich sofort, das ist eigentlich kein Taxifahrer, der hatte ganz andere Hände, ein anderes Gesicht, und es stellte sich tatsächlich heraus, dass er eigentlich Student ist. Er fragte mich, was ich denn beruflich mache, weil er am Klingelschild den Professorentitel las, und so sind wir ins Gespräch über Literatur gekommen. Also: Es ist ein Erziehungsprozess, dem man sich aber öffnen muss, und mein Monitum ist, dass sich die meisten Menschen heute dagegen versperren, oder, schlimmer, ihnen eine Sperre ins Gehirn gebaut wird durch Medien, durch dieses grauenvolle Angebot im Fernsehen, das die Gehirne verschlampt und verschlammt. Wenn Sie, jetzt kommt ein sehr ordinäres Beispiel, ein Schwein von Anfang an mit schlechtem Futter füttern, wird es schlechtes Fleisch liefern. Wenn Sie ihm dagegen gutes Futter geben, das Tier muss ja nicht gleich handmassiert werden wie ein Koberind, dann wird das Fleisch hochwertig sein.

Helmut Schmidt, für viele ein Vorbild für alles mögliche, gilt Ihnen als Negativbeispiel in Sachen guter Stil. Hat das auch damit zu tun, dass Sie den Mitherausgeber der „Zeit" generell nicht allzu sehr verehren?

Ich verehre ihn nicht nur nicht, ich verachte ihn. Schmidt ist ein Bescheidenheitsprotz, der öffentlich Erbsensuppe predigt und heimlich Subventionswein trinkt. Will sagen: Dieser an Geschwätz-Diarrhoe leidende Ersatz-Hindenburg benutzt den Apparat des Bundeskanzleramtes, immerhin steuerbezahlte Leute, als seien sie seine persönlichen Domestiken. Nach einer internationalen Konferenz wurde von ihm jüngst der Satz „Rollt mich hier raus" kolportiert, mit dem er seine Bodyguards anherrschte, als seien sie sein privater Pflegedienst. Das sind sie aber nicht. Warum nimmt er sich das also heraus? Ist er was Besseres als die anderen? Nein. Er ist ein gescheiterter Politiker und ein Angestellter eines Zeitungsverlages. Nichts anderes. Es ist also eine Frage des moralischen Stils.

Können Sie etwas anfangen mit der Wendung: Das gehört sich nicht?

Natürlich. Dazu gehört in meinem Metier – nur darüber kann ich reden, denn ich kenne wenig Hochofensituationen – auch, dass man über frühere Kollegen nicht negativ schreibt, wie das einige im Fall Heribert Prantl von der „Süddeutschen Zeitung" wegen einer doch lässlichen Sünde gemacht haben, etwa Robert Leicht in der „Zeit". Das gehört sich nicht. Ich habe das nie getan.

Der Philosoph Peter Sloterdijk scheint das anders zu sehen. Im Zusammenhang mit Ihren Tagebüchern hat er Ihnen in seinen Notizbüchern zuletzt eine „Literatur der Selbstentblößung" vorgeworfen, die auch vor Gossip über Kollegen nicht Halt mache.

Erstens: Ich kenne das Buch von Sloterdijk nicht, ich wünschte mir aber vor allem, er würde mehr auf seine Haare achten. Zweitens hat er gleichwohl alles Recht, über Herrn Raddatz etwas Negatives zu schreiben, mein Buch, meine Person fürchterlich zu finden, alles, was ich je getan oder geschrieben habe. Drittens hat er mit der Selbstentblößung völlig recht, da kann ich ihm nur applaudieren, das ist das richtige Wort. In meinem Fall bis hin zu sexuellen Dingen, dass ich sage, ich habe mein Leben lang mit beiden Geschlechtern gelebt, ich habe irgendwo am Strand einen wunderbaren Knaben gesehen, schade, ich hab ihn nicht gekriegt, oder die schöne Frau ist mir weggelaufen oder ich ihr. Eine vierte Ebene ist allerdings, dass wir es bei Tagebüchern nicht mit Tagesjournalismus, sondern mit einem eigenen literarischen Genre zu tun haben, das sehr viel darf. Sloterdijk kennt offenbar wenig Literatur, nicht die Tagebücher sagen wir mal von Harry Graf Kessler, in denen Rathenau, obwohl Kessler ihn persönlich schätzte, mit dem Wort „Tiergarten" als Neureicher abqualifiziert wird. In ähnlicher Weise hat Gottfried Benn mal über Ernst Jünger gesagt: „Timmendorfer Strand". Damit war Ernst Jünger erledigt. Tiergarten heißt also: kein Niveau. Das darf jedes Tagebuch.

Was darf es nicht?

Es sollte nicht an die Unterwäsche. In meinem Tagebuch gibt es keine einzige Sexszene, keine sexuellen Unterstellungen, wer mit wem und wann und wie oft und wie viele zusammen. Es gibt Charakteristika von Menschen, wobei etwa das Grass-Porträt im Grunde eine Liebeserklärung ist.

Tatsächlich?

Kurz nach Erscheinen der Tagebücher gab es ein Seminar in Lübeck nur über die Grass-Eintragungen. Das Ganze fand statt, raten Sie mal wo, im Günter-Grass-Haus, nicht von ihm arrangiert, aber immerhin dort den genius loci nutzend. Der Leiter der Veranstaltung hat mir danach einen langen Brief geschrieben, dass sich alle an diesem Seminar Beteiligten einig gewesen seien, dass es die schönste, warmherzigste, weil aber auch kritische Porträtaufnahme von Grass sei. Lesen Sie mal die soeben erschienenen Tagebücher von Hans Werner Richter, dem Gründer der Gruppe 47: ein erbarmungsloses Massaker. Ich kann nur hoffen, dass mein ehemaliger Freund Grass es gar nicht liest, denn wenn er es liest, das furchtbare, durch Hunderte von Seiten sich durchziehende Urteil von Richter über ihn, müsste er sich eigentlich erschießen.

Muss man, um als Stilist gelten zu können, ein Talent zur Boshaftigkeit haben?

Ich rette mich erst einmal in zwei Zitate. Da gibt es einmal das Wort von André Gide: Es sind die schönen Gefühle, mit denen man schlechte Literatur macht. Das zweite, etwas näherliegende, von Horst Janssen, der gesagt hat: Käthe Kollwitz meinte es gut, Goya war gut. Ich selbst glaube, dass tatsächlich große Kunst auch mindestens Härte verlangt, wenn nicht ein Stück Bösartigkeit, ein Talent zum bösen Blick. Der böse Blick bannt, wie man nicht nur aus den Märchen weiß. Wenn man nur ein Liebender, alle Umarmender, alles Vergebender und für alles Verständnis Habender ist, glaube ich nicht, dass man ein einziges gutes Bild malt oder ein einziges gutes Gedicht schreibt.

Inwieweit entlastet die Individualität eines Stils von qualitativen Defiziten?

Das ist die Frage nach der Aura eines Menschen. Ein Beispiel: Man sitzt im Hotel Vier Jahreszeiten, man hatte ein Candle-Light-Dinner, alle sind fein gekleidet, und es kommt jemand rein und ist das nicht. Der ist nicht nackt und nicht verschwitzt und nicht dreckig und hat sich vielleicht sogar die Haare gewaschen, aber die Leute gucken, der hat was. Das gibt es, und das ist schwer zu erklären. Wieso hat am Anfang der Obama etwas gehabt, was seine Vorgänger nicht hatten, außer Kennedy? Was hatte Kennedy? Eigentlich waren er und Jackie ein bisschen komisch, nouveaux riches, vor allem sie mit ihren falschen Perlen. Aber die hatten einen Charakter, eine Persönlichkeit, eine Aura, die sich auch nach außen stülpen kann, und das merkt man. Das wird nicht anerzogen, nicht im Kindergarten, nicht in der Tanzstunde und auch nicht im Konfirmandenunterricht. Goethe hat zwar gesagt, Charakter bildet sich, da hatte er auch recht. Aber da ist ein Gran innen drin, das hat der Mensch einfach mitbekommen.

Ich meine, es war Walter Jens, der sich einmal lobend darüber ausgelassen hat, dass in Frankreich im Unterschied zu Deutschland Sätze wie der folgende möglich sind: Er ist zwar ein Kommunist, aber er spricht ein ganz unglaubliches Französisch. Inwieweit kann Stil etwas anderes entschuldigen, die politische Einstellung etwa?

Zunächst ist Walter Jens, der kein Wort Französisch konnte, ein schlechter Zeuge für diesen Vorgang. Er beherrschte ja keine lebende Sprache, knapp Deutsch. Aber tatsächlich gibt es das in Frankreich: Wenn man wunderbar Französisch kann, schon wenn man wie ich sich durchzuwursteln weiß, je peux me défendre, dann gilt man fast schon als ein besserer Mensch. Deswegen verzeihen die Franzosen dem sehr stilgewandten Schriftsteller, meinem früheren Freund Cioran etwa, sogar politische Irrtümer, in seinem Fall seine spät bekannt gewordene faschistische Vergangenheit in Rumänien. Ich finde das sehr gefährlich. Übrigens war ja auch Mitterrand ein ziemliches Ferkel, aber er sprach ein phantastisches Französisch. Er konnte eben von Racine bis sonst wohin die französische Literatur halb auswendig, und deshalb hat man ihm politisch sehr viel vergeben. Die Schönheit der Sprache legt sich in Frankreich wie ein Zuckerguss über kausale Zusammenhänge, auch über höchst unerfreuliche politische Verhältnisse. Überhaupt ist das Französische eine Zuckerguss- und Salonsprache. In Frankreich ist es ja ungehörig, sich über ein Thema wirklich zu unterhalten. Da wird man unterm Tisch schon mit dem Fuß angestoßen. Man sagt: Ça, c'est un livre tellement beau – aus. Wehe, Sie sagen dann, aber Uwe Johnson und so weiter, das ist dann schlechter Stil in Frankreich.

Wie beurteilen Sie den gegenwärtigen Gebrauch der deutschen Sprache?

Die Verwüstung der deutschen Sprache grassiert nicht nur im Alltag, sondern auch in jeder Zeitung, in der „Zeit", der „Süddeutschen", leider auch in Ihrer. Dass man nicht mehr „selbst" und „selber" auseinanderhalten kann oder dass „sicher" geschrieben wird, wo „sicherlich" gemeint ist, oder „scheinbar" statt „anscheinend". Oder es heißt: „Die syrischen Flüchtlinge flüchten nicht umsonst." Ja, umsonst ganz bestimmt nicht, denn sie müssen mindestens das Benzin für ihre klapprigen Autos bezahlen. Oder: „Augstein hat umsonst Reitunterricht genommen." Nein, so geizig war er nicht, er hat seinen Reitlehrer bestimmt bezahlt. Er hat aber vergebens Unterricht genommen, weil er es nicht gelernt hat. Wenn es aber schnurzpiepe ist, wie man sich ausdrückt, dann hebt das auch das Denken auf, dann stimmen zum Teil auch die Fakten nicht mehr, dann sind die nämlich auch wurst.

Sie sind ja als „Zeit"-Feuilletonchef selbst Leidtragender von Ungenauigkeit im Umgang mit Fakten geworden, Stichwort Bahnhof und Goethe. Kann das nicht auch den Besten mal passieren?

Es kommt zu oft vor! Es ist inzwischen fast die Normalität. Und dass jemand wie ich damals einen Fehler machte, war ja nicht die Normalität. Ich habe in knapp zehn Jahren als Chef des Feuilletons keinen anderen Fehler gemacht, keinen einzigen Prozess bekommen. Das ist also etwas ganz anderes.

Sie haben mal vom französischen Geplapper geredet – im Unterschied zum deutsch-ernsten Gespräch. Gibt es bei uns noch eine Gesprächskultur, die man stilvoll nennen kann?

Das gibt es nicht mehr, dieses: Man sitzt zusammen einen Abend lang und diskutiert über politische, literarische Fragen. Wie viele Nächte habe ich mit Günter Grass oder Uwe Johnson oder Jürgen Becker oder Heinrich Böll, nicht auf dem Podium, sondern zu Hause beim Abendessen, bei denen, bei mir, an drittem Ort, in der Kneipe, diskutiert. Das hat sich auf- und abgelöst, es ist eine E-Mail-Welt geworden, ergänzt durch das Telefon. Auch von engen Freunden bekommt man heute eine Mail: Ich ruf dich morgen um 15 Uhr mal an, wir müssen uns unbedingt sehen. Um 15 Uhr klingelt das Telefon aber keineswegs. Am nächsten Tag kommt dann wieder eine E-Mail: Ich konnte nicht, weil die Bäuerin im Hof nebenan, ihr Kind, der Hund oder weiß der Teufel was, aber ich rufe wieder an oder schicke dir eine neue Mail. Wondratschek zum Beispiel schreibt mir: Maile mich mal an. Der sagt aber nicht, ich komme demnächst nach Hamburg, wollen wir einen schönen Abend zusammen verbringen. Oder Hochhuth, der mich oft anruft. Das fängt immer damit an: Wann kommst du denn nach Berlin? Wir wollen essen, wir wollen reden. Neuerdings sage ich dann immer: Entschuldigung: Und wann kommst du denn mal nach Hamburg? Die Strecke von Hamburg nach Berlin ist doch genauso lang wie die von Berlin nach Hamburg. Also: Da stimmt etwas nicht mehr.

Vielleicht ist das nur bei den Älteren so.

Es kann ja sein, dass Durs Grünbein mit ich weiß nicht wem, Frau Zeh, nächtelang Unterhaltungen führt. Nach allem, was ich weiß, ist es nicht so, sondern sie schreiben doch von ihrer eigenen Vereinsamung, von ihrer Kontaktlosigkeit auch unter Kollegen. Es sei denn, es wird ein Preis vergeben, oder es gibt eine honorierte Podiumsdiskussion.

Stil ist für Sie weit mehr als Äußerlichkeit.
Aber wo stößt der Begriff an seine Grenzen? Es wäre doch ungehörig, etwa den Holocaust als stillos zu bezeichnen.

Ich glaube, der Begriff Stil ist schlechterdings auf Verbrechen nicht anwendbar. Ob Sie einer schwangeren Frau den Bauch aufschneiden oder sechs Millionen Juden vergasen – das hat alles mit Stil überhaupt nichts mehr zu tun. Mit Stil, im Falle von Auschwitz: schlechtem Stil, hat allenfalls zu tun, wie man später damit umgegangen ist, wie man es verdrängt, verleugnet, weggedrückt hat.

Kann Verrat stillos sein?

Verrat und Treue kann man mit diesem Terminus Stil auch fassen. Denken Sie an den 20. Juli, wie Menschen sich da verhalten haben, ich spreche von denen, die ermordet wurden. Ihre Haltung hatte Stil, Charakter, Würde.

Unter den nationalsozialistischen Führungsfiguren gibt es nur wenige, bei denen einem das Wort Stil in den Sinn käme. Im italienischen Faschismus, der sich auch aus der künstlerischen Avantgarde des frühen 20. Jahrhunderts speiste, sieht die Sache schon anders aus. Nehmen wir Gabriele D'Annunzio, der mit seinem Motorboot auf dem Comer See herumgefahren ist.

Marinetti ...

Oder doch auch Speer?

Leni Riefenstahl.

Würden Sie sich da erlauben zu sagen: Die hatte Stil?

Die Filme hatten zumindest ihren eigenen Stil. Auch bei Speer, der ja nicht zufällig ein Anhänger des französischen Revolutionsarchitekten Boullée war, gab es einen Stil: das Überwältigende, Erhabene, den Menschen klein Machende und Gewalttätige. Es ist ja kein Zufall, dass Sie, wenn Sie sich auf der Welt umsehen, viele dieser Elemente, wo wir heute noch Angst hätten, es Stil zu nennen, etwa in New York wiederfinden. Nehmen Sie das Rockefeller Center, das könnte von Speer sein. Und der italienische Faschismus, den man übrigens vom Nationalsozialismus unterscheiden muss, ist sogar aus einem Stilwillen geboren worden. Denken Sie an die Sache mit dem Rennauto, an die Anbetung der Maschinen.

Aber es ist doch ein Unterschied, ob jemand einen Stil hatte oder Stil hatte.

Da sind wir wieder bei der Sprache. Wenn man sagt: Das hatte Stil, müsste das eigentlich auch heißen: Das hatte Würde. Das hatte aber überhaupt

keine Würde. Gleichwohl gab es Stilwillen, Stilgebärde und einige
Monumente, die Stil hatten. Das trifft auch auf manche stalinistische
Bauten zu. Die früher so genannte Stalinallee in Berlin zum Beispiel ist
durchaus beeindruckend. Das heißt nicht: Der Stalinismus hatte Stil. Aber
es gab im Stalinismus, im Nationalsozialismus, im Faschismus Leute, die
innerhalb ihres eigenen Stils stilsicher waren, auch wenn sie damit oft das
Regime dekoriert haben.

**Sie haben das Wort Stilwillen gebraucht. Der Gegensatz
dazu ist Lässigkeit oder auch Nachlässigkeit. Braucht guter Stil
auch davon etwas?**

Die, die sich mit großer Mühe stilisieren, sind Affen. Die meinen, wenn sie das
oder das anhaben, essen oder das Glas so oder so halten, dann seien sie schon
kultivierte Leute. Das sind die Gebrauchtwagenhändler, die sich ihre Initialen
aufs Hemd sticken lassen. Zum wirklich großen Stil gehört tatsächlich ein
großes Stück Lässigkeit und Nachlässigkeit. Nur wenn man diese Großzügigkeit dem Leben gegenüber hat, kann man auch großen Stil haben. Ein
Beispiel: Mein leider verstorbener enger Freund, der Maler Paul Wunderlich,
der ja in seiner Arbeit hochstilisiert war, hatte einen sehr schönen Besitz in
Südfrankreich, in der Provence. Von einer Lässigkeit! Das war nicht die
Zahnarztvilla mit den Klappfenstern. Da wucherte mal was, da klemmte eine
Tür, dann hat er ein altes Buch dagegen geworfen, dann war die Tür eben
wieder auf. Es war ein Paradies, weil es von Großzügigkeit und Leben erfüllt
war. Und dann war da wieder ein ganz stilisierter Brunnen, eine Skulptur von
ihm im Park, und daneben lag ein Ball der Kinder oder ein altes kaputtes
Fahrrad. Es war phantastisch. Das war ganz großer Stil inmitten einer ganz
großen Lässigkeit.

**Gehört Humor für Sie zu gutem Stil dazu? Oder sehen Sie darin vor
allem Unernst, der etwa ein gutes Gespräch gefährden kann?**

Wenn es der schenkelklopfende deutsche Humor ist, finde ich ihn scheußlich.
Wenn er aber Ironie und vor allen Dingen Selbstironie enthält, dann finde ich
ihn ganz wunderbar. Ich habe Probleme mit den Füßen. Vor langer Zeit klagte
ich gegenüber Paul Wunderlich darüber. Er sagte daraufhin: Mein Lieber,
könnte es vielleicht sein, dass Sie auf zu großem Fuße leben? Wunderbar!

**Gibt es manche Nationalitäten, die zum Stil begabter
sind als andere?**

Ja, die lateinischen Völker. Ganz sicher haben die Franzosen ein anderes
Formgefühl, die Spanier und Italiener auch. Es gibt eben keinen Italiener, der
halbnackt mit dem Rucksack am Strand herumläuft. Auch im Interieur gibt
es Unterschiede. Die meisten Wohnungen von deutschen Intellektuellen sind
so furchtbar eingerichtet, dass man erblindet. Hingegen hat der kleinste
Lektor bei Gallimard ein schönes Art-déco-Möbel, einen schönen alten
Schrank. Der ist nicht reich, der kann sich nicht die ganze Wohnung mit
Jugendstil einrichten, aber ein, zwei anständige Sachen, eine kleine
bezaubernde Skulptur, irgend so etwas hat der.

Wie ist es in den Vereinigten Staaten?
Entsetzlich. Es gibt in Amerika eigentlich keine Eleganz, nur Reichtum. Schauen Sie sich mal das Haus von Bill Gates an, da möchte man gleich eine Bombe drauf werfen. Natürlich, New York ist immer eine Ausnahme, aber New York ist nicht Amerika. Irgendwo schildere ich ja die Wohnung von Frau Getty, die damals die reichste Frau der Welt war. Es war grauslich. Teuerste Bilder, aber wie mit der Schrotflinte an die Wand geschossen. Selbst die Wohnung von Jackie Kennedy, in der ich war: alles gefälscht, wie aus der Möbelabteilung von Karstadt.

Stimmt es, dass Homosexuelle ein stärkeres Stilempfinden als Heterosexuelle haben?
Das ist Unsinn. Gehen Sie mal in die Wohnung von einem der schwulen Friseure oder, was weiß ich, Konditoren, da sitzt allenfalls ein kleiner rosa Teddy auf dem Sofa.

In Ihrem Roman „Wolkentrinker" kommt der Satz vor: „Alles Dekor, aller stilisierte Schutz war zusammengebrochen." In Ihrem Buch „Unruhestifter" ist von den „Krücken des Schmucks" die Rede. Ist Stil auch Schutz?
Schauen Sie sich Thomas Mann an: Der hat sich sein ganzes Leben geradezu ein Korsett angezogen, von der Kleidung über die Haltung bis zur Art des Abendessens. Warum? Weil er ein zutiefst verstörter und innerlich unsicherer, fast haltloser Mensch war. Nun bin ich nicht Thomas Mann, leider. Aber wenn Sie mich fragen, ist das bei mir ohne Frage auch so. Wie bei Spalierobst. Spalierobst muss gezogen werden, sonst trägt es keine Früchte. Ich hatte ja ein sehr schwieriges Leben, vor allem eine ganz grauenvolle Kindheit, und ich bin sicher, dass meine zum Teil albernen und affigen Zeremonien damit zu tun haben. Auch meine Kleidung. Kleidung ist ja auch Haut. Und wenn die Haut dünn ist, muss sie geschützt werden. Wenn die Nerven, die Seele dünn, wund, weh sind, schützt sich jeder auf seine Weise. Der eine nimmt Drogen, der andere säuft oder hurt sich zu Tode, was vielleicht die schönste Form des Sterbens ist.

Im „Wolkentrinker" heißt es auch: „Krankheit war für Bernd stets Versagen gewesen, ohne Disziplin, Grazie." Empfinden Sie Krankheit und Alter als stillos?
Krankheit und Alter hat man ja nicht selber im Griff. Da kann man nur versuchen, damit einigermaßen würdig umzugehen. Dazu gehört auch, was ich gelegentlich und gar nicht so heimlich gesagt habe, dass man vielleicht auch das Ende selber bestimmt. Auch das kann Stil haben, und zwar nicht im Sinn der Messerbänkchen, sondern im Sinn von Mut, Würde, Anstand. Damit predige ich nicht, alle Leute sollen sich umbringen, aber ich habe großen Respekt vor denen, die das getan haben. Denken sie an Jean Améry, der im Hotel in Salzburg sogar ein Couvert mit Geld für das Personal hinterlegt hat, mit der Aufschrift: Entschuldigen Sie die Unannehmlichkeiten, die ich Ihnen bereitet habe. Ein Selbstmörder, der kurz darauf tot war. Er war mit einer

heimlichen Geliebten dort, die das aber wusste und ihn bis zum Ende begleitet hat. Sie hat zu ihm gesagt: Ich werde dich sehr vermissen, und er zu ihr: Ich dich auch. Ich halte das auch für Stil: vis-à-vis de rien, im Augenblick, wo das Leben zu Ende ist.

Würden Sie von jemandem, den sie abends eingeladen haben und der eine starke Erkältung hat, erwarten, dass er die Einladung absagt, aus Rücksicht auf die Gesundheit des Gastgebers?

Im Gegenteil. Ich würde mich freuen und habe mich gefreut, wie Kempowski nach seinem ersten und zweiten Schlaganfall zu mir kam und ich, immer wieder an den Tisch klopfend, fragte, wie heißt das, weil er das Wort „Tisch" noch nicht wieder beherrschte. Oder als Rühmkorf schon sehr schwer mit seinem Krebs zu tun hatte. Da bin ich losgesaust und habe ein Kissen geholt, weil er auch diese wahnsinnigen Rückenprobleme hatte. Natürlich wäre es unangenehm, wenn jemand mit einer scheußlich ansteckenden Grippe kommt, und ich muss dann sagen: Mein Gott, morgen liege ich im Bett. Aber wenn jemand im Rollstuhl kommt oder mit der künstlichen Blase wie Rühmkorf und noch öfter aufs Klo rennen muss als ich, dann finde ich: Das gehört doch alles zum Leben und zum Menschsein mit dazu. Hilfe bedeutet auch Stil, dem anderen Menschen sich öffnen.

Wenn man liest, was Sie sich als Angestellter bei Rowohlt oder bei der „Zeit" leisten konnten, wohin Sie gereist, in welchen Hotels Sie abgestiegen sind, kann man als junger Journalist nur neidisch werden. Haben Sie für die heutigen ökonomischen Zwänge der Verlagshäuser Verständnis, oder empfinden Sie es als stillos, wenn Journalisten, die etwas auf sich halten, in Drei-Sterne-Häusern übernachten müssen?

Ich wusste gar nicht, dass es Hotels so niedriger Kategorie gibt. Im Ernst: Dafür habe ich durchaus Verständnis. Sie reden ja von vergangenen Zeiten. Als ich zum Beispiel noch bei Rowohlt beschäftigt war, da hat kein Mensch gefragt, was ich für Spesen ausgegeben habe. Wenn ich mit Genet über die Reeperbahn ging, und ich kam am nächsten Tag zurück, dann musste ich nicht mal Rechnung legen, sondern hab' gesagt: Ich habe leider 1000 Mark ausgegeben. Dann hat der Inhaber Ledig-Rowohlt gesagt: Gehen Sie zur Kasse und holen sich die. Nur auf eines habe ich immer geachtet: nie im selben Hotel abzusteigen wie der Chef. Wenn also Ledig im Ritz wohnte, wohnte ich nicht im Ritz, und wenn er in London im Savoy wohnte, wohnte ich nicht im Savoy. Auch das ist eine Frage des Stils, des Anstands eines Angestellten gegenüber dem Chef.

Wie viel hat Stil mit Geld zu tun?

Zumindest ist es nicht wichtig, ob sich die Ressortleiterin xy ein Kleid von Dior kaufen kann oder nur von Prada oder wie das heute heißt. Das hat mit ihrer Arbeit überhaupt nichts zu tun. Wenn es aber so weit geht, dass es ins Fleisch schneidet, also wenn der Chef ihr sagt, die neue Gesamtausgabe von Heiner Müller, die musst du dir selber kaufen, dann ist das nicht in Ordnung. Wenn man aber sagt, bei Überseeflügen nicht mehr erster Klasse, sondern nur noch Business, und im Inland nicht mal mehr Business, sondern Economy, find' ich das so, wie die Dinge liegen, nachvollziehbar. Das heißt nicht, dass es schön ist, und ich habe Glück gehabt, dass es in meinem Leben anders war. Ich habe immer gerne Geld verdient und immer gerne Geld ausgegeben, aber es ist nicht essentiell für die Arbeit.

Großzügigkeit scheint für Sie wichtiger zu sein als Reichtum.

Ich finde es ziemlich unerfreulich, wenn etwa eine sehr reiche Dame, die sehr oft bei mir sehr gut bewirtet worden ist, zu meinem Geburtstag mit einem Champignon in der Hand als Gastgeschenk kommt. Oder wenn mir einer der reichsten deutschen Industriellen vor dem Essen sagt: Darf ich Ihnen eine halbe Flasche Champagner aufmachen, und ich sagen muss, ich wusste gar nicht, dass es Champagner in halben Flaschen gibt. Stil ist auch, einen Menschen zu umarmen, aber man umarmt einen Menschen nicht mit einem Champignon in der Hand oder mit einem Stück Seife oder so etwas, zumal ich es – weit über meine Verhältnisse – immer anders praktiziert habe. Bei Kleinlichkeit bin ich also sehr empfindlich, für Großzügigkeit sehr empfänglich. Aber wenn Sie heute Abend zu mir zum Abendessen kämen, und ich weiß, entschuldigen Sie bitte, im Grunde genommen ist er ein kleiner Redakteur, also er ist nicht Ressortleiter, nicht Chefredakteur und schon gar nicht Herausgeber, und Sie kommen mit einer halben angebrochenen Flasche Wodka, dann würde ich lachen und sagen: Das ist ja fabelhaft, da saufen wir jetzt die halbe Flasche leer!

Fritz J. Raddatz

lick bannt,
cht nur
ärchen weiß."

09

Karl-Heinz Frasch

einz

Laut Henry Miller ist die wunderbarste Möglichkeit, die das Leben bietet, diejenige, menschlich zu sein. Die haben meine Eltern voll ergriffen. Ich erinnere mich sehr gerne an meine schöne Kindheit und Jugend bei ihnen. Wenn ich gegen zwei Uhr nachmittags von der Schule heimkam, dann war meine Mama da. Ich will das nicht glorifizieren, denn auch sie, Theresia, hätte sicher gerne einen Beruf gehabt, der sie mit all ihren Fähigkeiten ausgefüllt hätte. Trotzdem war es toll, dass ich, bis ich nach dem Abitur zuhause ausgezogen bin, tagsüber nie einen Haustürschlüssel mit dabei zu haben brauchte. Zu Mittag gab es zumeist Brote und Quark mit Banane, den meine Mama machte. Warm gegessen wurde erst um halb fünf, wenn mein Papa von der Arbeit nach Hause kam, manchmal mit dem Moped, meistens mit dem Fahrrad. Am Esstisch in der Küche erzählte dann jeder von seinem Tag, meine Schwester Verena, meine Mutter, mein Vater und ich – wobei mein Vater, Karl-Heinz, den Vorteil hatte, dass seine Storys aus dem Leben des Starkstromelektrikers die frischesten und vielleicht auch die interessantesten waren. Es hat mich nie gestört, dass ich nicht aus einer Akademiker-familie stamme – im Gegenteil: Ich habe gerne damit kokettiert

und vor allem davon profitiert: Mit „Studierten", wie man bei uns in Thal sagt, habe ich es ja im Studium und im Beruf sowieso genug zu tun bekommen, aber die Welt, die meine Eltern mir eröffneten, auch meine Mutter, die vom Bauernhof stammt, die wäre mir ohne sie weitgehend verschlossen geblieben. Ich bin froh, dass ich Dialekt spreche, er erleichtert oft den Zugang zu Gesprächspartnern, ich bin froh, dass ich trotz meiner beiden linken Hände halbwegs überzeugend „Schlitze klopfen" oder „Wasserbombazang" sagen kann. Und ich bin meinen Eltern dankbar, dass sie mich immer haben machen lassen und zugleich alles getan haben, um mich zu unterstützen. Meine Mutter, eine passionierte Zeitungsleserin, sammelt bis heute Artikel aus der „Südwest-Presse" und der „Neu-Ulmer Zeitung" (man tauscht unter den Nachbarn), von denen sie glaubt, sie könnten interessant für mich sein. Ich habe sie alle aufgehoben. Meinem Vater verdanke ich zum Beispiel, dass ich einst ein Praktikum in der Sportredaktion des Bayerischen Fernsehens machen konnte. Er hatte den Sportjournalisten Lambert Dinzinger nach einem Vortrag angesprochen, sein Sohn interessiere sich für Journalismus, und Dinzinger gab ihm dann tatsächlich seine Telefonnummer, unter der ich mich melden sollte. Als ich meinen Vater fragte, ob er mir nach 45 Jahren Arbeit ein Interview über die zu Ende gegangene Zeit geben würde, konnte er es sich zwar nicht vorstellen, dass sich jemand dafür interessieren würde, aber weil es für meinen Beruf und seinen Sohn war, sagte er natürlich zu. Wir haben das Gespräch am Telefon geführt, zwei Stunden lang – nach so vielen Jahren versteht man sich auch, ohne sich gegenüber zu sitzen. Es ist das Interview, das mir unter allen hier versammelten am meisten bedeutet. Besonders gefreut haben mich die ausnahmslos positiven Leserbriefe, die gekommen sind. Zwei davon möchte ich hier wiedergeben: „Sehr geehrter Herr Frasch, für Ihren schönen Artikel über und mit Ihrem Vater herzlichen Dank. Beide – Vater wie Artikel – haben mich wirklich sehr berührt. Unendlich eindrucksvoll diese Lebensgeschichte voller Arbeit und, ja eben auch, Spannung.
Im vergangenen Winter war ich ein halbes Jahr in Afrika, und dort ist mir vieles mal wieder bewußter geworden. Dinge, die man doch eigentlich schon längst weiß – angefangen mit dem Wohlstand, in dem wir hier leben. Und auch, dass es nicht wir waren, die dieses Land und diesen Wohlstand aufgebaut haben, sondern die Generationen vor uns. Natürlich – wir, die Söhne und Enkel, arbeiten ja auch. Aber dennoch

werde ich den Verdacht nicht los, dass die Generation unserer Väter sich noch ganz anders eingesetzt hat als wir. So ein schönes Denkmal, das Sie Ihrem Vater und seiner Generation gesetzt haben, so ein schöner Dank! Mit herzlichen Grüßen, auch an Ihren Vater." Ein anderer Leser schrieb: „Ich nehme seine Aussagen als repräsentativ für viele Arbeiter an: Manch ein Politiker, Unternehmen könnte davon lernen und so Kosten sparen. Damit es noch umsetzungsorientierter wird: Bitte machen Sie Energieversorger und andere auf Ihren Artikel aufmerksam. Evtl. ist Ihr Vater auch bereit, in Schulen oder Berufsschulen vorzutragen. Last not least: Bitte richten Sie Ihrem Vater dieses positive Feedback und Respekt aus." Auch in meiner Familie sorgte das Interview für Aufsehen, im Positiven. Nur einen Einwand brachte meine Patentante Christel, die Schwester meines Vaters, vor: Der Frasch-Opa sei kein Kommunist gewesen.

nter Strom

INTERVIEW VOM
14.10.2017 / F.A.Z.-MAGAZIN

Karl-Heinz Frasch war Starkstromelektriker, 45 Jahre lang. Sein Sohn befragt ihn zu Beruf und Leben, Chefs und Kunden, Politik und Gewerkschaften, Strom und Vertrauen.

Papa, du warst 45 Jahre lang Starkstromelektriker. Meinst du, du hättest studiert, wenn du 30 Jahre später geboren worden wärest?

Glaube ich nicht. Ich war ja damals, um 1960, kurz auf dem Gymnasium, die Mutter und der Vater waren da recht fortschrittlich. Nach einem Jahr bin ich dann trotzdem wieder auf die Volksschule. Ich hatte zu viele andere, sportliche Interessen. Ich habe das also nicht geschafft auf dem Gymnasium und war sehr froh, als ich wieder auf die Volksschule durfte.

Warum hast du dich für die Lehre als Starkstromelektriker entschieden?

Ich war damals so ein bisschen ein Träumer, da habe ich mir erst gedacht, Sportartikelverkäufer könnte ich ja werden, da bist du immer bei den schönen Sportsachen. Im Nachhinein bin ich froh, dass ich das nicht gemacht habe, wäre nicht mein Ding gewesen. Starkstromelektriker bin ich dann weniger wegen des Stroms geworden, sondern weil man da immer an der frischen Luft war, auf den Dächern, auf den Masten. So habe ich mir das vorgestellt, und so war es lange auch.

Du hast auch damit geliebäugelt, Tierpfleger zu werden.

Kurz, ja. Aber der nächste Zoo war 100 Kilometer weit weg. Und damals hätte man natürlich auch gesagt: Tierpfleger, bist du noch ganz recht im Kopf?

Schon dein Vater, der Opa, war Starkstromelektriker.

Er hat, wie ich dann später auch, Bereitschaftsdienst gemacht, und deswegen hatten wir damals schon ein Telefon. Er musste ja übers Wochenende erreichbar sein. Das Telefon war sein Heiligtum.

Das durften du und deine Geschwister auch privat nutzen?

Das hätte der Vater nie zugelassen. Der Respekt gegenüber dem Arbeitgeber war da viel zu groß.

Musstest du deinem Vater bei Arbeiten zur Hand gehen?

Eigentlich nicht. Aber ich habe mitgekriegt, dass er mit dem Strom nebenbei ein bisschen Geld verdient hat, schwarz. Er hat da so seine Stammkundschaft gehabt, die nur den Vater wollte, weil der als akkurat bekannt war. Und weil er immer gleich den Dreck weggemacht hat. Einmal hat er für eine Nachbarsfrau einen bestimmten Schalter, einen Wechselschalter, gebraucht, den hat er nicht zur Hand gehabt. Also hat er ihn bei uns daheim im Schlafzimmer der Eltern ausgebaut und bei der Nachbarsfrau eingebaut. Die Mutter hat das dann gemerkt und war natürlich nicht begeistert.

War es damals schwierig, eine Lehrstelle zu finden?

Wenn du nicht ganz schlecht in der Volksschule warst, konntest du dir die Stelle fast aussuchen. Sogar auf eine Bank konntest du mit Volksschule gehen. Und Bäcker oder Metzger haben sowieso händeringend nach Lehrbuben gesucht. Bei der Firma, bei der ich angefangen habe, war es nicht ganz so. In meinem Lehrjahr wurden fünf Lehrlinge eingestellt – Bewerber waren es um die 20. Da musste man dann eine Aufnahmeprüfung machen, die Grundrechenarten, ein bisschen Allgemeinwissen. Und zeigen, dass man nicht zwei linke Hände hat.

Wie war die Lehre?

In den ersten 40 Wochen bist du mit Strom noch gar nicht in Berührung gekommen. Das war nur Schlosserei: Bohren, Fräsen, Bleche schneiden, als Handlanger vom Gesellen. Da hast du halt geguckt, dass du zu einem netten kommst, dann war das okay, hat auch Spaß gemacht. Aber man hat viele Sachen machen müssen, die nicht so spaßig waren. Mit Asbest hatten wir viel zu tun, mussten die Zellen für Trafostationen flexen, da staubte der Asbest, von wegen Schutzmaske oder so.

Ging es dir bei deiner Berufswahl auch darum, eine anspruchsvolle Arbeit zu haben?

Nein, das habe ich damals noch nicht so im Blick gehabt. Vor allem war mir nicht bewusst, was du mit Starkstrom anrichten kannst, wenn du einen Fehler machst. Das habe ich erst so richtig mitgekriegt, als mal einer Phase und Nullleiter verwechselt hat und nachher 20 Kühe tot im Stall lagen, weil Spannung auf die Absperrgitter gekommen war.

Hast du selbst mal einen richtigen Schlag abbekommen?

Ja, klar. Ganz schlimm war es, wenn es dich unvorbereitet getroffen hat. Das ist wie beim Eishockey, wenn dich einer von hinten ummäht. Das gibt es natürlich auch beim Strom. Da hat dann der Kollege gesagt, ist abgeschaltet, ist frei, und dann war es doch nicht so. In der Regel überlebst du das, bei mir war es so. Wenn der Schlag kam, habe ich mich danach immer hinsetzen müssen. Ein paar Tage lang hast du dann noch ein Problem gehabt, weil das Herz ein bisschen dumm getan hat.

Habt ihr damals auch unter Spannung gearbeitet? Oder ist der Strom vor den Arbeiten immer abgeschaltet worden?

Unter Spannung arbeiten war strengstens verboten. Wir haben es aber trotzdem gemacht. Als Schutz haben wir einen alten Regenkittel über den Draht gehängt, der hat dann ein bisschen isoliert, und mit trockenen Lederhandschuhen haben wir dann die Drähte angeschlossen. Aus zwei Gründen haben wir das so gemacht: Einmal, weil man sonst hätte rumlaufen müssen und die Leute informieren, dass der Strom weg ist, das wäre ein Riesenaufwand gewesen. Und dann hat man auch Rücksicht genommen, dass die Leute den Strom nicht abgeschaltet bekommen, wobei das früher, vor 40 Jahren, noch gar kein Problem war, hat kaum einer mitbekommen. Wenn du heute mal unangemeldet den Strom für fünf Minuten abschaltest, dann hagelt es Beschwerden.

Warum?

Eine kleine Geschichte dazu, liegt schon 30 Jahre zurück: In einem Dorf musste der Strom abgeschaltet werden, hat keinen Menschen interessiert, nur wohnte da zufällig eine Berlinerin, deren Mann beruflich hierher gekommen war. Die gute Frau ist an dem Tag vom Tennisspielen gekommen – und der Strom war weg. Sie hat mich damals alles mögliche geheißen und mich runtergeputzt, denn sie wollte sich nach dem Tennisspielen Kaffee kochen. In 30 Jahren Berlin sei ihr das nie passiert, hat sie geschimpft. Und kaum sei sie auf dem Dorf, schon sei der Strom weg. Manche Leute sind so. Und dann natürlich heute, mit den ganzen PCs. Wenn du da den Strom abschaltest, das ist ja undenkbar. Da drohen die Leute sofort, den Stromanbieter zu wechseln, und davor haben die Stromanbieter natürlich Angst. Darum wird heute sehr viel unter Spannung gearbeitet, damit der Strom nie mehr weg ist.

Was hast du in deinem Job über die Menschen gelernt?

Ich bin oft an Stellen in Häusern gekommen, die nicht so für den Besucher gedacht waren. Da war dann zum Teil der tolle Porsche vor dem Haus gestanden, toller Mann, tolle Frau, was weiß ich, und dann bist du in den Keller gekommen, weil du an die Hausanschlusssicherung musstest, und da hat es dann ausgesehen wie Hund. Hat es alles gegeben, ist menschlich. Bei den einen ganz top, bei den anderen schlimm.

Wie war es mit deinen Kollegen?

Mit den allermeisten freundschaftlich – und oft sehr lustig. Wenn zum Beispiel der eine erzählt hat, wie er auf einer Baustelle im Klohäuschen saß, und die Baufirma hat angefangen abzubauen und mit einem Kran das Klohäuschen weggehoben, in dem er noch war. Oder wenn ich mit einem anderen im Hochsommer oben auf den Dächern stand, der Kollege hatte eine unwahrscheinliche Beobachtungsgabe, da siehst du natürlich in die Gärten, und da gab es dann auch mal eine nackige Dame, die sich sonnte.

An wen erinnerst du dich sonst noch?

An einen Kabler, den ich in der Lehre kennengelernt habe. Der war der beste Kabler, den ich kannte. Ich sehe ihn noch, wie er in seinem Kabelloch an der Verbindungsmuffe zwischen zwei Kabeln gesessen hat, wie ein Arzt im OP, der nur die wirklich wichtigen Sachen macht und den Rest den Lehrling machen lässt. Der Kabler hat noch mit seiner Mutter zusammengelebt. Und er war ein Fresser und ein Spieler, Pferde- und Fußballwetten. Kein Lehrling wollte zu dem. Der war als Mensch unmöglich, aber ich bin mit dem relativ gut klar gekommen, weil ich mich im Sport gut ausgekannt habe. Er wollte immer von mir wissen, wie der und der Spieler gerade in Form ist. Bub, hat er gesagt, was meinst du?

Wie war dein Chef?

Die Bezirksmeister waren früher auf dem Dorf kleine Abgötter, die kamen gleich nach dem Bürgermeister. Mein langjähriger Chef, das war ein relativ feiner Mann, der hat immer seinen Anzug angehabt mit Krawatte und war nur im Büro gehockt und hat die Firma repräsentiert, hat vielleicht, wenn man das als Arbeit bezeichnen kann, schriftliche Arbeiten gemacht, und uns damals um sieben in der Früh an die Arbeitsstelle gefahren und dann am Abend, um halb vier, vier wieder abgeholt.

Wie war er als Chef?

Er hatte einen übertriebenen Reinlichkeitsfimmel. Am Freitag habe ich immer die Straße draußen kehren müssen. Ich habe das nicht ungern gemacht. Der Chef hat das dann immer kontrolliert und dabei mit der

Nachbarin gesprochen. Das hat dem unwahrscheinlich gut gefallen. Und wenn dann Feierabend war, dann hat sich jeder auf sein Fahrrad gesetzt und ist zum Hof raus gefahren, die meisten sind damals mit dem Fahrrad gekommen, und dem Chef, dem hat das gefallen, dass wir, die Arbeiter, mit dem Fahrrad den Hof verlassen, während er schon einen Passat in der Garage hatte. In Wirklichkeit hatten die Leute, die da rausgefahren sind, oft eigene Häuser, weil sie aus der Landwirtschaft kamen und deshalb Grund und Boden hatten. Mit dem Fahrrad sind sie nur gekommen, weil die Arbeit so nah war. Der Chef hingegen musste in einer billigen Betriebswohnung zur Miete wohnen.

War er autoritär?
Von dem, was er sich in den Kopf gesetzt hatte, durfte man nicht abweichen. Er hatte es mit dem Magen, davon hing auch seine Gemütslage ab. Und wehe, du hast ihn an einem schlechten Tag erwischt und hättest dann – um Gottes Willen! – gesagt, wenn er sich vorgestellt hat, man nimmt einen 13-Meter-Mast, da reicht auch ein Zwölf-Meter-Mast, da ist er dann fast durchgedreht. Hat sich dann aber wieder schnell gelegt, ihm ging es nur darum, im Moment den Chefmaxe zu spielen.

Gab es auch mal Lob?
Nein, Lob hat es auch früher nie gegeben, nicht vom Chef, da kam nur Tadel. Ist in der Arbeitswelt so. Lob und Anerkennung haben wir aber von den Kunden bekommen, von den Leuten draußen, wenn die gesehen haben, wie wir auf den Dächern rumgeturnt sind.

Wie sah ein normaler Arbeitstag aus?
Als wir da draußen waren, ich spreche jetzt von den Anfängen, da waren wir ganz frei und uns selbst überlassen. Wir mussten nur gucken, dass die Arbeit getan wird, am Mittag sind wir dann zu einer Gastwirtschaft gelaufen, haben da gegessen, die Brote, die man sich mitgebracht hatte, und dazu zwei Halbe Bier getrunken. Danach ist man wieder an die Arbeit gegangen.

Was hat sich im Lauf der Jahre verändert?
Früher, bis zur großen Umstrukturierung 2005, da gab es die Bezirksstelle mit zehn Leuten und dem besagten Chef. Ein bisschen war das wie bei einer Fußballmannschaft. Der Chef ist in der Früh aus seinem Büro rausgekommen, wir waren im Aufenthaltsraum gehockt, und dann hat jeder einen handschriftlichen Fresszettel vom Chef bekommen: So, ihr macht heute das, ihr das. Große Zeitvorgaben gab es nicht. Am Abend musste halt die Arbeit erledigt sein.

Und nach 2005?
Der Energieversorger hat damals gemeint, man müsse jetzt was tun, um auf dem geöffneten Strommarkt bestehen zu können. Die Truppe wurde damals neu aufgeteilt, in Leute, die rausgingen, da war ich dabei, und solche, die nur im Büro rumsaßen und organisierten. Auch die Zeit der Fresszettel war vorbei, es gab jetzt Leistungsverzeichnisse und schriftliche Arbeitsaufträge mit strikten Zeitvorgaben, die man minutiös abarbeiten musste.

Was hatte das für konkrete Folgen?

Früher, wenn wir zum Beispiel die Hebebühne dabei hatten, konnte es sein, dass wir bei einem Kunden, den wir kannten, schnell mal ein Spatzennest ausgenommen oder eine Dachplatte ausgewechselt haben. Da gab es dann zwei Flaschen Bier, und dann war die Sache gut. Heute geht das nicht mehr, weil du ja keinen Arbeitsauftrag dafür hast, und weil die Sicherheitsleute was dagegen haben.

Welche Sicherheitsleute?

Im Zuge der Umstrukturierung hat man eine eigene Sicherheitsabteilung eingerichtet. Von den Leuten wurdest du kontrolliert, und wenn du die Anweisungen, was Schutzkleidung, Absturzsicherung und so weiter betrifft, nicht genau befolgt hast, dann sind die dir mit Repressalien gekommen. Dazu kam, dass die PC-Arbeit immer mehr wurde. Und dann noch diese ständigen Versetzungen, weil wieder irgendwo eine neue Abteilung aufgemacht wurde, angeblich wegen der Effizienz. Und immer mehr Fremdfirmen, weil es hieß: Die niederen Arbeiten machen wir nicht mehr. Meine Meinung und die vieler anderer älterer Mitarbeiter war, dass das alte System gerade auch gegenüber der Kundschaft das bessere war. Diese Rückmeldung kam auch von den Leuten.

Was meinst du damit genau?

Vor einiger Zeit war ich in meinem früheren Einsatzgebiet, beim Verwandtschaftsbesuch. Da sagten die zu mir: Bei uns im Dorf brennt schon eine Woche lang die Straßenbeleuchtung nicht mehr. Das zum Beispiel wäre früher undenkbar gewesen. Da wäre ein Anruf gekommen, zu mir als Bereitschaftsdienstler, und dann wäre ich rausgefahren, egal, bei Wind und Wetter. Heute kommt da vielleicht irgendein Monteur von weit her, und der kommt dann halt nicht am Samstagabend, sondern erst am Dienstagmittag, weil es sich sonst nicht rechnet. Ich hatte damals das ganze Leitungssystem im Kopf, du hast gewusst, wo der Schalter 7011 oder so ist, du hast gewusst, dass der in der Viehweide vom Bauer soundso ist. Das hast du im Kopf gehabt. Heute gibt es dafür Navigationssysteme. Damit findet der Monteur vielleicht den Schalter. Das Navi sagt ihm aber nicht, dass er, um an den Schalter zu kommen, über eine Weide muss, auf der 50 Kühe stehen.

Würdest du von einem Vertrauensverhältnis zwischen euch und den Kunden sprechen?

Auf dem Land draußen durften wir zum Beispiel in Häuser, da waren die Leute gar nicht daheim, da war der Bauer auf dem Feld, da hast du gewusst, dass der Haustürschlüssel unterm Ziegelstein oder unter der Dachplatte am Stallfenster liegt. Da haben wir den Schlüssel genommen, sind da rein, haben unsere Arbeit getan. Hat der Bauer manchmal gar nicht mitgekriegt, hat den aber auch nicht gestört. Das war schon ein gewisses Vertrauensverhältnis zwischen den Elektrischen und den Bewohnern. Ah, die Elektrischen sind wieder im Dorf, hieß es dann, das war wie beim Kaminkehrer.

Habt ihr eure Freiheiten manchmal auch überstrapaziert?
Sicher hat es Leute gegeben, die ein bisschen überzogen haben. Aber der Großteil hat sich total mit der Firma identifiziert. Heute ist das ein bisschen anders. Klar, die machen ihren Job, die wollen ihn auch gut machen, aber dieses Sich-Kurzschließen mit der Firma, das gibt es nicht mehr.

Inwieweit haben Aufstiegsmöglichkeiten für dich eine Rolle gespielt?
Natürlich hat man mal gesagt, eine Lohnerhöhung wäre auch nicht schlecht. Aber das stand nie im Vordergrund.

Hättest du überhaupt aufsteigen können?
Es gab die Möglichkeit, Bezirksmeister zu werden. Da hätte man aber auf die Meisterschule gehen müssen, und das wollte ich nicht. Außerdem mussten die Bezirksmeister alle 14 Tage Bereitschaftsdienst machen. Die hatten oft nix anderes im Kopf als nur Arbeit. Das einzige Hobby meines früheren Chefs: Zinnsoldaten anmalen. Weil er das auch während des Bereitschaftsdienstes machen konnte.

Hast du mal über einen Berufswechsel nachgedacht?
In ganz jungen Jahren, da habe ich mal gewechselt, nur ein paar Tage, weil ich mit dem Chef ein bisschen Probleme hatte. Da habe ich mal kurz eine Woche lang Brot ausgefahren, weil ich mir damals, so blauäugig, wie ich war, eingebildet habe, da kommst du öfter nach Füssen, in die Stadt, wo es den berühmten Eishockey-Verein gab, da dachte ich, da könnte ich vielleicht Fuß fassen. War aber natürlich nur eine jugendliche Flause.

War für dich die Arbeit auch Selbstzweck?
Ganz sicher. Nie hätte ich mit einem Mann am Band tauschen wollen, obwohl der damals vielleicht 1000 Mark mehr verdient hat als ich. In den sechziger Jahren wollten viele bauen, da stand das Materielle mehr im Vordergrund. Für mich wäre das aber ein Horror gewesen, immer in einer Fabrikhalle, nur die fünf Knöpfe jeden Tag bedienen, ohne Kontakt zu Leuten, zur Landschaft, zu draußen. Für mich war mein Job eine Erfüllung, er war okay.

Spielt es für deine eigene Identität eine Rolle, dass du Arbeiter warst? Bist du vielleicht sogar stolz darauf?
Ich habe mich in meinem Leben immer zu den Indianern gezählt, nie zu den Häuptlingen, wenn man das so sagen kann. Ich habe da aber nie ein Problem mit gehabt. Gut, am Anfang hast du, wenn du mal einen hohen Herren getroffen hast, vielleicht ein kleines bisschen Berührungsängste gehabt, aber das braucht man mittlerweile nicht mehr, auch, weil es da bei den hohen Leuten auf der anderen Seite der Gesellschaft ein gewisses Umdenken gegeben hat.

Hast du manchmal Genugtuung verspürt, wenn du einen superschlauen Akademiker gesehen hast, der nicht in der Lage war, eine Schraube in die Wand zu drehen?
Ja, auch, gebe ich zu. Mir tun so Leute manchmal fast ein bisschen leid, wenn sie nicht mal fähig sind, mit der Zange einen Draht abzuzwicken. Und wenn

sie dann eine Riesenumschweife machen und saublöd daherschwätzen, weil sie es nicht zugeben können. Die mag ich nicht so.

Findest du es erbärmlich, wenn einer, der 15.000 Euro im Monat verdient, einen Handwerker kommen lässt, damit der ihm dann für 100 Euro in der Stunde eine Lampe anschließt?

Der soll ruhig diese 100 Euro bezahlen, aber er soll es tun, ohne zu murren.

Hast du in deinem Beruf je Herablassung zu spüren bekommen?

Früher, wenn man auf die Bank musste, Geld holen, da gab es die Automaten noch nicht, und man ist im blauen Arbeitsanzug schnell reingegangen. Da habe ich immer das Gefühl gehabt, dass man von den Damen und Herren da drin abschätzig beäugt wurde. Aber das hat sich auch gewandelt.

Und Arbeitsanzüge sehen ja mittlerweile ganz lustig aus, nicht mehr nach Sträflingseinheitsblau wie früher, sondern fast wie Skianzüge.

Gibt es aus deiner Sicht so etwas wie eine Arbeiterklasse?

Ich glaube, der Begriff ist auf die heutige Zeit nicht mehr anwendbar. Das ist vorbei. Das war noch so zu Rosa Luxemburgs Zeiten. Ich hatte Kollegen, die haben einen tollen S-Klasse-Mercedes gefahren. Warum auch nicht.

Hast du je überlegt, in die Gewerkschaft einzutreten?

Ich war in der Gewerkschaft. Kurzzeitig. Habe mich dann aber daran gestört, dass sie recht viel Geld genommen haben, ein Prozent des Bruttogehalts, meine ich. Der Opa war übrigens 45 Jahre in der Gewerkschaft, sein Vater war sogar Kommunist im Stadtrat, und dann haben die es nicht mal für nötig befunden, auf der Beerdigung einen Kranz niederzulegen. Ich kannte auch zwei, drei von der Arbeit, die waren Gewerkschafter, einer davon ein Lastwagenfahrer, der hat immer erzählt, wenn er wieder bei der großen Tarifkommission war: super Essen, einwandfrei, und dabei hat er nur ab und an die Hand in die Luft gestreckt. Für mich ist das nichts. Ich will aber betonen, dass ich nicht gegen die Gewerkschaften bin. Die muss es geben.

1968 warst du 18. Hast du mitbekommen, wie die Studenten versuchten, die Arbeiter zur Revolution zu bewegen?

Ein bisschen, ja. Ich habe das aber nicht positiv gesehen. Denen ging es nicht wirklich um die Arbeiter, das waren Selbstdarsteller, meine ich. Außerdem war das oft nicht rechtens, was die gemacht haben, da hätte es andere Möglichkeiten gegeben.

Findest du es sinnvoll, wenn Leute, die mit den Arbeitern nichts zu tun haben, die große Revolution anzetteln wollen?

Wir brauchen keine große Revolution. Man soll dafür sorgen, dass die Arbeiter von dem Geld, das sie verdienen, leben können und zufrieden sind. Mehr braucht es nicht.

Unter den heutigen Politikern gibt es kaum mehr Arbeiter. Findest du das schade?

Das kann ich schlecht beurteilen. Der Georg Leber sagt dir vielleicht noch was, der war mal Verteidigungsminister, der war gelernter Maurer. In der heutigen Zeit, mit den rechtlichen Dingen, mit den vielen Reden, die die Leute halten müssen, da vermute ich fast, dass es allein mit Abendkursen nicht mehr geht, da brauchst du fast eine akademische Ausbildung.

Hast du es je als begrenzend empfunden, dass du nicht studiert hast?

Eigentlich nie. Das einzige, was ich bereue: Ich hätte gerne eine Fremdsprache gesprochen. Englisch zum Beispiel. Das ist aber das einzige.

Jetzt bist du in Rente. Fehlt dir die Arbeit manchmal?

Eigentlich nicht. Es ist gut, dass ich den Umbau beim Haus von deiner Schwester habe, und daheim läuft ja auch immer irgendwas. Wenn ich mit dem Fahrrad oder mit der Mama manchmal durch die Lande fahre, dann gucke ich schon, was stromnetzmäßig so passiert. Ich komme auch noch öfter an dem Haus vorbei, wo ich vor 35 Jahren im Winter mal vom Dach gefallen bin. Vier, fünf Meter. Wenn unten nicht zufällig ein Schneehaufen gewesen wäre, hätte ich mir vielleicht das Kreuz gebrochen. Ich habe die Arbeit also noch nicht komplett abgehakt, aber ich muss es nicht mehr haben.

Karl-Heinz Frasch

Für mich war mein Job eine Erfüllung, er war okay."

10
Wolf
Wondra

Rauchen ist ein Thema, das mich seit Jahren umtreibt, auch aus persönlicher Betroffenheit. Auf *Wolf Wondratschek* bin ich intuitiv gekommen. Ich kannte seine Bücher „Früher begann der Tag mit einer Schusswunde" und „Carmen oder Bin ich das Arschloch der achtziger Jahre", ich wusste, dass er sich im Boxen sehr gut auskennt, und ich wusste, dass er rauchte. In den Mails, die ich mit ihm austauschte, vor und nach dem Interview, war, wie in seinen Gedichten, kein Wort zu viel. Mehr will ich über die Umstände des Interviews nicht sagen, auch in der Annahme, Wondratschek empfände es sonst als Geschwätzigkeit. Das Interview war 2017 für den Deutschen Reporterpreis nominiert. Dass es ihn nicht gewonnen hat, war nur konsequent, denn gemessen an der Wucht seines Werks hat Wondratschek lächerlich wenig Preise bekommen. In diesem Sommer haben wir uns wieder zum Interview getroffen. Thema: Preise.

schek

"Sie stellen mir Fragen, die ich mir nie gestellt habe" | Wolf Wondratschek

INTERVIEW VOM
08.10.2016 / F.A.Z.-MAGAZIN

Wolf Wondratschek über Rauchen als Lebenskunst, die Suche nach dem Unerhörten und die angebliche Schädlichkeit des gelungenen Lebens.

„Es kann gar nicht genug Raucher geben"

Herr Wondratschek, Sie selbst sind Raucher und haben über das Thema Rauchen auch geschrieben – so liebevoll, dass Sie die Leser eher dazu verführen, anstatt sie davon abzuhalten . . .

Das mag so sein. Als ich mit meinem Roman „Mittwoch", in dem sehr viel geraucht wird, auf Lesereise war, kam ein älterer Mann zu mir und sagte: „Ich habe Ihnen zugehört. Sie machen mir Lust, wieder mit dem Rauchen anzufangen." Ein wunderschönes Kompliment.

Inwiefern?

Schön war, dass ich offensichtlich das Vergnügen am Rauchen gut genug rübergebracht habe.

Haben Sie kein schlechtes Gewissen, dass es wegen Ihnen wieder einen Raucher mehr auf der Welt geben könnte?

Es kann gar nicht genug Raucher geben. Schon deshalb, weil Raucher die besseren Leser sind.

Ich dachte, die besseren Schreiber – wenn überhaupt.

Jorge Luis Borges hat sehr zu Recht gesagt, Schriftsteller seien nicht so wichtig. Die Leser sind es.

Warum sollten Raucher die besseren Leser sein?

Das ist für mich so überzeugend, dass ich gar nicht nach einer Begründung suchen will.

In „Mittwoch" schreiben Sie, Raucher hätten einen anderen Umgang mit der Zeit.

Rauchen bedeutet: Ich konzentriere mich, ich genieße, ich vergesse, ich tauche ein.

Therapeuten sagen: Einen anderen Umgang mit der Zeit könne man auch ohne Zigarette haben. Man könne etwa, statt zu rauchen, einmal um den Block laufen.

Klingt nach Knast. Hofgang. Im übrigen war ich immer auch ein leidenschaftlicher Spaziergänger. Das Gehen hilft, wie das Rauchen auch.

Sind Raucher anders als andere Menschen?

Vor ein paar Monaten ist mein älterer Bruder gestorben. Er hat nie geraucht. Ich habe mir vorgestellt, wie unser Verhältnis gewesen wäre, wenn auch er geraucht hätte. Wären unsere Gespräche interessanter gewesen? Hätten sie länger gedauert? In meinem Gedicht über ihn, sein Leben und seinen Tod, steht der Satz: „Wer raucht, kann endlich in Ruhe über das, was er denkt, nachdenken." Das haben wir beide im Gespräch nicht geschafft.

Viele Menschen rauchen in Gesellschaft, da ist es zum Nachdenken meist zu laut.

Ich rauche, wenn ich arbeite. Es ist wie eine Beruhigung, ein Sich-Ruhigstellen, um Gedanken nicht nur zu produzieren, sondern über das Produzieren der Gedanken nachzudenken. Wenn dazu Zigaretten und Kaffee gehören, dann ist das so.

Rauchen und Kaffeetrinken gehören für Sie zusammen?

Unbedingt. Als Schüler saß ich mit Freunden in meinem Vorort von Karlsruhe oft in einem kleinen Café, das wir „Café Beatnik" nannten. Wir rauchten dort, weil der Konditor ein Auge zudrückte, unsere ersten Zigaretten. Es leuchtet mir bis heute nicht ein, wie jemand einen Kaffee trinken kann, ohne den Wunsch nach einer Zigarette zu verspüren. Statt Kaffeehäuser, in denen geraucht werden darf, abzuschaffen, hätte man sie zum Weltkulturerbe erklären sollen.

Sie haben mal geschrieben, Sie hätten drei Freunde: „Kaffee, Zigaretten, meine Schreibmaschine."

Das ist die Grundausstattung. Drei Dinge, die mich selten enttäuscht haben.

Das Zitat geht noch weiter: „Ich stelle das Gesetz dieser Freundschaft über jedes andere Gesetz." Da müssen Ihre Freunde, Ihre richtigen Freunde, doch aufjaulen und rufen: Wie armselig, dass ein mit Tabak gefülltes Papierröllchen sein Gesetzgeber ist!

Spielen Sie nicht den Therapeuten. Und bitte nicht den Dummen. Vielleicht hätte ich dieses Interview nur mit einem führen dürfen, der was von Tabak versteht.

Sollten Nichtraucher gegenüber Rauchern gelassener sein?

Bei Nichtrauchern muss man unterscheiden. Es gibt Leute, die nie geraucht haben oder das Rauchen aus gesundheitlichen Gründen aufgeben mussten, die jedoch sagen: Rauchen Sie ruhig, ich mag es, wenn geraucht wird. Das sind kluge, angenehme Leute. Zum Beispiel mein mexikanischer Verleger. Als ich mit ihm im Auto durch Mexiko fuhr, fragte ich ihn: „Macht es Ihnen etwas aus, wenn ich in Ihrem Auto eine Zigarette rauche?" Er selbst raucht tagsüber nicht, nur abends, wenn die Sonne untergegangen ist, da steckt er sich vielleicht mal eine Zigarre an. Er zitierte Brecht: „Bruder, lass den Tabak nicht trocken werden." Was hieß: Rauchen Sie! Ich fand das wunderbar.

Welches sind die unangenehmen Nichtraucher?

Die unangenehmen sind die, die einen belehren wollen. Mag sein, dass sie darunter leiden, dass sie aufhören mussten. Sie sind verkrampft, und zwar nicht nur in dieser Sache, sondern, wie ich vermute, überhaupt.

Sie selbst haben Rauchen nie als Problem empfunden?

Wo soll das Problem sein?

Man hört und liest doch allenthalben, es sei schädlich.

Ich bitte Sie.

Würden Sie aufhören, wenn Sie vom Arzt eine Krebsdiagnose bekämen?

Dann müsste ich mich entscheiden, ja. Aber ich glaube, man stirbt ohnehin an dem, was man am liebsten tut.

Was meinen Sie damit?

Was man am liebsten tut, dem gibt man alle Energie, dem ist man bereit, alles zu opfern. Wenn ich an einem Roman schreibe, dann verausgabe ich mich in einer Weise, die jeden Arzt in Alarmbereitschaft versetzen würde. Ich bleibe bis in die Morgenstunden wach, damit nichts, keine Idee, kein Satz, kein Wort verloren geht. Ich habe mal geschrieben: „Es ist Mitternacht, Zeit für eine Kanne Espresso." Das kann einem Arzt nicht gefallen.

Wie viele Zigaretten rauchen Sie am Tag?

Beim Arbeiten kann es schon passieren, dass ich eineinhalb Schachteln rauche, was nicht viel ist. Ich war nie Kettenraucher. Wenn ich Leute höre, die sagen, ich bin bei vier Päckchen am Tag, ist es mir körperlich unangenehm. Mich schreckt auch ab, wie gewisse Leute rauchen.

Zum Beispiel?

Ich habe Raucher beobachtet – die wenigsten können es. Sie können vielleicht inhalieren, aber nicht rauchen. Das ist eine Frage der Ästhetik. Als es im Zug noch Raucherabteile gab, habe ich mich nie dorthin gesetzt, sondern immer in ein angrenzendes Nichtraucherabteil. Wenn ich rauchen wollte, bin ich nur kurz zu den Rauchern, habe mich dort in den Gang gestellt und eine geraucht. Ich konnte nicht in einem Abteil sitzen, in dem fünf Leute rauchen, vor allem nicht, wenn sie es nicht können. Wenn ich zum Beispiel sehe, wie mein Gegenüber die Zigarette bis zum Filter raucht, wird mir schlecht.

Stößt es Sie ab, wenn das Suchthafte des Rauchens zu offensichtlich ist?

Das ist, wie wenn jemand mit den Fingern eine Schweinshaxe zerlegt.

Wer raucht aus Ihrer Sicht formvollendet?

Es war mir immer ein Vergnügen, einem wie Fritz J. Raddatz beim Rauchen zuzuschauen. Er war überhaupt ein Ästhet. Sartre und Camus waren beide sehr starke Raucher, aber Camus rauchte elegant. Sehr gut geraucht hat auch Lauren Bacall in „To Have and Have Not", da war die Zigarette natürlich auch ein erotisches Signal.

Wie erklären Sie sich, dass ein rauchendes Papierröllchen erotisch wirken kann?

Nun vergessen Sie mal Ihr „Papierröllchen"! Eine Zigarette ist eine Zigarette ist eine Zigarette. Mag sein, dass eine Zigarette darüber hinaus noch andere Botschaften aussendet, auch erotische. Man muss mit dem, was man tut, spielen können.

Ganz unerotisch mit Zigarette wirkt zum Beispiel Michel Houellebecq . . .

Zunächst ist er ein großartiger Schriftsteller – zu meiner Überraschung. Ich habe mich lange geweigert, seine Bücher zu lesen, dann habe ich eines gelesen, dann das zweite: sehr gut. An seiner heruntergekommenen Erscheinung habe ich großen Spaß. Ich kann also einerseits einen gesalbten und modisch selbstbewussten Mann wie Raddatz bewundern. Andererseits kann ich ohne jede Einschränkung Houellebecq genießen. Er ist gerade deshalb eine Wohltat, weil er mit seiner Kippe, seinen gelben Fingern und seinen wenigen wirren Haaren einen Affront darstellt gegen die Schickeria der Intellektuellen, zumal denen in seinem Vaterland, wo die neue Generation der Denker alle mit schönen und reichen Frauen verheiratete Yuppies sind – und aussehen, als spielten sie in ihrer Freizeit Golf.

Die Zigarette scheint geradezu ein Wundermittel zu sein: Sie kann Eleganz verstärken, aber auch Vulgarität und Dekadenz. Spricht das jetzt für die Zigarette oder für die Leute, die die Zigarette mit Bedeutung aufgeladen haben?

Ich glaube, die Bedeutung der Zigarette entfaltet sich von selbst. Das ist wie bei diesen Muscheln, die man in den Chinaläden bekommt. Man muss nichts tun als sie ins Wasser werfen, dann öffnen sie sich, und eine kleine schöne bunte Blume kommt heraus.

In „Mittwoch" ist an einer Stelle von einer „ehrlichen Reval" die Rede. Haben Sie den Eindruck, von der Tabakindustrie mit all den Bio- und Lightprodukten, die es heute gibt, betrogen zu werden?

Natürlich werden wir betrogen. Aber solange ich rauche, habe ich die Regeln zu akzeptieren. Und die Preise. Ich habe damit überhaupt kein Problem. Außerdem möchte ich jetzt mal eines klarstellen – das ist ganz wichtig für unser Gespräch. Sie stellen mir Fragen, die ich mir nie gestellt habe und die mich eigentlich nicht interessieren. Ich habe mir nie die Frage gestellt, ob ich betrogen werde. Ich habe mir nie die Frage gestellt, ob ich das Rauchen als Problem empfinde. Ich habe mir nie die Frage gestellt, könnte ich mit jemandem leben, der nicht raucht, denn ich lebe mit jemandem, der raucht. Ich habe mir nie die Frage gestellt, wann kommt die Quittung, wann sagt ein Arzt, Sie haben Krebs. Dabei bin ich den Gefahren des Rauchens gegenüber nicht blind. Mein Freund Werner Schroeter ist an Kehlkopfkrebs gestorben, wie auch ein anderer Freund, der Regisseur Daniel Schmid.

Gerade in „Mittwoch" lassen Sie Ihre Figuren doch unentwegt über das Rauchen reflektieren.

Sie rauchen, und sie machen sich darüber Gedanken. Die dürfen das. Da gibt es einen alten Herrn, gute 95 Jahre alt und noch immer Raucher, dem ich aus Sympathie einen großen Auftritt verschafft habe, er sollte ursprünglich nur eine kleine Nebenrolle spielen. Aber ich mochte ihn, war neugierig auf ihn, erlebte ihn schließlich als einen sehr klugen Mann, einen Gentleman, dem im wirklichen Leben zu begegnen ich mir wünschen würde. Er hat mein Schreiben sehr inspiriert.

Erlauben Sie mir noch eine weitere Frage, die Sie womöglich auch nicht interessieren wird. Haben Sie je daran gedacht, sich das großartige Erlebnis der ersten Zigarette nach dem Entzug dadurch zu erarbeiten, dass Sie wenigstens für eine gewisse Zeit aufhören? Der Schriftsteller Gregor Hens hat in diesem Zusammenhang vom „Rausch des Rückfalls" gesprochen, der umso stärker sei, je länger die Abstinenzphase gedauert habe.

So etwas denken sich Menschen aus, die auch sonst Probleme haben. Gehen Sie auf die Straße und erzählen Sie das einem Bauarbeiter, der mit einer Fluppe auf dem Gerüst steht, oder einem von der Stadtreinigung mit seinem Besen – die fassen sich an den Kopf. Rausch des Rückfalls – was für ein

Unsinn! Die einzige wirklich wichtige Frage zu unserem Thema ist: Bin ich bereit, das Risiko auf mich zu nehmen, dass ich durch das Rauchen mein Leben entscheidend verkürze? Das ist die eigentliche Frage, über die ich auch bereit bin, ganz ernsthaft nachzudenken.

Zu welchem Schluss kommen Sie?
Neulich hat mir ein Wiener Geigenbaumeister, mit dem ich befreundet bin – ein Problemfall, was das Nikotin angeht, weil er raucht, aber eigentlich aufhören will, dann auch aufhört, nur um wieder damit anzufangen –, eine Mail geschickt, mit einem Bild von Keith Richards. Der Text dazu lautet: „Für jede Zigarette, die du rauchst, nimmt dir Gott eine Stunde und schenkt sie Keith Richards." Das fand ich originell – und könnte mich mit der Idee eines gütigen Gottes versöhnen, zumal er sich damit überraschenderweise auch noch als Fan der Rolling Stones geoutet hätte. Mein frommer Wunsch ist, dass ich zu den Günstlingen der Götter gehöre, die von irgendjemandem auch etwas geschenkt bekommen. Ansonsten vertraue ich auf die Erkenntnis, dass das Paradies eines Mannes seine gute Natur ist.

Keith Richards ist 72, Sie haben es immerhin schon bis 73 geschafft...
Alles, was jetzt noch kommt in meinem Leben, empfinde ich seit dem Tod so vieler Freunde als geschenkte Zeit. Andauernd sterben sie. Meine Dealer, meine Freunde, meine Feinde – alle tot.

Warum sind ausgerechnet Sie übriggeblieben?
Es wäre natürlich überheblich zu glauben, ich sei unverwundbar. Aber gehofft habe ich doch, dass es mir mit einem gewissen Humor gelingt, die Götter günstig zu stimmen: Seht her, ich tue mein Bestes, die Zigarette so zu rauchen, dass ich sie ehre. Ich betrachte sie als einen Freund. Das habe ich mal bei George Tabori beobachtet: Er schaute die Zigarette, bevor er sie anzündete, an wie einen Freund. Und so rauchte er sie.

Tabori wurde 93.
Als ich ihn zum ersten Mal traf, war er 80. Wir hatten uns zum Frühstück in einem Hotel in München getroffen. Tabori bestellte einen schwarzen Kaffee und rauchte eine Zigarette. Da habe ich gedacht, das ist toll, er ist uralt, und sein Frühstück besteht aus weiter nichts als einer Tasse schwarzen Kaffees und einer Zigarette. Das möchte ich, sollte ich so alt werden dürfen, ihm gerne nachmachen wollen.

Glauben Sie, man kann das Gesundheitsrisiko minimieren, wenn man nur die richtige Einstellung zum Rauchen hat?
Das glaube ich tatsächlich. Demut spielt dabei eine große Rolle. Vor allem aber muss man das, was man tut, in diesem Fall das Rauchen, gerne tun, aufrichtig, man darf kein falsches Motiv haben. Keine Posen, nicht sich weltmännisch vorkommen wollen, oder glauben, es mache einen Mann interessant oder attraktiv. Mein Motiv fürs Rauchen ist das Schreiben. Ich nehme an, ich habe meine Gedichte und Erzählungen und Romane nur schreiben können, weil ich so lebe wie ich lebe, also mit völliger Hingabe, mit aller Kraft und Konzentration – und eben mit den Zigaretten.

Hat es Sie nie interessiert, ob Sie möglicherweise ohne Zigaretten besser geschrieben hätten?
Nein.
Ihre Schriftsteller-Kollegin Judith Hermann hat aufgehört zu rauchen. Danach wurde sie gefragt, ob sich ihr Schreiben dadurch verändert habe. Sie antwortete: „Der Atem des Textes ist anders. Ohne Zigarette scheint mir alles knapper, lakonischer, sachlicher vielleicht auch. Ich habe einfach weniger Nerven für lange, elegische Sätze." Sollte sie wieder anfangen zu rauchen?
Ich würde ihr raten, hin und wieder zu kiffen. Für lange Sätze hat man dann die nötige unendliche Geduld.
Sie können bekifft schreiben?
Ich kann schweben oder abstürzen.
Welche Wirkung erhoffen Sie sich von Stimulanzien?
Die Frage sollte lauten: Wie komme ich in die Trance? Wie schön das Alexander Kluge gesagt hat: „Dies ist die eigentliche poetische Tätigkeit, die Herstellung einer Absenz." Die Surrealisten haben es mit ihrer écriture automatique versucht, andere saufen. Bei mir hilft Rauchen und Kaffee. Schauen Sie: Es gibt in meinem Kopf einen chronisch lebendigen Neinsager, einen typischen Besserwisser, einen unnötig lauten Dauergast, der bei allem, was ich schreibe, sagt: Nein, nicht gut, nicht gut genug. Nein, das kannst du nicht machen. Nein, das wird niemand verstehen. Nun gibt es Substanzen, die diesem Neinsager das Handwerk legen. Man muss diese Substanzen kennen, sie respektieren, sie zu Freunden machen – und das, was sie zu leisten imstande sind, angemessen dosieren. Man kann das lernen, und man muss es lernen, wenn man überleben will. Alle Dinge sind Gift, und nichts ist ohne Gift, wie Paracelsus uns sagte, allein die Dosis macht, dass ein Ding kein Gift ist. Ziehen wir gleich auch dem Verstand den Giftzahn.
Opfern Sie damit nicht den kritisch-nüchternen Blick auf den eigenen Text?
Man muss beim Schreiben ganz klar sein und doch daneben.
Das klingt alles nach einem irrsinnigen Kraftakt.
Nicht doch! Ich kenne kein vergleichbar befriedigendes Vergnügen wie das Schreiben. Ein Kraftakt, ja, das ist es. Aber auch ein Tanz. Aber auch Tänzer sind nach einer Vorstellung müde, erschöpft. Sie fühlen sich gekreuzigt. Aber sie wissen, wofür sie diese Anstrengung auf sich nehmen. Sie kennen das Glück, das ihr Geschenk ist. Ein Satz, der gelingt, ein Sprung, der gelingt, und eine Landung, die gelingt, das ist es, wofür Tänzer tanzen und Schriftsteller schreiben.
Sie haben sich viel mit Leistungssport, insbesondere mit dem Boxen beschäftigt. Liegt in der Bereitschaft zur völligen Verausgabung – bis hin zum Ruin der eigenen Gesundheit – womöglich eine enge Verwandtschaft zwischen dem Schreiben, dem Rauchen und dem Sport?

Es ist alles die Suche nach der Vollkommenheit, nach dem Wunder, nach dem Unerhörten. Diese Suche bindet alle Kräfte. Und wahrscheinlich ist man bereit, dafür zu sterben.

Sind Rauchen und Profiboxen miteinander vereinbar?

Nein.

Der ehemalige Weltmeister Ralf Rocchigiani hat geraucht.

Auch sein Bruder Graciano hat geraucht. Auch mein Freund Norbert Grupe, alias Prinz von Homburg, wenn Sie den noch kennen, hat geraucht. Aber es war nicht gescheit.

Ralf Rocchigiani hat mal über Torsten May, einen früheren Boxer aus der DDR, gesagt: Ein Mann, der weder rauche noch trinke, sei nicht WM-würdig. Ist das Quatsch?

Das ist die Äußerung aus einem Milieu gegen ein anderes. Sie ist völliger Quatsch – und doch wahr. Was Ralf hier sagen will, ist das, was ich auch in meinen Reportagen beschrieben habe: Boxen ist underground, ist Straße, Knast, Armut. Boxer kommen nicht von der Universität und auch nicht aus einer Kaderschule der DDR. Boxen ist ein Phänomen der Dritten Welt. Und diese Jungs saufen und rauchen, und sie töten, wenn es sein muss. Aber irgendwann, wenn sie Glück haben, landen sie bei einem Trainer, der ihnen sagt, jetzt lässt du das alles sein, mein Junge, Schluss damit. Und dann ist der Boxer gut beraten, darauf zu hören.

Haben Sie sich je eine Lunge gewünscht, mit der Sie zum Beispiel einen Alpenpass mit dem Rennrad hochfahren könnten?

Ich verstehe Leute sehr gut, die das machen. Die sagen, sie wollen sich total verausgaben. Aufhören zu denken, nur physisch sein. Wer da hochfährt, der denkt nicht über Einstein oder Nabokov nach. Das ist Trance. Aber ich habe mich eben für eine andere Disziplin entschieden.

Sie haben vorher gesagt, die einzige Frage, die man sich im Zusammenhang mit dem Rauchen vernünftigerweise stellen könne, sei die nach dem gesundheitlichen Risiko. Vielleicht gibt es aber doch noch ein, zwei andere. Rudi Dutschke soll nicht geraucht haben, weil er von nichts und niemandem abhängig sein wollte.

Ich kann das nachvollziehen, halte es aber für eine Illusion. Wir sind alle Abhängige, und es geht nicht darum, die Abhängigkeit zu minimieren, sondern darum, sie zu akzeptieren, zu kultivieren, zu lieben. Ich bin abhängig von Ritualen. Durch Rituale bekämpfe ich die Banalität des Lebens. Abhängig bin ich offensichtlich vom Schreiben, sonst würde ich damit nicht mein ganzes Leben verbringen. Und ich bin abhängig davon, alleine zu sein. Und ich liebe die Stille. Der ganze Lärm der Welt, das Geschwätz des Kulturbetriebs, die Wichtigtuerei – ich ertrage es physisch nicht. Wenn ich doch mal zu irgendeiner Veranstaltung gegangen bin und danach in der Straßenbahn sitze, unter normalen Leuten, dann finde ich das wunderbar. Wenn ich in meine Wohnung komme und ein Aufschrei der Ruhe geht durch meinen Körper – wunderbar. Davon bin ich abhängig. Ich bin nicht der unabhängige Mensch, der sagt: Egal wo, ich kann mich überall zurechtfinden.

Ein weiterer Einwand gegen das Rauchen ist ästhetischer Natur: Wenn ein schöner Mann oder eine schöne Frau 20 Jahre lang geraucht haben, dann sieht man ihnen das an, ihren Zähnen, ihrer Haut.

Ich bitte Sie: Das soll man doch! Was für Gesichter! Das Gesicht als Landkarte eines Lebens. Die Krater der Einschläge! Das ist wie bei einem Boxergesicht. Nicht alle kamen so heil davon wie Muhammad Ali. Henry Maske war immer stolz darauf, dass sein Sport in seinem Gesicht keine Spuren hinterlassen hat – tja, mein Junge, das war ja gerade das Problem!

Vor vielen Jahren haben Sie im F.A.Z.-Magazin auf die Frage, welche Eigenschaften Sie bei einem Mann am meisten schätzten, geantwortet: „dass er eine Frau befriedigen kann". Sehen Sie das nach wie vor so?

Das war damals natürlich eine Provokation. Aber wahr ist es dennoch. In meinem Roman „Einer von der Straße" steht: „Das Schicksal von Liebenden entscheidet sich im Bett." Wenn Sie das vor Publikum von sich geben, noch dazu in Anwesenheit von Damen, dann haben Sie ganz schlechte Karten. Die Feministinnen jagen Sie zum Teufel, die anderen ziehen die Augenbrauen hoch, und die Gläubigen sagen, das Schicksal von Liebenden habe mit dem Bett überhaupt nichts zu tun. Aber da täuschen sie sich.

Nun behauptet die Medizin, Rauchen schade auch der Potenz. Müssten Sie bei der Bedeutung, die Sie ihr beimessen, nicht mehr auf sie achtgeben?

Das Einzige, worauf man achtgeben muss, ist, dass man das nicht glaubt. Ich habe mich ja nun lange genug in St. Pauli rumgetrieben. Da gab es eine Redewendung: „Es gibt keine impotenten Männer, es gibt nur unbegabte Frauen."

In „Mittwoch" erzählt ein Vater von seinem Sohn: „Als der mich das erste Mal um etwas zu rauchen anhaute, wusste ich Bescheid. Als nächstes verlangt er Geld für einen Besuch im Bordell." Bedeutet das womöglich, dass Raucher mehr als andere zum Genuss verbotener Früchte neigen?

Daran, dass es Schleusen öffnet, glaube ich nicht. Interessant finde ich aber Ihre Formulierung, man neige zum Genuss verbotener Früchte. Wenn Sie nur dazu neigen, dann kommen Sie nie in den Garten der Lüste. Es bläst einen dort hinein, aber mit Hurra! Vieles, was Sie sagen, wirkt auf mich im Übrigen so, Moment, ich muss das jetzt gut formulieren ...

... verklemmt?

Gar nicht, gar nicht. Eher protestantisch. Dieses besorgte „Wehret den Anfängen": Fang nicht an zu rauchen, weil das ist der erste Schritt auf einem Weg, auf dem dann ein Laster notwendig zum nächsten führt. Der Gedanke mit dem Bordell ist ein ganz anderer. Es gab eine Zeit, und wie haben wir diese Szenen in Filmen von Fellini geliebt, da hat der Papa zu seinem Filius gesagt, so, ich bringe dich jetzt zur, nennen wir sie, Madame Rosa. Bei der war der Vater ein Leben lang bestens aufgehoben. Die Ehefrau wusste das und hatte nicht viel dagegen. Diese Madame Rosa also hat den Sprössling dann an die Hand genommen, nach oben geführt und mit kenntnisreicher Ruhe und Erfahrung in die Liebe eingeführt. So hat man frühen Traumatisierungen vorgebeugt.

Über die Söhne anderer Väter lässt sich leicht reden. Wie halten Sie es mit Ihrem eigenen, etwa, was das Thema Rauchen anbetrifft?

Ich rate ihm, sich nicht mit Leuten wie Ihnen zu unterhalten! Aber Spaß beiseite: Ich sage ihm, er soll sich freimachen von allen Einflüsterungen über die angebliche Schädlichkeit eines gelungenen Lebens. Die eigentliche Krankheit unserer Zeit ist weder das Rauchen noch das Trinken, noch der Sex im Bordell oder sonst wo, sondern die Angst. Die Leute haben Angst: Angst vor Überraschungen, Angst vor dem Chaos, Angst vor dem Leben, Angst vor den Folgen der Neugier auf ihr Leben. Kinder sind neugierig. Lass sie hinausrennen in die Dunkelheit. Lass sie qualmen und billigen Fusel trinken. Sie sollen die Sünden umarmen, dann kommen sie heil heraus.

Wenn Sie, was die Götter verhindern mögen, dereinst mit Lungenkrebs auf dem Sterbebett liegen sollten – könnte sich dann an Ihrer Haltung noch etwas ändern?

Dass ich das Rauchen je bereuen werde, halte ich für ausgeschlossen. Ich kann ja nicht ein halbes Jahrhundert bereuen. Das wäre das Eingeständnis, dass ich ein Vollidiot war.

11 Helge Schneider

„Sie stellen mir Fragen, die ich mir nie gestellt habe"

Unter allen hier abgedruckten Gesprächen war das mit Helge Schneider das kürzeste, aber nur beim Führen: eine knappe halbe Stunde. In der Endfassung hat es fast so viele Zeilen wie das mit Elyas M'Barek, obwohl das drei Mal so lange dauerte. Tatsächlich ist das Schneider-Interview die einzige 1:1-Übertragung des wirklich geführten Gesprächs. Es fand am 14. Mai 2009 in einem Raum des Kiepenheuer & Witsch-Verlags in Köln statt. Anlass war die Veröffentlichung des zweiten Teils von Schneiders Autobiografie, Titel: „Bonbon aus Wurst". Beim Lesen merkte ich schnell, dass es sich dabei um zwar amüsanten, aber doch vollständigen Humbug handelte. Das wunderte mich nicht, obwohl ich Schneiders Werk bis dahin nicht gut kannte und ihm zuvor nie begegnet war. Die Frage war trotzdem, mit welcher Maßgabe ich in so ein Gespräch gehen sollte. Versuchen, hinter die Fassade zu kommen? Versuchen, selbst witzig zu sein? Ich entschloss mich, mit Schneider, einem sehr freundlichen Menschen, in großer Ernsthaftigkeit über die Autobiografie zu sprechen, auch über deren offensichtliche Widersprüche. Zum Glück stieg er voll darauf ein. Es gelang ihm, eine Logik innerhalb des Wahnsinns herzustellen. Meine Lieblingsantwort in diesem Interview, vielleicht überhaupt: „Wahrheit ist, wenn man ein Gerät auf einen Tisch legt, weggeht, und man kommt zurück und es war keiner im Raum und das Gerät ist immer noch da. Wahrhaftigkeit ist: Das Gerät liegt auf dem Tisch, man ist überhaupt nicht da, man kommt nicht zurück und das Gerät liegt da. Aber nicht immer noch, sondern schon wieder."
Auch gut gefällt mir der Schluss des Interviews. Es geht da um die Frage, ob es physikalisch möglich ist, dass Schneider sich, wie von ihm in seinem Buch beschrieben, auf 7000 Meter am Mount Everest mit einer Zigarette gewärmt hat. Noch im selben Jahr hat Alexander Kluge mit Helge Schneider ein Interview zu just diesem Thema geführt: „Eine Zigarette anzünden in dünner Luft". Schneider erläutert darin, dass man in 7000 Meter Höhe zum Rauchen ein Spezialfeuerzeug brauche, und dass er durch sein Saxophon- und Trompetenspiel mehr Lungenkapazität habe als andere Menschen. Genauso hatte er das mir gegenüber geschildert. Ist das der Beweis, dass doch was dran ist?

„Man muss rauchen wollen"

INTERVIEW VOM
21.05.2009 / FAZ.NET

Der Unterhaltungskünstler Helge Schneider hat abermals eine wahrhaftige Autobiographie vorgelegt. Im Gespräch erklärt er, warum Obama ihn kennenlernen wollte und wie man in 7000 Metern Höhe eine Zigarette raucht.

Herr Schneider, in Ihrer Autobiographie gibt es humorvolle Stellen, im Vordergrund steht aber doch die Kulturkritik. Was ist für Sie das größte Übel der Neuzeit?

Wir haben das Problem mit der neuzeitlichen Fläche, das heißt, wir haben im Internet alle Kultur, und Du kannst alles anfordern, Du kannst das alles machen und die Städte sind irgendwie leer, die Leute sitzen zu Hause. Sie gehen nicht mehr in Eduscho, weil es Eduscho nicht mehr gibt und bei Tschibo der Kaffee zu teuer ist oder irgendwie so was. Außerhalb dieser Medien haben wir keine von Mensch zu Mensch funktionierende Kulturgesellschaft. Wir haben nur noch Medien. Das prangere ich an.

Sie beschreiben in Ihrem Buch, dass Ihr Haus 16 Kilometer von dem des Nachbarn entfernt liegt. Wie passt das zu dem, wofür Sie soeben eingetreten sind?

Das ist relativ. Vielleicht sind 16 Kilometer nicht viel, weil normalerweise leben die Leute 140 Kilometer voneinander entfernt. Die Gefühle werden jedenfalls immer weniger, die Menschen erfahren nur Reaktionen, und das ist dann Liebe. Das ist eine Zukunftsvision, die aber jetzt anfängt oder angefangen hat. Beonnen hat diese Entwicklung mit der Salonfähigkeit des Computers. Die Computer waren, als sie erfunden wurden, Stiefkinder der Menschheit, es gab große Hallen, da waren die Computer drin, da wurden Aufzeichnungen auf Magnetband festgehalten, dann wurden irgendwann die Mikrochips erfunden und in Silicon Valley, in Amerika, hat man einen bestimmten Kunststoff hergestellt, womit dann praktisch die Platinen hergestellt wurden, die in diesen Computern die Festplatten darstellen. So sind wir mit dem Computer in alle Welt hinein, wir können machen, was wir wollen, weil sie immer kleiner geworden sind.

Als sie Ihr Haus abreißen ließen, während ihre Frau in New York beim Shoppen war, haben Sie ihr nichts davon erzählt, weshalb sie bei ihrer Rückkehr das Haus nicht mehr wieder fand. Würden Sie das heute anders machen?

Ich hätte zumindest einen Anruf machen können, weil ich ja den Aufenthaltsort wusste, in New York. Ich hätte das Haus aber auch an einer anderen Stelle wieder errichten lassen können, wo sie es nicht erfährt, und dann in einem Überraschungskonvoi, vielleicht gemeinsam mit dem König von Tonga, der ein guter Freund von mir ist, dahin fahren und schauen.

Eine ganz andere Sache: Sie kennen die Schwierigkeiten der Milchbauern nur zu gut, weil Sie selbst mal einer waren. Sind Sie angesichts sinkender Milchpreise und hungerstreikender Bäuerinnen heute froh, dass sie 2007 ihre Milchkühe durch Alpakas ersetzt haben? Und haben Sie eine Botschaft an die deutschen Milchbauern?

Der Milchbauer war ich ja eigentlich nicht so, ich war ja Hobbymilchbauer. Die Alpakas haben natürlich auch in der Nachbarschaft viel Erfolg jetzt, weil sie gesehen werden. Was ich dem Milchbauern schlechthin für einen Tipp geben kann, weiß ich nicht. Wenn der Milchbauer gar keine Milch mehr produziert und der andere auch nicht, dann haben die Monopolisten, die die Milchpreise machen wollen, ja wahrscheinlich gewonnen. Dann wird die Milch in ganz großem Stil hergestellt, in zwei oder drei Gesellschaften in ganz Europa. Das wäre in keinem Fall in meinem Sinne.

Sie schreiben, dass Sie mit Ihrem Hubschrauber am liebsten über Frankfurt fliegen. Warum?

Ganz klar, der Main, ein wunderbarer Fluss, mit den Schiffchen und den Girlanden. Gleichzeitig die beiden Flüssiggasbehälter, wo die Raben draufsitzen, an der A3, A 66, wo es am Mönchhof-Dreieck, glaube ich, auf die A 5 geht. Was mir aber am meisten gefällt, ist die Figur an der Messe. Von oben sieht die ganz anders aus: kleiner.

Was manche irritiert, ist, dass Sie zwar für die Umwelt sind, für ihren Helikopterlandeplatz aber Wald gerodet haben.

20 Hektar. Das war ein Versehen, weswegen ich mich aber schon verantwortet habe. Ich habe in Krefeld zwei Eichen gepflanzt, wie das auch in der Industrie üblich ist, da wird es auch so gemacht. Was die Umwelt angeht, muss ich sagen, ich bin doch für die Umwelt, denn die Umwelt ist für uns ein schönes Ziel.

Sie erwähnen in Ihrem Buch auch Ihre guten Kontakte zum Auswärtigen Amt, die etwa von einer Geiselbefreiung im Jemen herrühren, an der mitzuwirken Sie aber abgelehnt haben. Was halten Sie von Außenminister Frank-Walter Steinmeier?

Er hat denselben Optiker wie ich gehabt, ich bin aber dann weggezogen. Also insofern kenne ich ihn nur von der Karteikarte her. Franz-Walter Steinmeier soll ja der Bundeskanzlerkandidat der SPD sein, soweit ich mich erinnern kann. Ist das noch aktuell, lebt der noch?

Ja.

Also ich würde mal so sagen: Um solch eine Position in exponierter politischer Lage einzunehmen, müssten erst einmal Wahlen stattfinden.

Eine ganz andere politische Figur, zu der Sie offenbar engere Beziehungen unterhalten, weil Ihre Schwester in höherer Position im Weißen Haus arbeitet, ist Barack Obama. Kennen Sie ihn? Wie ist er?

Naja, ich habe nicht viel mitbekommen. Ich kann eines sagen: Wir haben uns mal getroffen, und zwar in Arkansas, Treffen mit meiner Schwester, wo der Präsident auch bei war. Der Grund liegt darin, er kennt alle meine CDs und wollte mich gerne einmal kennenlernen. Er wollte in mir praktisch einen Ansprechpartner haben, speziell auch für die Probleme in Afghanistan. Dass ich Druck auf die Bundesregierung ausübe, dass doch mehr Soldaten, zum Beispiel auch aus Deutschland oder aus deutschen Gebieten nach Afghanistan verlegt werden. Ich habe gesagt, ich habe damit nichts zu tun, ich bin Künstler, und er könnte mich nicht vor den Karren spannen. Es gab noch ein hitziges Gespräch, und er ist dann beleidigt weggegangen. Seine Frau blieb allerdings noch, die ist ganz nett gewesen.

Wäre es denkbar, dass Sie wie Kollegen von Ihnen, ein Peter Maffay etwa, vor den Soldaten in Afghanistan auftreten?
Stimmt das wirklich mit Maffay? Also ich könnte das nicht, nein, nein. Wenn ich in ein Land fahre, dann möchte ich nicht vor den Soldaten meines Landes auftreten, dann möchte ich, wenn ich Tournee mache, dann möchte ich in Afghanistan vor den Menschen in Afghanistan auftreten. Was soll denn das, das ist ja so, wie wenn ich nach New York fliege und in einem deutschen Restaurant auftrete. Da habe ich doch gar keinen Spaß dran. Das ist doch wie Tauben nach Athen tragen oder wie das heißt. Ich bin doch nicht Marlene Dietrich.

Von den Argentiniern werden Sie besonders geliebt. Warum?
Wahrscheinlich hat das mit der sprachlichen Attitüde zu tun. Meine Bücher sind in Argentinien in allen Volksschulen Unterrichtsstoff, auch meine Lieder. Meine Kleidung wird nachgeschneidert. In den Schneiderschulen.

Mit den Alpakas hat es nichts zu tun?
Die Alpakas kommen ja gar nicht aus Argentinien. Argentinien ist viel zu heiß. Die kommen aus den Anden, aus Peru, 4000 Meter Höhe.

Etwas ganz anderes: Sie haben einen Rhetorikkurs gemacht. Dennoch scheint sich die eine oder andere sprachliche Unsauberkeit in Ihr Buch geschlichen zu haben. Muss man das als stilistisches Mittel begreifen?
Es war extra, sage ich mal ganz salopp. Ich wollte damit praktisch auch die Menschen ansprechen, die rhetorisch nicht so gewandt sind.

Hin und wieder erscheinen Sie in Ihrem Buch als zerrissene Persönlichkeit: Einerseits wollen Sie ein ganz normaler Mensch sein, andererseits gefallen Sie sich als Megastar. Wenn Sie uns diese Zerrissenheit bitte erklären könnten.
Der Traum eines jeden Jungen ist doch, Lokomotivführer zu werden oder Indianerhäuptling. Mein Traum war, Helge Schneider zu werden, und ich hab' mir dann eines Tages diesen Traum wahrgemacht, habe mir den Namen zugelegt, von Geburt an, übrigens. Es ist ganz klar: Wenn man den Traum dann lebt, lebt man nicht nur die Schatten-, sondern auch die Sonnenseiten. Dazu gehört eben der unerreichte Starruhm, der auch wichtig ist für die Bank.

Man hat trotzdem den Eindruck, dass Sie unzufrieden sind. Weil Sie in dem, was Sie machen, nie perfekt sein können?
Die Russen können das, im Eislauf zum Beispiel erreichen sie diese Perfektion. Wir können das nicht. Und damit habe ich gelernt zu leben. Ich bin ja kein Russe, und es wird mir niemals möglich sein, ein Russe zu sein.

Könnten Sie uns Ihren Begriff von Wahrheit in Abgrenzung zur Wahrhaftigkeit erläutern?
Wahrheit ist, wenn man ein Gerät auf einen Tisch legt, weggeht, und man kommt zurück und es war keiner im Raum und das Gerät ist immer noch da. Wahrhaftigkeit ist: Das Gerät liegt auf dem Tisch, man ist überhaupt nicht da, man kommt nicht zurück und das Gerät liegt da. Aber nicht immer noch, sondern schon wieder.

Ihre Geschichten können gar nicht alle von Ihnen selbst erlebt worden sein. Wünschen Sie sich manchmal, ein anderer zu sein?
    Draußen vielleicht, jetzt, da schiebt einer so eine Karre, ein Straßenfeger, das habe ich ja auch gelernt, da würde ich jetzt gerne mal zehn Minuten tauschen, wegen der frischen Luft. Ich möchte jetzt nicht mit Elvis tauschen, zum Beispiel, bloß, weil er so berühmt ist, nein. Ich möchte auch nicht mit Fliege tauschen, weil der schon gestorben ist. Oder lebt der noch? Ich habe ihn lange nicht im Fernsehen gesehen. Auch mit Johannes Paul II. hätte ich nicht tauschen wollen, gerade weil ich ihn so gut kannte. Die Leute, die ich kenne, mit denen möchte ich eigentlich nicht tauschen. Aber wenn ich jetzt da runter zu dem Straßenfeger gegangen wäre und gesagt hätte, Entschuldigung, würden Sie mal mit mir tauschen, dann hätte ich das vielleicht noch gemacht, obwohl ich ihn dann ja schon gekannt hätte, fast.

In dem Buch schreiben Sie, dass insbesondere Jazzmusik aus dem Moment lebt, für den Moment, und deshalb nicht konserviert werden kann. Gleichzeitig veröffentlichen Sie regelmäßig neue CDs. Wie passt das zusammen?
    Kann ich genau sagen, warum ich das mache. Ich mache es, um die Gerätschaften, die in meinem Besitz sind, ab und zu mal zu gebrauchen. Aber da ich ja jetzt immer noch im Begriff bin zu lernen, habe ich auch jetzt gelernt, dass eine nächste Konservierung irgendwelcher Machenschaften diesmal nicht stattfindet. Es könnte also sein, dass ich es nicht mehr mache, obwohl ich die Instrumente dafür habe, weil das Bewusstsein dahin geht, dass ein Live-Erlebnis einem doch viel mehr geben kann wie so eine lächerliche Scheibe, die ich auch noch von Anfang an kritisiert habe in ihrer Eigenschaft als kleine, dünne Scheibe, im Gegensatz zur jetzt in Vergessenheit geratenen und viel zu teuren Schallplatte, die ja teilweise eben auch aus Vinyl war und trotzdem viel zu teuer und auch umwelttechnisch nicht mehr relevant. Trotzdem verabscheue ich diese kleinen elektronischen Datenträger genau wie den Computer.

Sind Sie ein reaktionärer Romantiker?
    Das erste, was ich mache, wenn ich nach Hause komme, kucke ich, ob mir jemand eine E-Mail geschrieben hat, und jedes Mal denke ich, schade, dass es das gibt, es wäre doch so schön, wenn es das nicht gäbe, wenn der Briefträger käme. Wir hatten mal einen einbeinigen Briefträger, der kam mit dem Fahrrad, der hat das eine verbliebene Bein an der Pedale festgebunden, damit er das immer hochziehen konnte, ganz gefährlich. Aber ich bin mir dann gleichzeitig auch im Unklaren, ob nicht schon vor 500 Jahren oder ich weiß nicht, wann die Post erfunden wurde, ob die Leute nicht damals auch schon gedacht haben, man, das ist doch so ein modischer Scheiß, lass uns doch lieber so ein paar Löcher in Steine hauen, da weiß man doch auch, wie viele Kartoffeln Tante Erna braucht pro Tag.

Wie wollen Sie im Gedächtnis bleiben?
Für mich wäre es ein starkes Stück, wenn man eines Tages, so in 150 Jahren, denkt, ich wär' Atze Schröder, beispielsweise, das wär' doch was. Oder Hans-Joachim Fuchsberger. Blacky! Dann heißt es: Wir haben die Noten von Blacky Fuchsberger gefunden! Katzeklo! Wahnsinn, der Fuchsberger.
Wenn wir uns noch einmal dem Problem von Fiktion und Wirklichkeit zuwenden könnten. Sie beschreiben in Ihrem Buch, wie Sie sich auf 7000 Meter am Mount Everest mit Ihrer Zigarette gewärmt haben. Andere Bergsteiger sagen, es sei physikalisch unmöglich, da oben eine Zigarette anzuzünden, geschweige denn, sie zu rauchen.
Das geht natürlich nur mit, also erstmal keine Filterzigarette, das geht gar nicht. Du musst dir das so vorstellen, die Luft ist ja dünn, sehr, sehr dünn. Allein der Prozess, Feuer zu machen, ist ja schon unheimlich anstrengend, das geht nur mit Spezialfeuerzeugen oder Streichhölzern. Feuerzeug geht gar nicht. Wenn du dann diese Spezialstreichhölzer hast, das sind meist auch welche, die auch unter Wasser zünden, dann muss man dermaßen stark an der Zigarette ziehen, dass du sie, wenn du jetzt unten wärst, in einem Zug aufrauchen würdest. Also man muss schon diese Kraft haben. Da ich Saxophonist bin und Trompeter, habe ich natürlich von der Lungenkapazität mehr Kapazität wie andere Menschen. Deshalb ist es mir überhaupt möglich, auf einen Berg zu steigen, ohne Aufwärmphase.
Gibt es Beweise?
Ich hatte Filmaufnahmen davon, Super acht, die kleine Kamera. Wie so das Schicksal ist, ist sie mir aus der Hand in eine Gletscherspalte reingerutscht, ich noch hinterher, hab' aber gesehen, nee, da unten, da lagen schon drei. Da habe ich gesagt, nee, da kommst du nicht mehr lebend raus. Aber letztendlich geht es, es geht alles, man muss nur wollen. Man muss rauchen wollen. Ich schwöre also hier, so wahr mir Gott helfe: Ich habe geraucht.
Auf 7000 Metern.
Das ist jetzt nicht zur Diskussion.

12 Joachim Kardinal Meisner

Dem Kardinal und Erzbischof von Köln stellte ich mich in einer Mail so vor: „Ich selbst bin Katholik, ehemaliger Ministrant und als früherer Student in Bonn auch dem Rheinischen zugetan; ein Theologe bin ich gleichwohl nicht. Muss ich vielleicht auch nicht sein. Denn der Reiz des Gesprächs, das sich weniger an gesellschaftlichen Fragen als vielmehr an der Heiligen Schrift orientieren soll, könnte sich gerade daraus ergeben, dass der Laie quasi den geistlichen Fachmann fragt." Meisner war mir seit Langem ein Begriff, nicht nur, weil er eine prägende Figur der Bundesrepublik war, sondern weil meine Oma Mina, eine gute Katholikin, ihn sehr geschätzt und öfter über ihn gesprochen hatte. Das erste Mal, dass ich ihn von Angesicht zu Angesicht sah, war im Kölner Dom. Anfang der 2000er Jahre war ich zusammen mit meinem Freund Thomas im Kölner Nachtleben unterwegs gewesen, es hatte etwas länger gedauert. Auf dem Weg zum Hauptbahnhof lag der Dom, in dem Meisner gerade die Messe zelebrierte. Wir gingen hinein und blieben. Ich weiß noch, wie ich mich in die Schlange für den Empfang der Heiligen Kommunion stellte und mir der Fahne bewusst wurde, die ich in den Nacken des Vordermanns atmete. Der Gottesdienst tat gut, zumindest beförderte er die Ausnüchterung. Wie sagte Meisner im Interview: „Jeder kommt aus dem Dom ein bisschen anders heraus, als er hineingegangen ist. Ich würde sogar sagen: ein bisschen besser." Meisner ist an einem 25. Dezember geboren. Das war nur ein Grund, ihn zum Thema Weihnachten zu interviewen. Im Gespräch, das eine Stunde dauerte und Anfang November in seiner Wohnung in Sichtweite des Doms stattfand, sagte er, er sei stolz und dankbar, dass sein Geburtstag auf den Tag des Herrn falle – jetzt fände er es noch schön, an einem 8. September, an Mariä Geburt, zu sterben. Das sei auch deshalb ein gutes Sterbedatum, weil es draußen noch nicht so kalt sei und weil sich so die Priester und die Leute, die zur Beerdigung kommen, keinen Schnupfen holten. Es hat nicht ganz geklappt. Meisner starb am 5. Juli 2017 in Bad Füssing. Immerhin war es sommerlich warm.

INTERVIEW VOM
06.12.2014 / F.A.Z.-MAGAZIN

Joachim Kardinal Meisner, der emeritierte Erzbischof von Köln, über seine Kindheit in Schlesien, Heilige Messen ohne Publikum, die Bedeutung des Festes der Familie und seinen Geburtstag am ersten Weihnachtstag.

1. „Im Nikolauskostüm begann meine Bischofskarriere"

Herr Kardinal, Sie sind dieses Jahr emeritiert worden. Es ist also das erste Mal seit langem, dass Sie an Weihnachten nicht mehr an vorderster Front stehen. Was wird Ihnen fehlen? Was werden Sie womöglich zurückgewinnen?

Zunächst einmal sollte man die Emeritierung nicht als eine so große Veränderung im Leben eines Bischofs vermerken. So wie ein Ingenieur nach der Pensionierung Mensch bleibt, so bleibe auch ich Mensch. Aber ich bleibe eben auch Priester, Bischof und Kardinal, bis dass der Tod uns scheidet. Viele wissen das nicht. Wenn ich morgens auf die Straße gehe, dann sagen die Leute: „Guten Morgen, Herr Meisner!" Dann sage ich: „Meinen Sie den Schornsteinfeger Meisner oder den Kardinal?" Die Leute erwidern dann: „Aber Sie sind doch nicht mehr Kardinal." Dann sage ich: „Doch! Ich bin als Erzbischof emeritiert, Kardinal bleibe ich bis an mein Lebensende."

Es hat sich also nichts geändert?

Doch! Ich habe weniger Zeit als früher. Das liegt daran, dass es viele gut mit mir meinen und glauben, der Kardinal habe jetzt nichts mehr zu tun. Und damit er nicht trübsinnig wird, laden wir ihn ein. Vor allem in der Advents- und Weihnachtszeit kann ich mich vor Einladungen kaum retten. Was möglich ist, mache ich gerne. Zum Beispiel bin ich am zweiten Weihnachtsfeiertag immer in Köln-Junkersdorf bei Klosterschwestern aus meiner Heimat Schlesien zu Gast. Zwei von ihnen haben mir mehr als 20 Jahre lang den Haushalt geführt, die rechnen zu Recht fest mit mir. Aber manchmal bin ich eben auch froh, wenn ich allein sein kann.

Also keine Entlastung durch die Emeritierung?

Doch, weil ich nicht mehr die großen Festpredigten halten muss. Ich habe das nie aus dem Ärmel geschüttelt, sondern mich immer gewissenhaft vorbereitet. Schließlich geht es darum, die Faszination des Evangeliums sozusagen an den Mann zu bringen. Und nun? In der Heiligen Nacht werde ich zwar im Kölner Dom die Messe mitfeiern, aber nur als Zweiter konzelebrieren, am ersten Weihnachtsfeiertag genauso. Ich brauche mir also nicht mehr zu sagen: Hoffentlich geht es mit der Predigt gut, sondern ich kann in den Dom hinübergehen und mich einfach nur auf die Messe freuen.

Hatten Sie bei Predigten je Angst, etwas zu sagen, worüber sich die Leute aufregen könnten? Sie sind da ja, erlauben Sie mir den Ausdruck: ein gebranntes Kind.

Nein! Zu meiner Emeritierung haben mir viele geschrieben: „An Ihnen konnte man sich immer orientieren, was katholisch ist und was nicht." Das ist doch das Schönste, was man einem Bischof sagen kann.

Aus Ihrer Zeit in der DDR kennen Sie die Diaspora-Kirche. Sie wissen, wie es ist, vor einer Handvoll Leuten eine Messe zu feiern. Was ist anders, wenn Sie an Weihnachten einen vollen Dom vor sich haben?

Passen Sie auf: Als wir Kapläne in der DDR waren, da hat unser damaliger Bischof Hugo Aufderbeck zu uns gesagt: „Wenn ihr auf die Außenstationen fahrt, und es sind nur zwei oder drei Omas da, dann werdet ihr aufgebracht sein und euch fragen: Wo sind denn all die anderen? Ist ein Fußballspiel? Aha! Dann sollt ihr den drei Omas sagen, wir warten noch einen Augenblick, vielleicht kommt noch jemand. Aber es wird niemand mehr kommen. Setzt euch also in die Bank und schaut von hinten auf die Omas, so lange, bis ihr den gegenwärtigen Herrn seht, der gesagt hat: ‚Wo zwei oder drei in meinem Namen beisammen sind, da bin ich mitten unter ihnen.' Und wenn es so weit ist, dann feiert die Heilige Messe mit den drei Omas mit einer Hingabe, als wären 300 oder 3000 Leute da."

Ist es Ihnen vielleicht sogar lieber, vor drei Großmüttern zu zelebrieren, die wenigstens stark sind im Glauben, als vor 3000 Menschen, von denen die meisten kein einziges Gebet mehr mitsprechen können?

Nein. Wir sind schließlich keine Auswahlkirche, wir haben nicht darüber zu befinden, wer dazugehört und wer nicht. Im Übrigen bin ich überzeugt davon: Jeder kommt aus dem Dom ein bisschen anders heraus, als er hineingegangen ist. Ich würde sogar sagen: ein bisschen besser.

Was führt die Leute ausgerechnet an Weihnachten in die Kirche?

Weihnachten ist das intimste Fest, das wir haben. Seiner Faszination kann sich kaum jemand entziehen, selbst wenn er vom Christentum nichts hält. An Weihnachten wird mir immer wieder vor Augen geführt, dass jeder Mensch ein unsterbliches Heimweh und eine untilgbare Sehnsucht in sich trägt. Jeder spürt doch, dass er sich nicht selbst ins Dasein gesetzt hat, dass es einen Absender geben muss, einen Ursprung. Danach haben wir Heimweh. Das ging schon Adam so, der aus dem Paradies vertrieben wurde. Nach einer Sage ist er im Alter wieder an die Pforte des Paradieses zurückgekehrt, hat daran gerüttelt und gerufen: „Ich möchte wieder nach Hause." Oder denken Sie an Friedrich Nietzsche.

Ausgerechnet an den?

Nietzsche hat gedichtet: „Die Krähen schrei'n / Und ziehen schwirren Flugs zur Stadt: / Bald wird es schnei'n / Weh dem, der keine Heimat hat!" Ein paar Jahre später ist er in Turin auf offener Straße einem gepeinigten Droschkengaul um den Hals gefallen. Das ist doch ein starkes Zeichen, dass das Religiöse, die Sehnsucht nach dem Absoluten, trotz aller Versuche von Marx, den Aufklärern und auch unseren Zeitgenossen nicht auszulöschen ist. Natürlich, vieles ist verschüttet, aber es ist da. Und Weihnachten zeigt, dass der Mensch nur richtig feiern kann, wenn er etwas feiert, das größer ist als er selbst.

Wie beurteilen Sie, dass sich heutzutage auch manche Muslime Weihnachtsschmuck an ihre Fenster hängen?

Das sind ja auch Menschen, Kinder Gottes wie wir. Deshalb ist das gut. Damit sind sie noch keine Christen, aber sie lassen sich von dem Ereignis berühren, das wir Christen feiern. Es wirkt ansteckend auf andere, weil es keine konstruierte Feier ist, sondern ganz und gar dem Wesen des Menschen entspricht.

Sie haben Weihnachten als das intimste Fest des Jahres bezeichnet.
Als das intimste, nicht als das höchste!
Intimität verbindet man auch mit dem Begriff der Familie. Nach vorherrschender katholischer Auffassung heißt das bis zu einem bestimmten Alter: wir und unsere Eltern. Später: wir und unsere Kinder. Fehlt Ihnen da nicht etwas?
Die Familie: Vater, Mutter, Kinder, die schon durch die Schöpfung geheiligt ist, wurde durch die Heilige Familie, Jesus, Maria und Josef, noch einmal geheiligt. Sie steht damit völlig außer Konkurrenz. Deswegen bin ich bis zu meinem ersten Jahr als Kaplan an Weihnachten immer bei meiner Familie in Thüringen gewesen. Durch meine Brüder habe ich inzwischen zehn Neffen und Nichten geschenkt bekommen, und die haben schon wieder Kinder und Kindeskinder. Wir treffen uns zwei Mal im Jahr. Einmal an Pfingsten bei mir, da muss ich eigens ein Haus mieten, weil wir inzwischen mehr als 70 Personen sind. Und am dritten Adventwochenende fahre ich immer zu ihnen.
Kann das ein Äquivalent sein für eigene Kinder?
Das brauche ich gar nicht. Als Seelsorger habe ich viele Kinder. Denken Sie an die Schüler, die ich früher im Religionsunterricht hatte, an die Knaben und Mädchen aus den Chören. Oder an all die Ministranten und Jugendlichen, mit denen ich durch den Gottesdienst tief verbunden bin.
Wenn Sie den Familienbegriff auf diesen Personenkreis ausdehnen – ist es dann auch zulässig, dasselbe mit Freunden zu tun? Ich frage deshalb, weil es heute nicht unüblich ist, dass junge Leute an Heiligabend um 22 Uhr das Elternhaus verlassen, um sich in der Kneipe mit ihresgleichen zu treffen.
Das höre ich zum ersten Mal. Normalerweise haben die Gasthäuser doch geschlossen an Heiligabend. Ich meine jedenfalls, für ein Treffen mit Freunden sollte man sich lieber den Silvesterabend aussuchen. An Weihnachten, diese paar Stunden, sollte man zu Hause sein, bei den Geschwistern, Eltern und Verwandten.
Sie haben also nie etwas vermisst?
Nie. Und zwar deshalb, weil wir einen sehr engen Zusammenhalt in der Familie haben. Ich will Ihnen mal ein Symbol dafür geben, damit Sie verstehen, was ich meine. Als unsere Mutter starb und wir sie auf dem Dorffriedhof beerdigt haben, da habe ich vorher zu meinen Brüdern gesagt: „Wir geben unsere Mutter nicht in fremde Hände, wir vier tragen sie selbst zu Grabe." Und als wir den Sarg so in der Hand hatten, da hat unser Peter, der Bruder, der nach mir kommt, gesagt: „Jetzt versprechen wir der Mutter: Wir stehen weiterhin so zusammen, als wäre sie noch unter uns." Bis zur Stunde haben wir das gehalten.
Ausgerechnet an Weihnachten kommt es in vielen Familien zu Konflikten. Wie erklären Sie sich das?
Weihnachten soll der schönste Tag im Jahr sein. Da soll es an nichts fehlen. Und natürlich hat da jeder seine eigenen Vorstellungen davon. Zum Beispiel, dass alles sauber sein muss. Das ist eigentlich kein Ideal. Man sollte sich

vielmehr sagen: „An Weihnachten soll es bei uns am unproblematischsten sein." Also keinen Weihnachtsputz, das sollte bis zum vierten Adventssonntag oder am besten bis zum dritten erledigt sein. Auch die Geschenke sollte man da beisammen haben. Denn das größte Geschenk, das man sich an Weihnachten machen kann, ist, dass man Zeit füreinander hat.

Haben Sie konkrete Ratschläge zur Deeskalation?
Der erste ist Rücksichtnahme. Man kennt sich doch in der Familie und weiß, was den anderen nervös macht, was wichtig ist für ihn. In Schlesien gibt es zum Beispiel ein sehr entfaltetes weihnachtliches Brauchtum, das vor allem in der Speisenabfolge zum Ausdruck kommt. Meine drei Brüder haben alle nicht-schlesische Frauen geheiratet – aber erst, nachdem diese das Weihnachtsessen vorgeführt haben, wie sie es von unserer Mutter gelernt haben. Wichtig ist auch der Humor, das heißt, über sich selbst lachen zu können. Wenn wir im Dom in der Heiligen Nacht die Messe feiern, dann sind da mindestens 120 Sänger, gut 60 Ministranten und vielleicht 20 Konzelebranten. Da kann vieles schief gehen, es kann leicht zu Spannungen kommen. Aber wir haben einen großartigen Küster, der Konfliktsituationen auch mal durch einen Witz auflösen kann.

Untergräbt das nicht die weihnachtliche Ehrfurcht?
Gar nicht. Wir müssen immer daran denken: Wir feiern ein Kind. Und Kinder lachen – und manchmal schreien sie auch.

Jesus hat gesagt: „Lasset die Kindlein zu mir kommen."
Wie hätte er gewollt, dass wir Weihnachten feiern?
Diese Frage kann ich gar nicht richtig beantworten. Ich könnte mir höchstens denken, er würde nicht so überstreng sein und sagen: „Das dürft ihr nicht und jenes auch nicht." Mein Gott, wir müssen uns freuen dürfen, Kinder Gottes zu sein. Und alles, was schön ist, darf man in diese Festfeier mit hineinnehmen. Das Weihnachtsbrauchtum ist überall anders – und das sollte auch so sein.

Jesus, das geht aus der Bibel recht unzweifelhaft hervor,
hat seine Jünger dazu aufgerufen, ihre familiären Bindungen zu lösen.
Wie passt das zum Familienfest Weihnachten?
Die Menschen fallen nicht vom Himmel. Schon deswegen ist die Familie unbedingt notwendig für das Reich Gottes. Aber Jesus hat auch gesagt: „Wer Vater und Mutter mehr liebt als mich, ist meiner nicht wert." Im Übrigen haben es die Familien immer als Ehre empfunden, wenn eine Frau oder ein Mann aus ihrer Mitte berufen wurde, für das Reich Gottes zu arbeiten, und so in einer neuen Familie Aufnahme fand.

Aber Jesus hat doch sogar in seiner eigenen Familie Irritationen ausgelöst.
Seine Botschaft war so neu, so radikal und so menschlich, dass sich die Leute natürlich wunderten. Aber: „An ihren Früchten werdet ihr sie erkennen." Jesus war so überzeugend, dass er an Sabbat eine gelähmte Frau heilen konnte. Darauf stand die Todesstrafe, aber die Schriftgelehrten hielten still, denn es ging von ihm eine große Faszination aus.

Wir sprechen bei der Lehre Jesu von einer Heilslehre, nicht wahr?
Jesus ist kein Heilslehrer, er selbst ist das Heil.
Ich komme darauf, weil Sie als Priester und Bischof in der DDR Erfahrungen mit einer anderen Art von Heilslehre machen mussten. Können Sie mir erklären, worin der Unterschied besteht zwischen den Heilslehren, die das 20. Jahrhundert in mehrere Katastrophen geführt haben, und dem, was Jesus Christus verkündet hat?
Die sogenannten Heilslehrer, auf die Sie sich beziehen, haben immer andere ins Feuer geschickt. Jesus hingegen hat nie gesagt, „Marsch, vorwärts!", sondern immer: „Mir nach!" Er hat nicht andere für sich sterben lassen, sondern er selbst ist für uns gestorben.
Der Historiker Werner Dahlheim bezweifelt in seinem Buch „Die Welt zur Zeit Jesu", dass sich die Weihnachtsgeschichte so zugetragen hat, wie es uns vor allem die Evangelisten Lukas und Matthäus schildern. Unter anderem schreibt er, dass Jesus wohl eher in Nazareth als in Bethlehem zur Welt gekommen sei. Auch belegten historische Quellen, dass, anders als im Lukas-Evangelium dargestellt, König Herodes und Quirinius, der Statthalter von Syrien, nicht zur selben Zeit amtiert haben können. Ficht Sie so etwas an?
Überhaupt nicht! Diese Besserwisserei von einigen Exegeten nehme ich gar nicht so ernst.
Dahlheim ist ein anerkannter Althistoriker.
Das ist genau das Gleiche. Historiker leben auch von Hypothesen. Natürlich: Lukas war bei der Geburt Jesu nicht dabei. Aber die Geschehnisse wurden sofort mündlich in der apostolischen Verkündigung überliefert.
Lukas schrieb erst 90 Jahre nach Christi Geburt.
Aber die Traditionsstränge darüber gab es schon vorher. Die Evangelien wurden ja gar nicht vom Weihnachtsereignis her geschrieben. Das kam am Ende. Die erste umstürzende Nachricht war historisch betrachtet die letzte: Tod und Auferstehung. Dann kamen die Kreuzigungsberichte. Dann das Leben. Und dann erst die Frage: Wie ist er denn auf die Welt gekommen? Man muss wissen: Das Christentum ist damals nicht als neue Religion empfunden worden, sondern als die Erfüllung des alten Bundes. Die Geburt Christi, so wie sie uns überliefert wurde, ist also nicht vom Himmel gefallen, sondern im Alten Testament wohl vorbereitet worden. Um die Weihnachtsgeschichte zu verstehen, muss man das Alte Testament kennen. Und deswegen nehme ich die Prämissen mancher Historiker nicht so ernst. Die Kirche weiß aus den alttestamentlichen Schriften mehr als sie.
Dahlheim ist sich der Tatsache wohl bewusst, dass die Evangelisten in einer Überlieferungstradition standen. Er wendet es aber anders als Sie und sagt etwa, dass es für Lukas oder Matthäus gar nicht anders vorstellbar war, als in Jesus einen Nachfahren des König David zu sehen.

Glaubt der Historiker denn, dass Jesus wahrer Gott und wahrer Mensch ist? Daraus resultiert alles andere. Wenn ich das nicht akzeptiere, dann werde ich eher Widersprüche entdecken, als die Frohe Botschaft sehen und hören.

Bis in welche Verästelung hinein glauben Sie denn, dass es sich in der Heiligen Nacht so zugetragen hat, wie es uns berichtet wird? Stichwort: Ochs und Esel.

Das treibt mich gar nicht um. In der orthodoxen Welt wird Jesus in einer Erdhöhle geboren, bei uns hat sich der Stall etabliert. Aber darum geht es gar nicht. Und ob nun Ochs und Esel dabei waren? Ich bin der Meinung, sie waren es nicht, und auch die Kirche hat nie behauptet, dass es so gewesen sei. Das ist nämlich dem Propheten entlehnt: „Ein Ochse kennt seinen Herrn und ein Esel die Krippe seines Herrn; aber Israel kennt es nicht, und mein Volk versteht es nicht."

Was ist für Sie die zentrale Botschaft, die von Weihnachten ausgeht und die Sie von keinem Historiker dieser Welt in Zweifel ziehen lassen?

Im Johannesevangelium heißt es: „Das Wort ist Fleisch geworden und hat unter uns gewohnt." Darum geht es. Dass Gott Mensch geworden ist, damit der Mensch wie Gott werde. Ein junger Mann hat mich mal gefragt: „Herr Kardinal, stimmt es wirklich, dass Gott uns zu seinem Ebenbild gemacht hat?" Da habe ich gesagt: „Natürlich!" Und da sagte der Mann: „Das ist so großartig, direkt zum Verrücktwerden!" Und ich: „Ja, wir könnten trunken sein vor Glück. Doch was machen wir? Hocken da – und lassen uns nicht mehr von den Stühlen reißen."

Sie haben an Weihnachten Geburtstag. Haben Sie das je als Zeichen der Vorsehung begriffen?

Als Unglück! Weil ich um des Hausfriedens willen genauso viel geschenkt bekam wie die anderen Geschwister, aber danach keinen Geburtstag mehr hatte. Erst als ich dann in der dritten, vierten Klasse war und begriff, was die Eltern mir über Jesus erzählten, da bin ich doch langsam stolz und dankbar geworden, dass mein Geburtstag auf den Tag des Herrn fällt.

Glauben Sie, dass Jesus nach unserem heutigen Kalender tatsächlich an einem 25. Dezember geboren wurde? Meines Wissens wurde seine Geburt erst drei Jahrhunderte später auf diesen Tag gelegt.

Aus der Luft gegriffen werden sie das Datum nicht haben. Aber auch das ist ganz egal. Ich will Ihnen lieber etwas erzählen. Als ich einmal im Allgäu im Urlaub war, habe ich in einer Dorfkirche einen Grabstein aus dem 17. oder 18. Jahrhundert entdeckt. Dem war zu entnehmen, dass der Verstorbene wie ich am 25. Dezember geboren worden und am 8. September gestorben war – also an Mariä Geburt! Und nun stand da: „Mit Jesus geboren, und gestorben am Geburtsfest der Mutter Gottes." Und weiter: „Wiewohl ich bin zwei Mal geboren, bin ich doch kein Mal gestorben." Seitdem sage ich immer zu meinen Mitarbeitern: „Das mit der Geburt stimmt schon mal bei mir, jetzt wäre es schön, wenn ich auch an einem 8. September sterben könnte!" Das ist auch deshalb ein gutes Sterbedatum, weil es draußen noch nicht so kalt ist. Dann holen sich die Priester und die Leute, die zur Beerdigung kommen, keinen Schnupfen. Und wissen Sie, was mein ehemaliger Generalvikar und mein Sekretär immer am 9. September zu mir sagen: „Jetzt müssen wir wieder ein Jahr mit dir aushalten."

Meine Oma, eine sehr gute Katholikin, leider verstorben...

Warum leider? Sie ist im Himmel, gönnen Sie ihr das!

Für sie war der Namenstag immer wichtiger als der Geburtstag. Wie war das in Ihrer Familie?

Wir in Schlesien kannten den Namenstag gar nicht. Ich habe das erst im Rheinland erlebt. Hier wird beides gefeiert – umso besser!

Was ist das schönste Geschenk, das Sie je zu Weihnachten bekommen haben?

Das war als Kind, da habe ich einen kleinen Holzwagen bekommen mit zwei Holzpferden davor. Die habe ich so innig geliebt, dass ich mit denen schlafen gegangen bin. Und wie das dann so geht: Am nächsten Tag waren sie fast plattgedrückt, und ich habe jämmerlich geheult. Aber der Vater war geschickt, der hat die dann gleich wieder in Ordnung gebracht.

Und das schönste Geschenk, das Sie anderen je gemacht haben?

Vielleicht war das meine Priesterweihe. Ich bin am 22. Dezember 1962 im Erfurter Dom zum Priester geweiht worden, am 23. Dezember hatte ich die Primiz und am 25. Geburtstag. Ich komme ja aus einer ganz kleinen Diasporagemeinde: 30 Dörfer, 2000 Katholiken – und ein Pfarrer. Wir waren also sehr zerstreut, aber wir haben sehr gut zusammengehalten. Zur Primiz hatte meine Familie so viele Päckchen bekommen, dass etwa ein Zentner Kaffee aus dem Westen zusammenkam. Und dann bin ich den ganzen Monat danach, in meinem Urlaub, jeden Abend zu einer anderen Außenstation unserer Gemeinde gefahren, habe dort die Heilige Messe gefeiert und den Primizsegen erteilt. Meine Mutter hat Kaffee und Kuchen mitgebracht. Nach dem Monat war der ganze Zentner Kaffee vertrunken. Davon reden die Leute heute noch.

Das heißt, nicht Ihre Priesterweihe war das Geschenk, sondern der Kaffee?

Nein, nein, das Hauptgeschenk war schon, dass Gott aus unserer kleinen armseligen Gemeinde einen Priester gerufen hat. Das hat alle erhoben.

Dieses Interview wird am Nikolaustag erscheinen. Der heilige Nikolaus war wie Sie ein Bischof. Was bedeutet er Ihnen?

Als Kind habe ich ihn gar nicht geliebt, da habe ich eher Angst vor ihm gehabt. Wegen des Knecht Ruprecht, und weil im Buch des Nikolaus alles drinstand, was ich im Lauf des Jahres angestellt hatte. Das Schöne an Nikolaus war aber, dass man wusste: Bald ist Weihnachten. Das ging mir schon an Sankt Martin so. Der spielte für mich als Kind eine ganz große Rolle. Da gab es immer diese Martinsbrötchen, die in der Mitte einen Knick hatten. Da bekam jeder zweite eines davon geschenkt, damit er es mit einem anderen teilen konnte.

Haben Sie selbst mal den Nikolaus gespielt?

Damit ging meine Bischofskarriere los! Ich war damals noch Gymnasiast und wurde von Schwestern, die einen Kindergarten betrieben, als Nikolaus angeheuert – ohne Knecht Ruprecht. Es gab schon damals in der Pädagogik so eine Richtung: dass man das Nikolausgewand vor den Kindern überstreifen solle, damit die sich nicht betrogen fühlen. Ich habe das immer für Quatsch gehalten. Aber weil man mich darum gebeten hat, habe ich es gemacht. Umso mehr gestaunt habe ich, dass mich die Kinder trotzdem für den richtigen Nikolaus gehalten haben. Wenn sie älter werden, ist das natürlich vorbei. Ich selbst weiß noch von mir zu Hause, dass ich an Nikolaus bemerkt habe, dass dessen Schuhe die meines Onkels Josef waren. Da ahnte ich: Der Onkel macht den Nikolaus.

Welche ist Ihre Lieblingsfigur in der Weihnachtsgeschichte?

Ich liebe den heiligen Josef. Seit einem Jahr ist er mein ganz besonderer Patron. Warum? Von ihm werden keine Worte berichtet, nicht ein einziges. Aber viele große Taten. Und von mir werden nur Worte berichtet und keine Taten. Aber Josef ist ein Heiliger und ich nicht. Und darum muss ich seinen Lebensstil übernehmen: nicht mehr so viel reden, wie jetzt mit Ihnen, sondern mehr tun für das Reich Gottes.

„Und ob nu Esel dabei

Ochs und waren?"

Joachim Kardinal Meisner

13 Gerhard Polt

Mein ehemaliger, großartiger Deutschlehrer, mit dem ich einst einen Polt-Abend besucht hatte, sagte danach, Polt sei ihm unheimlich, weil er seine Figuren so überzeugend spiele. Er müsse sehr viel von ihnen in sich tragen. Das ist wohl so, aber ich glaube, es ist nicht schlimm. Als ich mich mit Polt im Münchner Wirtshaus „Paulaner im Tal" traf, bewegte er sich dort wie ein Stammgast. „Guad is'", sagte er mit Blick auf seine Rindsroulade zum Wirt, der extra seinetwegen aus dem Büro gekommen war. Wir waren ganz unkompliziert ins Gespräch geglitten. Polt, der Skandinavistik und Altgermanistik studiert hat, reflektierte mit dem Fotografen über das Wort „ablichten". „Das ist doch ein schönes Wort, ablichten, das gefällt mir immer noch besser als fotografieren. Man muss solche Wörter weiter benutzen, sonst sterben sie aus." Es war ja eigentlich abgemacht gewesen, mit ihm, dem Schöpfer von „Abfent, Abfent...!", über Weihnachten zu sprechen. Ich hatte mir dazu einen Haufen Fragen ausgedacht. Ich hatte mir auch, ähnlich wie bei Helge Schneider, überlegt, ob ich das Gespräch ernsthaft oder ironisch anlegen sollte: Polt als Polt befragen – oder womöglich als eine seiner Figuren? Letzteres wäre komplett in die Hose gegangen. Ich merkte schnell, dass er einfach Lust hatte, sich angeregt zu unterhalten über die Dinge, die ihn interessierten: Eckhard Henscheid, Dostojewski, Wirtshäuser. Wir sind schon irgendwann noch auf Weihnachten gekommen, zum Beispiel auf die weihnachtlichen Trinkgewohnheiten, mit vergleichender Betrachtung von Deutschland und Skandinavien. Ich habe diesen Teil dann aus dramaturgischen Gründen weggelassen: Das andere war sowieso besser, und wenn zu viel Weihnachtliches vorgekommen wäre, hätte das Motto „Wir wollten über Weihnachten sprechen, er aber nicht" kaum funktioniert. Zum Schluss habe ich Polt ein Foto der Jungfrau von Guadalupe gezeigt, mit seinem Autogramm darauf. Ich hatte es vor fast zwanzig Jahren bei einem Auftritt von ihm in meinem Geldbeutel gehabt (ein Andenken an mein Jahr in Mexiko) – und ihn hernach gebeten, darauf zu unterschreiben. Im „Paulaner" sagte er dazu nur: „wie die Schwarze Madonna von Altötting".

INTERVIEW VOM
19.12.2014 / F.A.Z.

Wie wir mit Gerhard Polt über Weihnachten sprechen wollten – er aber lieber über Gasthäuser, Politik, Autoren und Fans redete.

1. „Die meisten Täter kommen passabel daher"

Wirtshaus „Paulaner im Tal", München, Termin mit Gerhard Polt. Eigentlich wollten wir ihn zum Thema Weihnachten befragen – genügend Anknüpfungspunkte in seinem Werk gibt es. Aber irgendwie kommen wir erst einmal auf die DDR. Polt trat dort 1985 zusammen mit der Gruppe „Biermösl Blosn" auf als einer der ersten Kabarettisten aus dem Westen.

Wollten Sie in der DDR eine politische Botschaft rüberbringen?

Wir haben natürlich gewusst, dass wir die DDR nicht umkrempeln werden. Aber wenn man schon da rüberfährt, dann will man auch ein paar Sachen loswerden. Das Verwunderliche war, dass nicht die Dinge provoziert haben, von denen wir gedacht haben, sie würden provozieren, sondern eine Geschichte, die ich für harmlos gehalten habe. Mir hat mal einer gesagt, er finde Russen grundsätzlich sympathisch, der Russe als Mensch sei überhaupt tadellos, er habe sie aber selten kennengelernt, weil er sie hauptsächlich erschossen habe. Das habe ich da erzählt. Da wurde es ganz still im Saal. Hernach habe ich erfahren, dass das Wort „Russe" in der DDR quasi verboten war. Die Leute wussten, dass man das nicht sagt, so ähnlich wie bei uns „Neger". Man musste „Sowjetmensch" sagen oder „unsere Freunde in der Sowjetunion".

Heute ist das Wort „Russe" ja wieder in aller Munde.

Ich habe kürzlich im Fernsehen ein Putin-Interview gesehen, sehr staatstragend und sicher auf hohem Niveau. Ich habe mir aber gedacht: Wäre es nicht gut, wenn der Journalist den Herrn Putin fragen könnte: „Wo haben Sie denn Ihren Anzug gekauft?" Oder: „Wissen'S, bei uns ham viele Angst vor Eana. Muss man vor eana Angst haben? Gell ned, Sie tun doch keiner Fliege was zuleide." Danach kann man immer noch sagen: „Und, Herr Putin, Ukraine, wie schaut's aus?" Ich meine, man müsste sich eine Person wie den Putin irgendwie herprivatisieren. Vielleicht hat der Putin ja so einen Humor und sagt dann auf die Anzugfrage: „C&A". Aber so gibt er halt stereotype Antworten, und man kommt ihm keinen Zentimeter näher.

Würden Sie selbst in eine politische Talkshow gehen?

Ich habe solche Angebote immer abgelehnt, weil ich das Gefühl hatte, dass auch von mir Stereotype erwartet werden, ein paar witzige Bemerkungen. Und danach heißt es dann: „So, Spaß beiseite, jetzt reden wir über die Krim."

Apropos beiseite: Wollen wir langsam auf unser Thema Weihnachten einschwenken?

Aber erst bestellen wir doch was, oder?

Polt, der abends noch bei der Feuerwehr in Ottobrunn auftritt, bestellt „eine leichte Weiße".

Sie sind gerne in Wirtshäusern?

Mich interessieren die Leute dort. Vor allem mit Wirten bin ich gerne in Berührung. Die sind ja auch Zwischenwirte.

Was meinen Sie damit?

Da kommt was, eine Geschichte, der Wirt nimmt sie an und gibt sie weiter.

Ist das noch so?
Man findet diese Form des Menschseins immer weniger. Wenn man heute Kommunikation sagt, dann meint man das Handy. Das Ganze hat aber auch eine wirtschaftliche Dimension. Früher saßen Leute unterschiedlichster sozialer Herkunft oft stundenlang im Wirtshaus und haben geredet, Witze erzählt oder Karten gespielt. Aber das geht heute nicht mehr, auch in München nicht, weil der Druck der Brauereien so groß ist und die Mieten so hoch sind, dass ein normaler Wirt nicht zuschauen kann, wenn die Leute wenig konsumieren. Er braucht zahlungskräftiges Publikum, das isst und dann schnell wieder geht. So wurde das Wirtshaus zur Gaststätte. Und für die, die sich das nicht leisten können, wurde die Wärmestube eingeführt. Ich habe da nichts dagegen, aber es hat halt schon einen sozialen Touch. Bei vielen führt das dazu, dass sie gleich in ihrer Einzimmerwohnung bleiben und dort alleine ihre Biere trinken.

Da also sind die Originale abgeblieben?
Die sind heute im Heim und werden gewindelt. Die gesamte Gesellschaft wird ja immer abgerundeter und aufgeräumter. Vieles ist verschwunden. Es gibt zwar Dokumentationen und Archive, aber den Duft und den Dunst von Dingen, den kannst du nicht konservieren. Schwund gab es schon immer. Nur dass der Schwund heute weniger bemerkt wird. Wenn einer noch nie einen Spatzen gesehen hat, dann wird er den Spatzen auch nicht vermissen, wenn es ihn nicht mehr gibt. Dafür gibt's eben eine neue Eissorte.

Wie steht es um den Schwund in der Kultur?
Ich habe kürzlich einen getroffen, der ein Buch über die Schwester von Remarque geschrieben hat. Der hat im Radio ein Interview gegeben. Und als dann die Rede auf Remarque kam, sagte die Interviewerin, eine Germanistin und offenbar nette Frau: „Muss man den kennen?" Anderes Beispiel: Ein Freund von mir, der an der Kunstakademie in München war, hat bei der Abnahme der Prüfung von Zeichenlehrern fürs Gymnasium nach Goya gefragt. Und siehe da: nie gehört.

Wie gehen Sie als Kabarettist damit um?
Ich mache es zum Thema. Wobei ich mich bei Figuren oder Geschichten immer frage: Hat das was Exemplarisches? Was Symptomatisches? Ein einzelner Exzess würde mich nicht interessieren. Wenn die Geschichten auf wahren Begebenheiten beruhen oder zumindest authentische Anteile haben, dann tue ich mich selber leichter, weil ich weiß, das ist nicht aus den Fingern gesaugt.

Können Sie ein Beispiel nennen?
In einem Geschäft kam mal eine Frau auf mich zu, sie kenne mich vom Fernsehen, und ich solle doch endlich mal die Schweinerei bringen, die ihr passiert sei. Ihr Mann habe ein Kind totgefahren, was ihr und ihrem Mann natürlich sehr leid tue, aber die Eltern des toten Kindes wollten jetzt einen Haufen Geld von ihnen. Das sei doch ein Skandal, weil, wenn das Kind an Leukämie gestorben wäre, dann hätten sie ja auch nichts gekriegt.

Sie haben der Frau den Gefallen getan?

Ja, aber mit Rahmenhandlung. Wenn ich weiß, so etwas gibt es tatsächlich, dann kann ich auch etwas dazu unterstellen, dann kann ich über- oder untertreiben. Aber natürlich bewege ich mich beim Schreiben oder auf der Bühne in Grauzonen der Realität, in denen es nicht um Wahrheit geht, sondern allenfalls um die Wahrscheinlichkeit der Wahrheit. Der Dialekt erleichtert den Zugang dazu, weil er diverse Möglichkeiten des Konjunktivs und des Irrealis kennt.

Im Moment gibt es unter Didaktikern ja eine Tendenz zurück zum Dialekt.

Was die Didaktiker machen, ist wurscht, das ist viel zu abgehoben. Aber klar ist: Fast alle großen deutschen Literaten waren Dialektsprecher, vom Schiller bis zum Goethe. Auch Musiker, der Mozart, die haben alle Dialekt gesprochen.

Thomas Mann?

Der nicht. Der ist aber auch unangenehm aufgefallen.

Inwiefern?

In seiner Zeit in München war der als Bürger isoliert. Der blieb in dieser Stadt immer ein Fremder.

Selbstverschuldet?

Irgendwie schon. Er begriff sich halt als Teil der höheren Schichten, er wurde ja auch sehr hochgehoben, und ich will ihn da gar nicht runterstoßen. Aber andere Schriftsteller seiner Zeit, Oskar Maria Graf oder Feuchtwanger, deren Geschichten haben für mich eine viel größere literarische Kraft.

Weil sie sich besser in die Alltagsmenschen einfühlen konnten?

Es kommt natürlich immer darauf an, worauf ein Schriftsteller abzielt, wem er was erklären, welche Menschen er zeigen will. Aber warum ist für mich der Ludwig Thoma so interessant oder der Gerhart Hauptmann oder der Eckhard Henscheid? Der Hauptmann war einer der Ersten, die Menschen auf die Bühne gehievt haben, deren privates Schicksal zuvor niemanden interessiert hat. Dasselbe gilt für Ludwig Thoma, der hat die Bauern aus dem Dekorbauerntum herausgeholt. In Henscheids „Vollidioten" ist es ähnlich. Nur dass es da um Schnapstrinker geht. Die sitzen in ihrem Stüberl, und auf einmal geht ein Raunen durch den Raum, weil der Sowieso zum ersten Mal in seinem Leben einen doppelten Jägermeister bestellt hat. Der hat sonst immer einen einfachen bestellt, und jetzt nimmt der einen doppelten. Ungeheuerlich! Da tut sich ein ganzes Universum auf, und die Frage ist immer: Welche Menschlichkeit steckt da drin – und welches Bestiarium?

Lernen Sie im Wirtshaus mehr über die Menschen als im Literaturhaus?

Im Zweifel ja. Deswegen ist der Lokalreporter für mich auch der interessanteste Journalist. Ich kenne Auslandskorrespondenten: alles wunderbare Leute, gescheit, gebildet. Aber nichts gegen das, was die Lokalreporter zu erzählen haben, die bei den Bienenzüchtern dabeisitzen oder wenn im Gemeinderat darüber entschieden wird, ob eine Straße verbreitert werden soll. Und erst die

Partisanenkriege am Gartenzaun! Oder wenn einer seine Garage so baut, dass sie dem Nachbarn die Sicht verstellt. Das ist für mich interessanter, als wenn ich höre, dass ein afrikanischer Diktator Leute umbringt. Das weiß ich eh, und so viele Methoden des Meuchelns gibt es auch wieder nicht.

Finden Sie es erschreckend, dass Ihre Figuren noch in der größten Niedertracht Sympathien bei den Leuten wecken?

Das entspricht genau meiner Vorstellung: dass die meisten Täter einschließlich man selber angenehm sind oder zumindest passabel daherkommen. Aber es passiert eben ganz schnell, dass ein Mensch, und sei es nur mit einem Nebensatz, ins Bodenlose kippt. Da sitzt dann einer und sagt, wie schön es bei uns in Bayern ist, der Himmel weiß und blau und die Kühe – ein Idyll. Und dann: „Ein Neger würde da nicht reinpassen." Aber das sagt der nicht böse. Das ist halt seine Meinung. Und dann zuckt natürlich jeder zusammen und denkt, hoppla, das war jetzt natürlich allerhand.

Was macht man in dieser Situation als Gesprächspartner?

Es gibt Leute, die nicht zuletzt deshalb auf die Möglichkeiten des Humors vertrauen, um aus solchen Aussagen die Luft rauszulassen. Was auch hilft, ist Erfahrung. Ich war noch ein Kind, ungefähr acht Jahre alt, als Flüchtlinge aus Schlesien mit die Ersten im Ort waren, die ein Haus gebaut haben. Und da hat dann eine Frau, ich seh' ihr Gesicht noch vor mir, geschimpft, wo diese Flüchtlinge das Geld her hätten und dass man da einen Benzinkanister reinschmeißen müsste und das Haus anzünden. So ein Hass, gegen die eigenen Leute. Und die waren sogar noch katholisch! Ich sage das deshalb, weil mir das geholfen hat, um später wenigstens ein bisschen zu verstehen, was zum Beispiel in Jugoslawien passiert ist. Aber ich kann das nur erzählen. Was ich im Endeffekt damit bezwecke, weiß ich auch nicht.

Eine Frau kommt in Begleitung ihres Mannes an den Tisch:
„Herr Polt, es ist so schön, dass ich Sie so live erleben darf."
„Des is nix Bsonders."
„So schön! Kann man was nachlesen, oder kommt was im Fernsehen?"
„Wenn Sie was wollen, in jeder Buchhandlung gibt's was."
„Das wissen wir, das kennen wir, Herr Polt, von Ihnen. So schön, und entschuldigen Sie vielmals die Störung, aber ich konnte nicht anders!"
„Dankschön, gell, Wiederschaun."

Jetzt haben wir noch gar nicht über Weihnachten gesprochen.

Wir hatten es doch gerade von den menschlichen Unzulänglichkeiten. Da passt Weihnachten doch gut rein. Es gibt ja von der Mitscherlich das Buch „Die Unfähigkeit zu trauern". Das könnte man ergänzen: „Die Unfähigkeit zu feiern". Für viele ist feiern ein echtes Problem. Soweit ich weiß, gibt es inzwischen sogar Kurse, wo Leute unter Anleitung lernen können, wie eine Feier nicht nur zu organisieren, sondern auch zu begehen ist.

Sie sind in Altötting groß geworden. Mit Weihnachten dürften Sie doch keine Schwierigkeiten haben.

Altötting ist für mich eine Welt, von der ich heute noch zehre. Aber seit dieser Zeit ist etwas tief in mir drin, das sich gegen Kollektivaufforderungen sträubt. Wenn der Pfarrer gesagt hat, so, jetzt knien wir uns hin, und dann merk' ich, der neben mir hat nur einen Fuß und kniet sich trotzdem um jeden Preis hin, nur weil der da vorne sagt: Knie dich hin, dann fand ich das unangenehm, aber auch komisch.

Komisch im Sinne von lustig?

Im Sinne von seltsam und lustig. Mir fällt da eine Geschichte ein, die mir meine Mutter erzählt hat. Sie war mit zwei anderen Mädchen am Odeonsplatz in München, als der Hitler eine Rede gehalten hat. Die waren noch jung, damals gab es das schöne Wort „Backfisch" noch, und sie sahen, wie die Leute gebannt zugehört haben und wie der da oben immer mehr schreit und rumfuchtelt. Das fanden sie komisch, und dann haben sie angefangen zu lachen. So beginnt die Blasphemie.

Sie spüren in sich keinen Bedarf nach letzten Wahrheiten?

Ich meine, der Seneca hat gesagt: „Du wirst lächerlich, wenn du Fragen stellst, die du nicht beantworten kannst." Aber wenn einer meint, dann soll er's halt machen. An Weihnachten sowieso.

Und erst die Partisanenkriege am Gartenzaun!"

Gerhard Polt

14 Cam

Ich habe die Toten Hosen immer gemocht – und ich mag sie bis heute. Es war also ein großer Moment, als ich 2008 als Volontär auf meiner Station im Feuilleton nach Düsseldorf geschickt wurde zum Interview mit Campino, dem Frontmann der Band. Es sollte darin um die neue Platte der Toten Hosen gehen, und es fing nicht gut an. Ich hatte Campino nämlich gleich zu Beginn eröffnet, dass ich das Gespräch in einen Artikel würde einfließen lassen, er hingegen war von einem Wortlaut-Interview ausgegangen. Das sind natürlich zwei grundverschiedene Dinge: Kontrolle über das Ergebnis und viel Raum für die eigenen Aussagen in diesem Fall – keine Kontrolle und wenig Raum in jenem. Jedenfalls hatte Campino sichtlich keine Lust, als Stichwortgeber für einen nörgelnden Text herzuhalten, wie er schon allzu oft über ihn und die Band geschrieben worden war. Ich sagte: Dann lassen wir es bleiben. Vielleicht gefiel ihm die Konsequenz, die man aus dem Satz heraushören konnte, vielleicht hatte er auch bloß Mitleid. Jedenfalls kämpften wir uns beide ins Gespräch, das schließlich fast zwei Stunden dauerte und richtig gut war.

Das nächste Treffen fand 2012 im Gerätehaus der Freiwilligen Feuerwehr Gäufelden statt. Die Toten Hosen gaben hier eines ihrer „Wohnzimmerkonzerte". Für die Sonntagszeitung wollte ich darüber eine kleine Reportage schreiben, die Gelegenheit aber auch nutzen, um mit Campino ein Interview zu machen, diesmal als Wortlaut. Vor dem Konzert setzten wir uns auf eine Bierbank, bei Würstchen und selbstgemachtem Kartoffelsalat, aber wir kamen nicht weit: weil natürlich ständig Feuerwehrleute mit Campino sprechen oder ein Autogramm von ihm haben wollten. Also vereinbarten wir, am nächsten Tag, einem Sonntag, am Telefon das Interview fortzusetzen: Ich würde daheim bei meinen Eltern sein, er in Berlin bei seinem Sohn. Ich weiß noch gut, wie ich meine Mama bat, dass wir mit dem Mittagessen, das sonst sonntags um halb zwölf stattfindet, ein bisschen warten, weil um kurz nach elf Campino auf unserem Festnetz anrufen würde. Und ich erinnere mich, wie ich dann in der Jogginghose in meinem Kinderzimmer saß, am Ohr Campino, dessen Sohn ihn im Hintergrund fragte, wann er denn endlich fertig sei, und wie ich mich bei etwas ertappte, was ich danach im Text Campino unterschob: „… während er sich vielleicht gerade einen Kaffee macht oder – immer freundlich und konzentriert – die Dinge unter seiner Jogginghose zurechtrückt". Wir haben uns danach noch mehrfach gesehen. Ich war mit der Band 2017 in Argentinien: ein Lifetime-Erlebnis. Im gleichen Jahr habe ich ein weiteres Interview mit Campino gemacht. Es enthielt einige aktuelle Fragen, die für dieses Buch nicht so interessant gewesen wären, aber auch einige überzeitliche, die gut zum Stil des Interviews von 2012 passten. So habe ich, mit Campinos Einverständnis, aus zwei Gesprächen eines gemacht. Auch das zeigt, dass das Interview keineswegs die am wenigsten fiktionale Form journalistischer Darstellung ist.

FUSION ZWEIER INTERVIEWS, DIE 2012 UND 2017 ERSCHIENEN SIND, DAS EINE IN DER F.A.Z., DAS ANDERE IN DER F.A.S.

„Man muss nicht Campino sein, um ein gutes Leben zu haben"

Campino, was halten Sie am ehesten für entbehrlich: das Wahre, das Schöne oder das Gute?

Das Schöne. Das Wahre muss auch nicht unbedingt sein. Auf jeden Fall aber das Gute, das ist für mich die Substanz, während die Schönheit nur das Sahnehäubchen ist, die in kaum einem Bereich meines Lebens entscheidend ist. Englischer Fußball ist nicht schön, sondern kämpferisch. Auch die Toten Hosen spielen nicht schön, aber sie kämpfen.

In einem Lied von Alphaville gibt es die Zeile: „Some are a melody and some are the beat." Was sind Sie?

Aus dem Bauch raus würde ich sofort sagen: Beat. Schlagzeug war immer mein Lieblingsinstrument. Aber ich würde die Melodie ungern außen vor lassen. Ich bin im Grunde jemand, der heimlich doch Popmusik liebt und sich auch die Abba-Best-Of geholt hat. Also die Melodie sollte nie vergessen werden, aber der Beat ist das, was einen dann dazu bringt, sich zu bewegen und innerlich von oben bis unten zu grinsen.

Sie haben mal gesagt, dass Sie sich als Handwerker, nicht als Künstler verstehen. Wieso?

Wir hatten immer Schwierigkeiten zu definieren, was wir eigentlich sein wollen oder sein können. Zu Anfang hätten wir das auch als Hochstapelei empfunden, uns als Musiker zu bezeichnen. Niemand von uns war ja gelernt. Ich halte die Bezeichnung Handwerker auch deshalb für angebracht, weil ich sie auf keinen Fall als erniedrigend empfinde. Ein guter Handwerker ist allemal besser als ein schlechter Künstler. Ein Handwerker, auf den man sich verlassen kann, und ein ordentlicher Tisch werden überall gebraucht. Da sehe ich uns von der ganzen Einstellung her. Wenn wir sagen, der Tisch ist am 31. fertig, dann ist er am 31. fertig. Vielleicht wird die neue Tote-Hosen-Platte dann nicht ein wahnsinnig geniales Meisterwerk voller sprühender Ideen – aber man bekommt einen verdammt ordentlichen Tisch.

Wann hat die Band gemerkt, dass sie auf einem Level angekommen ist, auf dem die Leute Professionalität erwarten dürfen?

Ende der Achtziger, als wir in die großen Hallen wechselten. Eine gewisse Zeit haben wir uns da selbst betrogen: Wir waren längst Profis, haben aber immer noch die Jungs von nebenan gespielt. Das hat nicht mehr gepasst. Einmal waren wir vom Feiern dermaßen angeschlagen, dass wir am nächsten Tag ein Konzert abbrechen mussten, ein anderes Mal feierte ich drei Tage durch, bis mein Stimmband anriss und die Tour ins Wasser fiel. Die Leute freuen sich ein halbes Jahr auf ein Konzert und dann heißt es, tut uns leid, der Sänger hat gestern zu viel gefeiert, die Show fällt aus. Das fand ich selbst nicht gut. Ich habe mich dann eines Tricks bedient und mir von dem Tag an vorgestellt, dass eine Tour so etwas ist wie eine Fußballsaison und wir sind eine Mannschaft, die Meister werden will. Da geht keiner feiern, bis der Cup da ist.

Apropos beanspruchte Stimmbänder: Ihr Lieblingssänger ist Noddy Holder von Slade. Warum?

Ich liebe solche Stimmen, die kurz davor sind, sich zu überschlagen. Wenn du spürst, der Junge ist an der Grenze. Das ging los mit den McCoys, „Hang On Sloopy", dieses primitive Ballerschlagzeug und dazu der rotzige Sänger. Ich war fünf, als ich das hörte, mein Bruder brachte mich mit dem Lied immer ins Bett. Im Grunde habe ich mich seitdem kein bisschen weiterentwickelt, ich liebe es immer noch, speziell den letzten Refrain, wie der Sänger da hysterisch rumkotzt, so wollte ich immer sein. Noddy Holder hat das genauso abgezogen. Er hat dabei aber ganz souverän jeden Ton getroffen.

Wie finden Sie, dass Bob Dylan den Literaturnobelpreis bekommen hat?

Völlig okay – sein Benehmen danach war allerdings lächerlich. Mag sein, dass er gute Gründe dafür hatte, aber insgesamt kam es doch sehr verkrampft rüber. Natürliche Arroganz ist etwas Erhabenes: Nehmen wir nur einmal David Bowie. Wenn man allerdings Arroganz vor dem Spiegel übt, Oasis waren so ein Fall, ist mir dafür meine Zeit zu schade. Ich frage mich dann immer, warum solche Künstler, die ja großartig sind, so etwas Unzugängliches kultivieren müssen. Man würde sie eigentlich für lässiger halten.

Die Toten Hosen haben 1994 ihren ersten Echo auf der Bühne in eine Mülltüte gesteckt.

Ganz klare Gefühlsambivalenz damals. Wir waren einerseits geehrt, andererseits sagten wir uns: Das kann man nicht annehmen, nicht bei dieser gediegenen Veranstaltung. Ein fauler Kompromiss musste her: Wir tun so, als bedeute es uns nichts, und stecken die Trophäe in den Müllsack. Wahrscheinlich haben wir sie nachher hinter der Bühne ganz vorsichtig rausgeholt und geguckt, dass keine Beulen dran sind. Das war ein leicht dämliches Verhalten.

In welchem Zusammenhang könnte man öffentliches Urinieren als Kunst begreifen?

Es mag einen Kontext geben, in dem das als Kunst deklariert werden kann. Ob das dann jemand sehen will, ist eine andere Frage. Aber wenn wir anfangen, da eine Linie zu ziehen, dann werden wir irgendwann abstürzen in diese Gefilde, wo irgendjemand bestimmt, was Kunst ist und was nicht. Dann wird es unheimlich gefährlich. Ich glaube, wir müssen da locker bleiben und die Leute machen lassen. Es filtert sich schon von selbst heraus, woran sich die Menschheit gerne erinnert und was sie für erhaltenswert erachtet.

Die Frauen-Band Rockbitch hat bei ihren Konzerten einst ein Kondom ins Publikum geworfen. Wer es gefangen hat, durfte auf der Bühne kopulieren. Wäre das nicht auch was für die Toten Hosen gewesen?

Wir hatten damals zur Damenwahl-Platte ein Set rausgebracht, das wir umsonst verteilt haben: Seife, Parfum, Kondom. Hinten beim Verpacken haben wir aus Langeweile in jede 20. Kondomtüte mit der Nadel ein Loch reingemacht. Was diesen Humor angeht, sind wir damals aber nicht weitergegangen. Das hat gereicht.

Gibt es Lieder anderer Künstler, die Sie selbst gern geschrieben hätten?
    Reichlich!
Auch von der Band Die Ärzte?
    Spontan fallen mir da zwei ein. Zunächst „Schrei nach Liebe". Der Ansatz ist ja ähnlich wie bei unserem „Sascha": mit giftiger Ironie gegen Rechtsaußen. Aber ich muss zugeben, der Ärzte-Song hat eine stärkere Wirkung gehabt, er hat über die Jahre mehr Kraft behalten. Aus derselben Zeit stammt „Mach die Augen zu (und küss mich)" – eine Schnulze, die ich unheimlich schön finde und die aus einer ähnlichen Stimmung geschrieben sein dürfte wie unser Song „Alles aus Liebe".

War „Alles aus Liebe" den Schmerz wert, ohne den es vermutlich nie geschrieben worden wäre?
    Kein einziges Lied lohnt den Schmerz. Aber es hilft ja nichts. Man macht eben Sachen durch – und ich habe die Möglichkeit, darüber zu schreiben und es so ein bisschen zu verarbeiten. Für mich sind das rare Momente, in denen man beim Texten völlig ohne Schutz und ohne doppelten Boden sein Innerstes auf den Tisch legt, ohne dass das nach Seelenstriptease aussieht.

Sind Bewunderung und Liebe einander Freunde oder Feinde?
    Das eigene Verhalten, auch die Gefühlswelt, ändert sich, wenn man überall, wohin man kommt, vereinnahmt und umarmt wird. Da läuft man Gefahr, nicht mehr zu wissen, wen man denn jetzt selbst liebt oder umarmen möchte. Der Rettungsschlüssel, um mit der ungerechtfertigten überschwänglichen Euphorie umzugehen, ist eine feste Beziehung, in der Bewunderung und Liebe keine Feinde sein müssen. Wenn sie beidseitig sind und ineinander übergehen, dann ist das etwas unheimlich Schönes.

Sie sind Vater. Ist es das größtmögliche Glück, Kinder zu haben? Oder behaupten das nur diejenigen, die nie beim letzten Konzert der Ramones in Buenos Aires vor Zehntausenden auf der Bühne gestanden haben?
    Man sollte das nicht gegeneinander ausspielen. Buenos Aires war Wahnsinn. Aber wenn zu Hause was nicht in Ordnung ist, dann kann man dort nicht auf der Bühne stehen und Spaß haben. Ich glaube, dass ein erfülltes Leben mit und ohne Kinder möglich ist. Speziell für Menschen allerdings, die Gefahr laufen, dass sich immer alles nur um sie selber dreht, die Angst haben vor dem Älterwerden und so etwas, können Kinder eine Rettung sein, weil dann von ganz alleine andere Themen in den Mittelpunkt rücken.

Gibt es einen Moment in den fast 40 Jahren Tote Hosen, in dem Sie feige waren?
    Zunächst einmal glaube ich, dass Feigheit und Mut Eigenschaften sind, die in uns allen stecken und mal stärker, mal schwächer zu Tage treten. Ich hab' mich selbst in meinem Leben oft erwischt, in gewissen Phasen, in denen ich irgendwie feige reagiert habe oder ängstlich, und in anderen, wo ich dann über meinen Mut erstaunt war. Ich konnte das leider nicht kontrollieren. Eine Band steht selten

kollektiv in einer Situation, in der man wirklich von Mut oder Feigheit sprechen kann. Es gab die eine oder andere Straßenschlacht, wo man innerhalb von Sekunden entscheiden musste, geht man da jetzt mit rein oder nicht. Aber letztlich sind das Kinderspiele. Ein ernsteres Beispiel war Rostock-Lichtenhagen, wo damals der rechte Mob ein Haus mit Asylbewerbern belagerte, das war in den Nachrichten, das ging über mehrere Tage. Und wir saßen alle vor unseren Fernsehern und sind da nicht hingefahren. Da muss doch spätestens am zweiten Tag die Frage hochgehen: Warum eile ich denn da jetzt nicht hin, um zu helfen und zu kämpfen? Ich wusste damals bei mir nicht: Ist es Lethargie – oder die Hoffnung, dass das die Polizei mal langsam in den Griff kriegt? Jedenfalls habe ich mich zusehends geschämt wegen meines Nichtstuns, wegen meines fassungslosen Schweigens. Wenn so etwas in Düsseldorf gewesen wäre? Ich bilde mir zumindest ein, dass ich dort auf jeden Fall hingefahren wäre, mit Freunden, um die Sache zu regeln. Aber ich kann es ja nicht beweisen.

Gibt es für Sie einen Grund, linksextreme Gewalt anders zu beurteilen als rechtsextreme?

Ich mache da einen Riesenunterschied. Tatsache ist, dass Fanatiker auf allen Seiten eine Gefahr sind und deshalb auch mit der gleichen Härte und Gerechtigkeit bekämpft werden müssen. Aber die Motivation der Linksradikalen unterscheidet sich doch deutlich von der der Rechtsradikalen. Die Autonomen sind als Gegner auch berechenbarer und nicht so niederträchtig wie die Rechten, die sich immer nur die schwächsten Glieder in der Gesellschaft als Feinde aussuchen. Die Linksradikalen hingegen greifen nicht irgendwelche Leute aus dem Volk an, sondern sind, auch wenn ihr Weltbild noch so verquast und unrichtig zu sein scheint, durchaus bereit, sich gegen Überlegenes, auch eine vielleicht nur eingebildete Macht aufzulehnen. Ich glaube auch, dass man mit diesen Leuten noch verhandeln kann. Vielleicht ist das Quatsch, aber es ist meine Meinung.

Auf Konzerten der Hosen geht es heute viel friedlicher zu als früher. Gibt es einen Grund, warum man das bedauern könnte?

Schlägereien fand ich schon immer scheiße. Auch wenn ich oft genug dabei war – einen Kick habe ich daraus nie gezogen, wohl aber aus der intensiven körperlichen Erfahrung in einer Masse: gemeinsames Schwitzen, Tanzen, Hinfallen, Sich-Hochziehen, Ekstase, Kontrollverlust. Es ist schade, dass heutzutage Vernunft und Bürokratie sehr oft das letzte Wort haben. Andererseits ist auf unserem 1000. Konzert ein Mädchen erstickt. Seitdem ist uns sehr präsent, dass jeder, der ein Live-Konzert besucht, das Recht hat, unversehrt nach Hause zu kommen. Bei einem der vielen Wohnzimmergigs, die wir gespielt haben, traf ich einen Feuerwehrmann, der an jenem traurigen Abend 1997 seinen ersten echten Einsatz hatte. Für uns beide war das, aus ganz unterschiedlichen Perspektiven, ein Schlüsselmoment. So schließen sich im Leben manchmal die Kreise.

Wenn man sich mit der Hosen-Geschichte befasst, hat man den Eindruck: Es hätte noch viel mehr passieren können.

Wir sind manchmal in Konflikte geraten, die uns zumindest kurz die Lust auf Abenteuer genommen haben. In São Paulo stürmten 25 dunkelhäutige Nazi-Skinheads unser Konzert. Die wurden an der Kasse gar nicht mit der Frage belästigt, ob sie ein Ticket hätten. Als sie vor der Bühne „Sieg Heil!" skandierten und Besucher angriffen, sahen wir uns gezwungen, die Bullen zu rufen – wir! Den Skins gelang es, über ein Klofenster zu entkommen. Wir haben später gehört, dass sie in der Nacht noch auf jemanden geschossen haben.

Sie können wählen: Alkohol im Wert von 5000 Euro – oder 2500 Euro in bar.

Früher hätte ich gefragt, ob man noch alle Tassen im Schrank hat, diese Frage überhaupt zu stellen: 2500 Euro in bar waren damals 2500 Euro für Alkohol. Ich bin mir auch sicher, dass ich in meinem Leben noch Alkohol im Wert von 5000 Euro erledigen werde. Insofern wäre das auch heute keine Fehlinvestition. Trotzdem würde ich mich wohl für die 2500 entscheiden und mir vielleicht ein bisschen Obst und ein paar Joghurts kaufen, um sagen zu können: Das hab' ich jetzt in meine Gesundheit investiert. Und den Alkohol, da bestraf' ich mich jetzt mal dafür, dass ich den wenigstens selbst zahlen muss. Ich kann heute Wochen verbringen, ohne überhaupt zu merken, dass ich keinen Alkohol getrunken habe. Ich glaube aber trotzdem, dass ein Arzt mich als Gesellschafts-Alkoholiker bezeichnen würde. Mir fällt es schwer, nichts zu trinken, wenn andere trinken. Ansonsten spielt bei mir Alkohol keine große Rolle mehr.

Die öffentliche Debatte, ob ihr noch Punk seid oder es je wart, ob ihr euch politisch äußern solltet oder nicht, begleitet euch seit Jahrzehnten. Warum ist das bei den Ärzten nicht so?

Die Grundhaltung der meisten Ärzte-Lieder ist ironisch, wir hingegen meinen die Sachen öfter mal ganz ernst. Deshalb sind wir angreifbarer, deshalb gehen wir den Leuten auch auf den Sack.

Ist Ironie feige?

Nein. Ich kenne beide Leben. Meine frühere Band ZK war die erste Gaga-Punk-Band in Deutschland. Ich fand das aber problematisch, den Clown zu geben, wenn ich mich nicht danach gefühlt habe. Da gab es draußen eine Straßenschlacht, dann kamen alle rein, und wir fingen mit unserem Witze-Set an. Das hat sich falsch angefühlt. Bei den Hosen haben wir dann die Grundverabredung getroffen, dass wir nur machen, wonach uns ist. Wenn wir dummes Zeug reden wollen, dann sind wir die Dümmsten von allen, mit dem „Eisgekühlten Bommerlunder" und dem „Ficken, Bumsen, Blasen" aus dem „Hofgarten"-Lied haben wir das bewiesen. Niemand anders singt so peinlich schlechte Texte. Aber wenn es ernst wird, dann sind wir auch vorneweg und hauen halt ein Lied wie „Willkommen in Deutschland" raus.

Wenn Sie heute ein junger Kerl wären, 20, links, voll im Saft und Musikfan, wie fänden Sie dann wohl die Toten Hosen?

Ich würde mir wünschen, dass ich wenigstens sagen würde: Die Jungs sind okay. Was sie da machen, wie sie da älter werden, das ist in Ordnung.

Angenommen, der Teufel käme zu Ihnen mit dem Angebot, Sie könnten noch mal in Ihre wilde Jugend zurückkehren, aber ohne die Garantie, der zu werden, der Sie heute sind. Würden Sie einschlagen?
Einerseits bin ich unheimlich dankbar und zufrieden mit meinem Schicksal. Wie es mit mir umgegangen ist. Andererseits gibt es jede Menge Dinge, die ich bereue und gern geraderücken würde, auch auf zwischenmenschlicher Ebene. Aber wenn ich Gefahr laufen würde, beim Handel mit dem Teufel weniger glücklich zu werden, als ich es heute bin, dann würde ich ihm sagen: Lass gut sein.

In gewisser Weise können Sie ja in Ihre Jugend zurück: mit Gigs in Ländern, in denen die Band noch so unbekannt ist, wie sie es am Anfang in Deutschland war.
Da ist was dran. Vor Jahren haben wir in Tadschikistan gespielt. Ich glaube, das war das erste Rockkonzert überhaupt in dem Land. Auf jedem dritten Stuhl saß ein Polizist, der Polizeipräsident war hinter der Bühne und schrie panisch irgendwelche Anweisungen. Viel anders wird es bei den frühen Doors-Konzerten auch nicht gewesen sein, als sie Jim Morrison von der Bühne weg festgenommen haben, nur weil er irgendwie sein Hemd ausgezogen und was über Sex gesagt hatte.

Wenn Sie in Ihrem Leben nur noch eine Reise unternehmen dürften: Würden Sie dann an einen Ort fahren, den Sie schon kennen? Oder gerade nicht?
Eine Option wäre, nach Cornwall zu fahren, woher die Familie meiner Mutter stammt. Daran habe ich die besten Kindheitserinnerungen. Eine andere Seite in mir sagt: Schau Dir noch mal was Neues an! Weil ich auf meiner Liste aber grade kein Land habe, was ich noch gesehen haben müsste, wäre es am Ende wohl doch die Rückkehr und nicht das Weiterlaufen.

Wollten Sie je in Ihrem Leben mit jemand anderem tauschen?
Man muss nicht Campino sein, um ein gutes Leben zu haben. Aber ich bin nicht unzufrieden und muss auch nicht krampfhaft denken: Ach, in einem anderen Lebens wär's feiner gewesen. Gerechtigkeit auf Erden heißt für mich, dass jeder nur 24 Stunden am Tag hat und du nicht gleichzeitig der Lewis Hamilton und der Jürgen Klinsmann sein kannst. Du musst eine Option ziehen. Und wenn du Glück hast, dann sorgt das Leben dafür, dass es die Sache ist, die dir am meisten liegt.

Warum könnte es sinnvoll sein, das Leben so anzulegen, dass es Stoff für einen Roman bietet?
Auch die abenteuerlichste Geschichte ist lasch, wenn sie schlecht erzählt ist. Wer nix erlebt hat, aber das unheimlich gut erzählen kann, liegt vorne. Man muss nicht immer durch alle möglichen Höhen und Tiefen rasen, um dann nachher 'ne gute Geschichte daraus machen zu können. Trotzdem würde ich ein Leben mit Höhen und Tiefen immer einem Leben im emotionalen Durchschnitt vorziehen. Das mag anstrengender sein, aber ich möchte den

extremen Geschmack haben. Euphorie und Niederlage will ich gespürt haben, um am Ende sagen zu können: Ich hab' von allem probiert.

Auf mehreren Liedern des letzten Albums von 2017 schwingt die Sehnsucht oder auch die Freude mit, nach Hause zu kommen.

Tatsächlich habe ich seit ein paar Jahren verstärkt das Gefühl, zu wissen, wo ich hingehöre. Viel mehr als früher. Es geht uns ja allen so: Man ist Teenager, will weg, raus von zu Haus, aus der Stadt, aus dem Land, rein in die Welt und das Leben. Doch je weiter du dich entfernst, desto mehr gewinnt der Ort deines Ursprungs an Wert. Wenn ich morgens in Düsseldorf am Zeitungskiosk die Leute plappern höre, fühle ich mich zu Hause. Das ist zwar nur ein Nebengeräusch, aber ein schönes. Dieses „New-York-Erobern-Wollen", das brauche ich nicht mehr. Ich kann da hinfahren und sagen: Toll haben es die Menschen hier, und dann fahr' ich ohne Neidgefühle wieder nach Hause.

Denken Sie, es macht den Tod erträglicher, wenn die Aussicht besteht, dass man, etwa in seinen Liedern, fortlebt?

Ich würde das nicht so hoch hängen, denn wenn es ans Eingemachte geht, bringt einem das alles relativ wenig. Ich gebe aber zu, dass es ein ganz schönes Gefühl ist, dass wir die Möglichkeit haben, Spuren zu hinterlassen. Dass das eine oder andere Lied in 20 Jahren noch nachvollziehbar ist und Emotionen bei den Menschen auslöst.

Im Lied „Auflösen" vom Album „In aller Stille" gibt es die Zeile: „Wenn wir uns jetzt auflösen, sind wir mehr, als wir jemals warn". Könnte dieser Satz bald auch zum Motto für die Toten Hosen werden?

Ich erinnere mich, wie wir in Rio de Janeiro bei Ronald Biggs, dem legendären Postzugräuber, der mit uns 1991 auf „Learning English" gesungen hatte, in der Hängematte lagen. Er feierte auf seiner Terrasse Geburtstag, es waren jede Menge Gangster da. Da gab es einen Gartengrill und Leute liefen mit Riesentüten weißem Zeug durch die Gegend: Does anybody want? Ich weiß noch, wie ich auf die Toilette bin: Da hatte offenbar jemand auf dem Spülkasten eine line vergessen, und ich Idiot zieh' mir das in die Nase. Im selben Moment merke ich, das war WC-Reiniger, jemand hatte sich einen Witz erlaubt. Mir war sofort klar, diesen Triumph, den gönnst du den Arschlöchern da draußen nicht! Ich mache also die Tür auf, strahlend, als wäre nichts gewesen. An diesem Wahnsinnstag habe ich zu Kiki, unserem Tourmanager, gesagt: Ich hätte nichts dagegen, wenn jetzt das Licht ausgeht. Heute denke ich: Wie dumm das gewesen wäre und wie viel Gutes danach noch gekommen ist!

„Wer nix erlebt hat, aber das unheimlich gut erzählen kann, liegt vorne."

Campino

15 Farin Urlaub

Ich kann ein Nervenbündel sein, bei Fernsehauftritten oder bei Reden vor vielen Leuten. Vor Interviews bin ich kaum aufgeregt: Man hat ja sein Netz in Form des Fragenkatalogs dabei. In der Regel ist auch genug Zeit, um Fehler im Fortgang des Gesprächs auszubügeln. Bei Farin Urlaub war es ein bisschen anders. Er war ein Held meiner Jugend, gab selten Interviews, da hatte ich Angst, zu enttäuschen oder enttäuscht zu werden. Erschwerend kam hinzu, dass nur eine Stunde Zeit war – Farin hatte an dem Tag eine ganze Reihe von Interviews, Anlass waren seine zwei prächtigen Bildbände über Afrika, Früchte seiner Reiseleidenschaft. Ich betrat das Zimmer im Kölner Hotel Hyatt Regency, in dem er, wenn ich mich recht entsinne, auf einem Sofa saß, wie immer viel jünger aussehend, als er eigentlich ist. Ich so: „Für den Fall, dass Sie sich vor lauter Interviewpartnern am heutigen Tag nicht mehr auskennen: Ich bin F.A.Z." Farin: „Ich bin F.A.Z. – das ist doch mal 'ne Ansage! Okay: Ich bin Ghetto." – Ich: „Timo Frasch ist mein Name. Ich kann von mir sagen, wenn das hilft, die Atmosphäre aufzulockern: Ich bin ein Ärzte-Fan seit frühen Tagen." Farin: „Schön! Aber Atmosphäre auflockern ist gar nicht nötig. Ich rede gerne, vor allem übers Reisen." Ich: „Da trifft es sich, dass sich meine erste Frage aufs Reisen bezieht. Angenommen Sie bekämen die Nachricht, Sie hätten noch drei Monate zu leben ..." Farin: „Das fängt ja total lebensbejahend an!" So ging es weiter. Es war, glaube ich, das konzentrierteste und schnellste Gespräch, bum, bum, bum, das ich je geführt habe. In Sachen Musik – und auch sonst – verdanke ich viel meinem Freund Michi, der mir einst die erste Ärzte-Kassette überspielt hat. Auch vor dem Interview hatte er mich ein bisschen gebrieft – ein Besuch beim Konzert von Farins zweiter Band Farin Urlaub Racing Team tat sein Übriges. Das Interview lief so gut, dass ich Farin am Ende noch von Michi erzählen konnte. Man fragt die Interviewpartner eigentlich nicht nach einem Autogramm, schon gar nicht vorher, aber auch nicht danach. In dem Fall machte ich eine Ausnahme, zumal es nicht für mich selbst bestimmt war. In ein Textbuch der Ärzte, das ich mitgebracht hatte, schrieb Farin: „Für Michi mit den Kassetten." Der hat sich sehr gefreut.

"Sie stellen mir Fragen, die ich mir nie gestellt habe" | *Farin Urlaub*

Urlaub für alle

INTERVIEW VOM
09.01.2016 / F.A.Z.-MAGAZIN

Er ist ständig unterwegs – mit der Band Die Ärzte oder ohne. Farin Urlaub über seine Reisen in mehr als 100 Länder, seine Bilder von anderen Kulturen, das Verfassen von Liedern und den Menschen an sich und überhaupt.

Herr Urlaub, Sie haben in Ihrem Leben weit mehr als 100 Länder bereist, jedes Jahr sind Sie monatelang in der Welt unterwegs. Was wäre für Sie das größere Unglück: Deutschland nie mehr verlassen zu können – oder nie mehr nach Deutschland zurück zu dürfen?
Ganz klar das erste. Ich habe genug Freunde, die schnell mal bis zur Grenze kommen könnten. Aber nur Deutschland? Nee. Da würde ich eingehen.
Sie können eine Zeitreise machen: Wohin würde die führen? Zurück in Ihr eigenes Leben? Oder in irgendeine Epoche der Geschichte?
Auf jeden Fall Historie.
Ich würde schon aus nostalgischen Gründen zurück in meine Jugend wollen.
Das ist mir völlig fremd – meine Jugend kenne ich doch schon. Nein, wenn ich mehrere Stopps in der Zeitmaschine hätte, wäre mein erster vermutlich eines der frühen Beatles-Konzerte, dann die Edo-Zeit in Japan, danach das alte Rom. Ich würde mir auch angucken, wie das mit dem Pyramidenbau wirklich war. Und vielleicht den Höhlenmalern über die Schulter schauen.
Sie sind mit Ihrer Kamera und in Begleitung Ihrer Halbschwester durch 20 Länder Afrikas gereist. Herausgekommen sind zwei beeindruckende Bildbände mit dazugehörigen Reisebeschreibungen. Darin schildern Sie auch brenzlige Situationen, in denen Waffen eine Rolle spielen – die Waffen anderer. Haben Sie selbst keine Waffe bei sich getragen?
Nein.
Warum nicht?
Aus einem einfachen Grund: Wenn man eine Waffe dabei hat, stirbt man.
Amerikaner würden das exakt umgekehrt sehen.
Deswegen schauen wir beide uns jetzt kurz gegenseitig an und dann die Todesraten in Amerika, und dann wissen wir: Größeren Schwachsinn gibt es gar nicht. Die würden am liebsten die Kindergartenkinder hochrüsten – dann wird bestimmt alles gut.
Wie ist es, in den Lauf einer Pistole zu blicken?
Ich will nichts dramatisieren. Aber die ersten Male, als jemand eine Waffe auf mich gerichtet hat, dachte ich natürlich, jetzt bin ich tot. Irgendwann kriegt man dann mit: Nee, so ist es nicht. Ich sage nicht, Waffen gehören in afrikanischen Ländern zum guten Ton, aber ganz verkehrt ist es auch nicht. Mit der Waffe wird eben demonstriert: Ich Chef, du nix. Das heißt aber nicht notwendigerweise: Ich bring' dich jetzt um. In dem Augenblick aber, in dem man selbst eine Waffe zieht, ist es ein ganz anderes Spiel. Oder besser: kein Spiel. Denn dann geht es um Leben und Tod.
Wie routiniert sind Sie inzwischen in solchen Situationen?
Ich finde es immer noch nicht nett, in dieses kleine Loch zu gucken, aber ich habe es tatsächlich schon sehr, sehr oft getan, wirklich sehr, sehr oft. Und wie Sie sehen, lebe ich nach wie vor. Das entspannt ein bisschen.

In einem Ihrer frühen Die-Ärzte-Hits, „Zu spät", kommt die Zeile vor:
„Ich wollte ihn verprügeln, deinen Supermann / ich wusste nicht,
dass er auch Karate kann." Wenn Sie schon keine Waffe tragen –
haben Sie mittlerweile wenigstens Karate gelernt?
> Nach dem Lied hab' ich ein bisschen Kampfsport gemacht, aber nie Karate. Als Kind wollte ich das lernen, durfte aber nicht.

Warum nicht?
> Da gab es familiäre Gründe.

Sie sprechen Japanisch.
> Leidlich.

In „Zu spät" kommt nach dem Karate-Vers der Ausruf: „Schabalahudi" – oder so ähnlich. Ist das Japanisch?
> Es gibt zwei Versionen des Songs: Live singen wir „Hung dong tschabalahuti", auf dem Album „Tayayay Ginseng". Für unsere Verhältnisse sind das wenig Varianten. Es gibt einen Song von Bela, „Rock Rendezvous", in dem geht es darum, wie nahe wir uns innerhalb der Band stehen: „Komm schon, Farin, mach mich froh / ich will an deinen süßen Po." Den Text haben wir spontan immer wieder verändert, selbst im Proberaum. Da gibt es sicher 500 Versionen.

Zurück zu „Hung dong tschabalahuti".
> Das ist ein Zitat aus dem Film „Jekyll und Hyde – Die schärfste Verwandlung aller Zeiten". Eine Drogenkomödie, die ich nur in der deutschen Synchronisation kenne. In der taucht irgendwann ein Japaner auf, der natürlich kein Japaner ist, und der sagt dann „Hung dong tschabalahuti", was natürlich kein Japanisch ist, eigentlich überhaupt keine Sprache. Aber weil Bela und ich totale Fans dieses Films sind und ihn beide komplett von vorne bis hinten mitsprechen können, deswegen: „Hung dong tschabalahuti".

Es gibt von Ihnen auch Lieder nichtdeutscher Zunge. Das spanische „Atrás" zum Beispiel.
> Das habe ich aber nicht alleine geschrieben, dafür war mein Spanisch nicht gut genug. Portugiesisch klappt besser.

Ich meine, es war Heidegger, der mal behauptet hat, man könne nur auf Deutsch und Griechisch vernünftige Gedanken fassen ...
> Da ich kein Griechisch kann, weiß ich das nicht.

Ich will aufs Songwriting hinaus.
> Ah, Ihre Frage geht noch weiter. Ich wollte nämlich gerade von meiner Theorie erzählen.

Bitte, Ihre Theorie.
> Nein, erst das Songwriting.

Ihre Theorie interessiert unsere Leser sicher mehr.
> Okay. Ich bin gerade dabei, Mandarin zu lernen, und stelle fest, dass diese Sprache keine rekursiven Strukturen hat. Das heißt, den Mandarin-Sprechern sind, jedenfalls meiner Einschätzung nach, gewisse Gedanken verschlossen, weil sie sprachlich nicht abbildbar sind. Jetzt bin ich noch lange nicht so weit,

dass ich chinesische Philosophie im Original lesen könnte. Aber die Gespräche, die ich bisher mit Chinesen hatte, deuten tatsächlich darauf hin, dass . . . wie soll ich das jetzt sagen, ohne von Sinologen eins auf die Mütze zu kriegen? Also, was ich meine, ist, dass Heidegger da schon einen Punkt hatte.

Beneiden Sie manchmal nichtdeutsche Songwriter um ihre Muttersprache, weil die sich irgendwie besser anhört?
Ich beneide definitiv alle Englischsprecher. Aber aus einem anderen Grund. Es ist nämlich so unfassbar leicht, auf Englisch Texte zu schreiben, dass ich echt kotzen könnte.

Wieso machen Sie es dann nicht?
Weil ich nun mal kein englischsprechender Mensch bin. Und weil ich in Deutschland lebe. Und vielleicht, weil es mich auch nicht so herausfordert, weil es wirklich so leicht ist. Und weil mein Englisch dann doch nicht perfekt genug ist, um alle Nuancen rüberzubringen. Ich mag ja auch das Schwierige am Deutschen.

Die meisten Ihrer Lieder, wenn nicht alle, sind in Reimen verfasst. Manchmal brechen Sie auch sprachspielerisch aus dem Schema aus. Empfinden Sie den Reim als beengendes Korsett – oder weist er Ihnen erst den Weg zu Versen und Welten, zu denen Sie ohne ihn nie gelangt wären? Beispiel: „Ich hab' 'ne Sonnenbrille auf, weil ich sie brauch' / die Sonne scheint mir auf den Bauch / so geht's doch auch." Oder: „Ich bin hilflos, denn meine Wünsche wachsen / in dem Maß, in dem mein Einkommen steigt / so dass das Glück immer gleich unerreichbar bleibt . . .
. . . es ist ein bisschen wie beim Turmbau zu Babylon / ich hab' so viele Träume – hier ist einer davon." Nee, in 90, 95 Prozent der Fälle gibt es die Aussage, und dann muss ich den Reim schmieden, der die Aussage rüberbringt. Das zeigt vielleicht, dass der Inhalt dann doch das Wichtigste für mich ist. Und deswegen dauert die Suche nach einem Reim auch oft so lange. Ich bin da echt penibel. Mir reicht es nicht, wenn es ungefähr passt. Es soll bitte genau passen, ganz genau. Aber immerhin, in fünf bis zehn Prozent der Fälle ist das Reimen wie das Reisen. Der Reim nimmt mich mit in eine unbekannte Gegend, und ich denk': Guck mal, auch schön hier.

Welche der beiden Varianten ist leichter?
Mit schwer und leicht ist das hier so eine Sache. Zum Beispiel Schiller. Der hat sich etwa in der „Glocke" ein strenges Reim- und Versmaßkorsett auferlegt. Man denkt: wahnsinnig schwierig. Ist aber nicht ganz richtig. Denn je größer die Herausforderung, desto mehr läuft das Hirn auf Hochtouren und desto mehr Spaß macht es auch. Auf eine perverse Art ist es also umso einfacher, je schwieriger es ist. Das ergibt jetzt überhaupt keinen Sinn.

Auf einer höheren Ebene vielleicht schon. Man könnte es mit Bela B. vergleichen, der auch in seinem Alter noch Stehschlagzeug spielt, obwohl er auch bequem sitzen könnte . . .

... und zwar nicht drei Minuten, sondern dreieinhalb Stunden lang. Sitzen kann schließlich jeder.

Beim Reimen ziehen Sie alle Register: Schüttelreime, Binnenreime, Stabreime.

Meine liebsten Spielzeuge!

Haben Sie manchmal Angst, Ihre Hörer zu überfordern?

Nein. Ich will jetzt nicht sagen, das ist mir immer schon völlig egal gewesen. Aber die Hörer sind nicht die Rezipienten, für die ich Stücke schreibe.

Das heißt, was Sie in sich tragen, hauen Sie ohne Rücksicht auf Verluste raus.

Im Prinzip ja. Was mich interessiert, was mich selber kickt. Da kann es natürlich passieren, dass ich exquisit lange an einem Reim feile, und keiner nimmt ihn wahr. Aber nach einem Jahr kommt dann vielleicht doch eine Mail: Denk nicht, dass ich's nicht gemerkt hab'. Was für ein Reim! Dann sag' ich: Ja! Wenigstens einer oder eine.

Im Vergleich zur sprachlichen Artenvielfalt in Ihren Songs sind Ihre afrikanischen Reisebeschreibungen geradezu arid.

Das liegt wahrscheinlich an der Wüste. Wer sich darauf einlässt, dem vergeht die Blumigkeit der Sprache. In der Wüste ist alles ganz konkret.

Jedes Jahr wieder gilt Bob Dylan als einer der Favoriten für den Literaturnobelpreis. Finden Sie das albern?

Dylan ist ein spezieller Fall. Er schwankt für mich zwischen völlig überschätzt und tatsächlich sensationell gut. Er hat ein paar Sachen gemacht, die sind so grandios, dass die Leute gedacht haben, alles, was der macht, ist so grandios. Aber er hat eben auch sehr mediokre Songtexte geschrieben. Ich sag' das jetzt einfach mal so, auch wenn es mir wahrscheinlich nicht zusteht und die Leute sagen werden: Wie kann der bloß! Es ist natürlich auch eine Geschmacksfrage. Dylan ist mir oft zu wenig konkret. Diese Art von Lyrik interessiert mich nicht so sehr. Ich wüsste aber sofort jemanden, den ich zwar nicht unbedingt für den Literaturnobelpreis vorschlagen würde, den ich aber für einen immer noch total unterschätzten Texter, Lyriker halte: Eminem.

Was mögen Sie an ihm?

Natürlich hat er auch ganz viel pubertären Bullshit geschrieben. Und viele Texte, in denen er bloß über sich selbst sinniert. Damit sollte er zum Psychiater gehen, das muss man nicht in der Öffentlichkeit ausbreiten. Abgesehen davon schafft er es aber innerhalb von fünf Versen, so viele Emotionen hervorzurufen, dass ich manchmal völlig platt bin. Und das auf einem sensationellen sprachlichen Niveau. Guter Mann. Sehr, sehr guter Mann!

Gibt es Künstler, die Sie um manche ihrer Werke beneiden?

Fast alle. Ich bin Fan von ganz vielen Leuten.

Dann nehmen wir doch mal die Toten Hosen. Welchen Song von ihnen hätten Sie gerne geschrieben – wenn Sie denn einen kennen?

Natürlich kenne ich Songs von den Hosen. Ich mochte damals sehr das „Liebeslied": „Und aus dem Radio kommt ein Liebeslied." Sie singen danach „in der Fernsehshow" und wiederholen das Ganze. Ich hätte da 'nen anderen Reim genommen. Aber ich mag den Song bis heute sehr. Beneiden wäre allerdings zu viel gesagt. Beneiden tu' ich dann doch eher andere Leute um ihre Songs ... Ja.

Ihr Lied „Der ziemlich okaye Popsong", das Sie für Ihre zweite erfolgreiche Band Farin Urlaub Racing Team (FURT) geschrieben haben, ist im Grunde eine Paraphrase auf: „Wo gesungen wird, da setz dich nieder ..."

Wowowo! Jetzt wollen wir Johann Gottfried Seume doch mal richtig zitieren: „Wo man singet, lass dich ruhig nieder / Ohne Furcht, was man im Lande glaubt / Wo man singet, wird kein Mensch beraubt / Bösewichter haben keine Lieder." Jeder zitiert das falsch. Das ärgert mich. Sorry, aber da bin ich echt eigen.

Dann zitiere ich besser Ihren Song, den hab' ich vor mir liegen: „Musik will nichts zerstör'n / und wer nicht dauernd schießen muss / hat mehr Zeit sie zu hör'n."

Das ist totaler Quatsch. Denn leider haben auch die Rechten viele Lieder. Hier irrte Johann Gottfried Seume also – und wahrscheinlich auch Farin Urlaub. Die Menschen sind komplexe, aber zugleich auch primitive Wesen, und Musik kann uns mehr manipulieren, als den meisten von uns bewusst ist. Den meisten. Hehe.

Ihr Anti-Nazi-Song „Schrei nach Liebe" schaffte es im September nach 22 Jahren seiner Existenz erstmals an die Spitze der deutschen Charts. Zuvor war im Internet dazu aufgerufen worden, das Lied herunterzuladen und so gegen Fremdenfeindlichkeit zu demonstrieren. In dem Song gibt es die Textzeile „Zwischen Störkraft und den Onkelz steht 'ne Kuschelrock-LP". Zwischenzeitlich haben Sie allerdings gesungen: „Zwischen Störkraft und den andern steht 'ne Kuschelrock-LP". Warum? Weil Sie den Böhsen Onkelz geglaubt haben, dass sie sich von ihrer rechtsradikalen Vergangenheit gelöst haben?

Störkraft war eine bekannte Nazi-Band. Die anderen waren halt die andere bekannte Nazi-Band. Wir dachten, es sei jedem klar, dass damit die Onkelz gemeint sind. War aber nicht so. Also haben wir wieder „Onkelz" gesungen. Ich schätze meine Vorurteile.

Sie haben die Länder in Afrika bereist, aus denen viele Menschen nach Europa geflohen sind und immer noch fliehen. Manche in Deutschland sagen: So arm sehen die Flüchtlinge doch gar nicht aus.

Ich wünschte, ich könnte die, die so reden, kurz mal dahin beamen. Für vier, fünf Monate. Mal sehen, wie viele überhaupt überleben – und was die, die man wieder zurückbeamen kann, zu erzählen haben. Mehr will ich dazu eigentlich gar nicht sagen. Sonst setze ich noch zu einer zweistündigen Hasstirade an, und das hilft ja keinem. Ich will auch nicht behaupten, dass ich die Weisheit mit Löffeln gefressen habe und alles erklären kann. Aber wer so was erzählt, hat einfach keine Ahnung.

Wie muss man sich das eigentlich vorstellen, wenn Sie, ein gut 1,90 Meter großer Mann mit blond gefärbten Haaren, für einige Tage in einem Dorf zum Beispiel in Burkina Faso zu Gast sind?

Lustig. Denn die Weißen, mit denen die Leute dort normalerweise zu tun haben, sind entweder besorgt – oh Gott, habt ihr auch genug zu essen? Oder sie sind Ärzte. Aber dass jemand einfach mal so kommt und sich mit großem Vergnügen zum Horst macht, das kannten die überhaupt nicht. Das fanden die gut.

Sie haben in Interviews Dinge geäußert, die sich womöglich widersprechen. Einmal sagten Sie: „Im Kopf gibt es so viel zu entdecken." Das wäre so ein bisschen die Immanuel-Kant-Nummer: kaum je aus Königsberg rausgekommen ...

... und trotzdem die Welt besser verstanden haben als wir alle.

Andererseits haben Sie behauptet: „Wer einen Sweatshop in Ostasien verstehen will, dem reicht keine Reportage."

Ergo: Der muss raus, um es mit eigenen Augen zu sehen.

Wo widerspricht sich das? Es gibt im Kopf viel zu entdecken, aber natürlich nicht alles.

Kant ...

... war ein Genie. Was bin ich nicht? Ein Genie! Kant hat allgemeingültige Regeln entdeckt. Aber er wusste nichts über Sweatshops in Asien. Die gab es damals ja auch noch gar nicht. Abgesehen davon sehe ich keinen Widerspruch. Der Kopf ist interessant. Sich darin auszukennen, darin mal rumzustöbern, ist super. So kann man aber nur Gesetze finden und Regelmäßigkeiten. Es kann aber nicht dazu beitragen, dass wir konkrete Situationen verstehen. Abstrakt ja, konkret nein. Ich bin aber Fan von beidem.

In einem FURT-Lied behaupten Sie, überall auf der Welt wollten die Menschen mehr oder weniger dasselbe: genug zu essen, ein Bett – und jemanden, der sie liebt. Glauben Sie das wirklich? Verbindet die Menschen tatsächlich mehr als sie trennt?

Uns verbindet alle viel, viel mehr, als gewissen Leuten in Deutschland und auch anderswo recht ist. Es gibt keine Auserwählten, schon gar keine auserwählten Völker. Das ist alles Käse.

Oft töten die Leute nicht für ein Stück Brot, sondern für irgendeine abstrakte Idee. Wie erklären Sie sich das?

Charles Bukowski hat mal sinngemäß gesagt: „Wir werden alle sterben. Jeder einzelne von uns. Das allein sollte Grund genug sein, dass wir uns alle lieben. Aber es haut nicht hin. Wir sind bescheuert." Bukowski hatte recht. Es mag heldenhafter klingen, für eine Idee zu sterben als für einen Apfel oder für ein trockenes Bett. Aber ich kann beidem nichts abgewinnen.

Warum sind wir so bescheuert?

Weil wir alle verwundbar sind, und zwar oft an Stellen, von deren Empfindlichkeit wir gar nichts wussten. Viele von uns kann man bei Ehre und Stolz packen, deswegen sind das in Deutschland ja so prekär besetzte Begriffe. Jeder wäre gern etwas Besonderes. Und wenn man jemandem, der anscheinend nichts Besonderes ist, suggeriert, dass er es sein könnte, wenn er Ehre und blabla, Vaterland, rrhrr – ich kann dem so wenig abgewinnen, dass ich auch diese Art zu denken nicht verstehe. Aber so kann man Leute verführen.

Sie sind ja wohl etwas Besonderes. Wie ist das so?
Mich hat das nie interessiert. Manchmal kommen Fans zu mir und sagen: Ich wär' gern so wie du. Dann sag ich: Wie? Zurück kommt dann oft: so berühmt. Da sag' ich: Berühmt sein ist das Letzte, was ich will. Wenn man sich wünschen könnte, dass die Leute zu den Konzerten kommen und sich für die Bildbände interessieren, aber sobald das nicht stattfindet, kennt mich keine Sau, würde ich sofort einschlagen. Das wäre für mich das Allerschönste. Dann könnten wir zwar jetzt kein Interview machen – au weia, kann ich da nur sagen.

Sie scheinen ein an Diesseitigkeit kaum zu überbietender Mensch zu sein.
Wie das wieder klingt!

Sie glauben nicht an ein Leben nach dem Tod, auch nicht an Weisheiten wie „Wer schreibt, der bleibt". Andererseits hinterlassen Sie der Nachwelt Bildbände, die so schwer sind, dass man sie zum Muskelaufbau verwenden kann.
Für die Bildbände gibt es nur einen Grund: Ich will das Schöne, das ich erlebt habe, teilen. Ich würde mich da gern noch mehr rausnehmen. Aber der Verleger sagt, wenn man da nicht „Farin Urlaub" draufschreibt, dann verkauf' ich gar nichts. Wir brauchen dich, dein Gesicht, deinen Namen, deine Interviews. Jetzt kann ich mich natürlich auf den Standpunkt stellen, ja gut, dann mach' ich eben keine Bildbände. Aber dann sieht halt auch keiner, wie schön die Welt ist. Wobei es natürlich auch andere Wege zu dieser Erkenntnis gibt. Aber wenn es nach mir geht, nehme ich mich da gern raus. Ich will nicht bleiben – um Himmels Willen.

Ihre Unabhängigkeit hüten Sie wie einen Schatz.
Sie ist das Allerwichtigste.

Von anderen Leuten kann sie aber auch als Treulosigkeit empfunden werden. Viele wünschen sich doch nichts sehnlicher, als dass sich ein anderer Mensch in eine Abhängigkeit zu ihnen begibt, manche nennen das dann „Freundschaft", andere „Liebe", wieder andere „Die Ärzte". Wer sich diesem Wunsch widersetzt, kann andere verletzen. Haben Sie diese Erfahrung auch schon gemacht?
Aber ja. Ich kann das auch nachvollziehen. Aber Unabhängigkeit heißt eben Unabhängigkeit.

Ihre Unabhängigkeit bezieht sich auch auf Suchtmittel. Finden Sie es nicht seltsam, dass Sie in Interviews häufig gefragt werden, warum Sie weder rauchen noch trinken?

Ja, finde ich. Für andere Leute scheint das ein wichtiger Teil meiner Person zu sein, mir selber ist das völlig wurscht. Warum fragt mich keiner, ob ich Fäkalien esse? Das würde für mich komplett in diese Liste passen.

Nehmen wir Reinhard Mey, sein Lied „Gute Nacht, Freunde".
Im Refrain heißt es: „Es wird Zeit für mich zu gehen / Was ich noch zu sagen hätte / Dauert eine Zigarette / Und ein letztes Glas im Steh'n."

Ohne den Reim auf Zigarette wäre das Lied ärmer.

Ich hätte eine Theorie, warum das so ist.

Oha.

Indem ein Mann bereit ist, für einen schönen Moment mit einem guten Freund die eigene Gesundheit rauchend aufs Spiel zu setzen, zeigt er dem Freund, dass er ihm wichtiger ist als er selbst. Können Sie diesem Gedanken etwas abgewinnen?

Boah! Das ist doch pervers. So eine Freundschaft möchte ich nicht pflegen, da öffnet man ja noch viel ungesünderen Dingen Tür und Tor. Nein, Rauchen stinkt, ist ungesund, fertig.

Was denken Sie, wenn Sie heute durch die Straßen gehen und dort Hundepunks betteln, rauchen, Alkohol trinken?

Ich nehme sie natürlich immer wahr, und, das klingt jetzt vielleicht pathetisch, ein Teil von mir will sich auch danebensetzen und sagen, Alter, da gibt's noch mehr. Aber der andere Teil ist dann doch eher der Zweiundfünfzigjährige, der sagt, nee, interessiert mich einfach nicht mehr.

„Ich mag ja a
Schwierige a

ch das
n Deutschen."

Farin Urlaub

16
Harald Schmi[dt]

"Sie stellen mir Fragen, die ich mir nie gestellt habe"

Von Harald Schmidt bin ich im Grunde nur einmal enttäuscht worden. Es muss 1996 gewesen sein, ich war damals in der elften Klasse, und Schmidt hatte schon seine Late-Night-Show auf Sat 1. Er legte einen Wettbewerb auf: Wer das lustigste Video zur Fußball-EM in England einsende, der dürfe für die Show von dort berichten. Ich holte sofort zusammen mit meinem Freund Volker die Kamera von dessen Vater raus, und dann drehten wir am heimischen Esszimmertisch einen Film, der – zumindest in der Erinnerung – wirklich superlustig war. Doch am Tag der Bekanntgabe der Sieger saßen plötzlich zwei sehr hübsche Mädels auf den Sesseln neben Schmidts Tisch, damals noch im Kölner Capitol, und wir hatten zu Hause vor dem Fernseher irgendwie den Eindruck, dass es ihm gar nicht um die Qualität der eingesandten Humorarbeiten gegangen war. Natürlich hat Schmidt trotzdem weiter den Rhythmus meiner Wochentage bestimmt: nie ins Bett vor 0.15 Uhr, dem Ende der Show. Man kann es sich heute kaum mehr vorstellen – aber auch damals balancierte die Welt schon am Abgrund: zu hohe Lohnnebenkosten, Rinderwahn, schlechte Musiktexte, dicke Kinder und dann noch der ganze Kommerz. Schmidt hat die Dinge geordnet und geerdet, man konnte ohne Verspannungen im Nacken und mit einem Lächeln auf dem Gesicht einschlafen.

Später, als er immer kürzertrat und irgendwann verschwand, meldeten sich frühere Weggefährten und Sherpas wie Herbert Feuerstein, Manuel Andrack oder Benjamin von Stuckrad-Barre kritisch zu Wort. Schmidts angebliche menschliche Schwächen wurden ausgebreitet, wobei unter den Exegeten Uneinigkeit herrschte, ob sie seine Kunst eher befördert oder begrenzt hätten. Wie Schmidt „als Mensch" ist, kann ich nicht beurteilen. Aber die beiden Male, die ich ihn zum Interview getroffen habe, 2011 und 2013, war er höflich, unprätentiös, sehr professionell und wahnsinnig unterhaltsam – fast noch besser als in seiner Show. Dass zum Beispiel das zweite Interview in einem Kölner Hotelzimmer fast vier Stunden dauerte, liegt auch daran, dass ich überhaupt keinen Drang verspürte, zum Ende zu kommen. Schließlich bekam ich eine tolle Show geliefert – und gratis noch dazu. Schmidt ist erklärtermaßen nicht besonders fleißig. Es war klar, dass er keine Lust haben würde, die Interviews aufwendig zu autorisieren. Dass er dann aber in gut 1000 Zeilen Text, also bei mehr als 40 000 Zeichen, nur einen einzigen Buchstaben änderte (statt „Altkanzler Schröder ließ den Wein im Anflug aus Tokio entkorken" musste es natürlich „auf Tokio" heißen), könnte entweder ein guter Witz gewesen sein oder aber ein Hinweis darauf, dass er sich selbst nicht auf die Goldwaage legt, geschweige denn jedes seiner Worte. Wie sagte er im Interview auf die Frage, was von ihm bleiben werde: „Was ich mache, ist wie McDonald's: konsumieren und weg damit."

INTERVIEW VOM
07.03.2011 / F.A.Z.

Harald Schmidt ist in Nürtingen aufgewachsen. Er versteht die Schwaben. Vor der Landtagswahl 2011 erklärt er die großen und kleinen Geheimnisse Baden-Württembergs.

Interview 1

Vom Kirschbaum gfalla

Herr Schmidt, Sie sind 2009 mit dem Preis des Waiblinger Motorsägenherstellers Stihl für Ihre Verdienste um die Region Stuttgart ausgezeichnet worden. Worin liegen diese Verdienste?
    Ich spiele in Stuttgart Theater. Außerdem bin ich in Nürtingen bei Stuttgart aufgewachsen. Vor allem aber sage ich immer und überall: Stuttgart ist toll, Stuttgart ist ein schlafender Riese, Stuttgart ist ein Rohdiamant. Wahrscheinlich war ich auch einfach der Bekannteste, der für den Preis zur Verfügung stand. Bei Preisen guckt man ja auch immer: Wer passt gerade, wer ist im Lande? Ich fand es jedenfalls naheliegend, dass ich den Preis kriege.

Churchill hat einmal über seinen Nachfolger Attlee gesagt: ein bescheidener Mann, mit allem Grund zur Bescheidenheit. Gilt das nicht auch für Ihre Heimat?
    Ich finde nicht. Da ist schon mal das Materielle: Wohlstand. Mittlerer Neckarraum. Ich kenne das ja noch aus meiner Schulzeit, da hatten normale Arbeiter zwei Häuser, „uff Mondaasch" verdient. Das Gehalt lief weiter, und der Vater war „uff Mondaasch" in Brasilien oder in Russland, das wurde dann ja noch mal richtig bezahlt. Außerdem hat meistens die Oma jede Menge Grundstückle ghabt. Wenn uns da der Ruhrpottarbeiter geschildert wurde, in der Schule, im Drittweltunterricht oder so, da wusste man gar nicht, was damit gemeint ist. Denn man fuhr ja Benz, man hatte zwei Häuser, man hatte Grundstücke. Man musste auch am Wochenende 400 Kirschbäume abernten, sinnlos, aber die hatte man halt. Übrigens häufige Todesursache in der Ecke: vom Kirschbaum gfalla. Das glaubt man gar nicht, wie oft das passiert. Das ist das Materielle. Hinzu kommt: Auto erfunden, Hegel, Horkheimer, tolle Naherholungsgebiete. Also ich finde, Stuttgart hat auch weltweit gesehen eine enorme Lebensqualität. Baden-Württemberg insgesamt.

Gibt es den Wohlstand immer noch in dem Maße?
    Relativ gesehen ja. Wenn ich mir in Stuttgart die sozialen Brennpunkte anschaue – das ist in Köln oberer Mittelstand.

Politiker im Südwesten sagen noch lieber als anderswo: Der Mittelstand ist das Rückgrat unserer Wirtschaft. Stimmt das?
    Absolut. Ich bin ja auch ein Mittelständler: GmbH mit ich glaube 12 Festangestellten. Ich hatte mal 112. Zu der Zeit habe ich in Berlin zufällig Heinz Dürr getroffen, ein weiteres Aushängeschild unseres Landes: Bahn-Chef, AEG-Chef, Theaterfan, zwei Töchter: Nicole macht irgendwas mit Mode. Die andere weiß ich nicht, ich glaube die lebt in Las Vegas. Die habe ich mal beim Frühstück gesehen, im Schlossgarten-Hotel. Hat mir ihre Visitenkarte gegeben. Wenn ich mal nach Las Vegas komme: melden. Und dann sagte ihr Vater: Was, Sie hen a GmbH? Wie viel Mitarbeiter hen Sie? Ich: so hundert. Und dann sagte der mir auf den Kopf die Umsatzzahlen zu. Ich habe das mal nachgeschaut, das stimmte in etwa. Also: Natürlich ist es der Mittelstand, der das Land trägt. Weil der Mittelstand noch vor Ort

rackert, ohne Wenn und Aber Steuern zahlt und in Talkshows keine unschönen Sätze sagt wie: Die Produktion folgt den Märkten.

In Ihrem neuen Buch schreiben Sie, dass für alle, die nördlich von Frankfurt herstammen, Baden-Württemberg und Bayern dasselbe seien. Als gebürtiger Bayer müssen Sie es besser wissen. Also: Welches Bundesland liegt vorne?

Eindeutig Baden-Württemberg, und da speziell Württemberg, nicht Schwaben. Württemberg hat einen großen Vorteil, das ist der, wie es dort heißt, Pietcong, der Pietismus auch in der Hardliner-Variante, der ja letzten Endes bis zur evangelischen Pfarrerstochter Gudrun Ensslin führt.

Was soll da der Vorteil sein?

Zusammen mit dem frischen Blut der Heimatvertriebenen, das durch mich reingebracht wurde, ist das so eine Melange, die im überwiegend katholischen Bayern fehlt. Diesen Pietismus hat es im Südwesten immer gegeben, und dann eben die ganzen Flüchtlinge, die ja keine Flüchtlinge waren, sondern Vertriebene, aber gerade der F.A.Z.-Leser weiß da ja subtil zu unterscheiden. Bayern lebt aus meiner Sicht hauptsächlich von seiner Landschaft. Dann hat man noch ein bisschen Siemens, ein bisschen Allianz, aber das wirkliche Eliteland ist Baden-Württemberg.

Baden-Württemberg will mit Bayern gegen den Länderfinanzausgleich vorgehen. Ist das aus Ihrer Sicht berechtigt?

Ich glaube, dass es im Rahmen der Stabilität notwendig ist, dass wir alle Länder am Rande der Armutsgrenze stützen – Griechenland wie Nordrhein-Westfalen. Aber man sollte sich dann die Arroganz leisten, es die anderen spüren zu lassen.

Die Kanzlerin hat als haushaltspolitisches Vorbild die schwäbische Hausfrau genannt. Gibt es die überhaupt noch?

Ich glaube schon, auch wenn es früher mehr davon gab. Da komme ich wieder auf die 400 Kirschbäume zurück, gefühlte Ernte: zehn Tonnen, die dann eingeweckt werden mussten. Und zwar ohne Aussicht darauf, dass sie jemals jemand isst. Was nicht eingeweckt wurde, hat man zu Gsälz, also Marmelade, verarbeitet. Wenn man irgendwo zum Kaffee war, dann bekam man ein Gläschen mit, obwohl einem zehn Mark viel lieber gewesen wären. Was auch noch zur Hausfrau gehört: in der Kittelschürze die Straße kehren, sonntags Kuchen backen, Garagentor abwaschen, auf dem Weg, wenn man von der Kirche zurückkommt, vorm Gartenzaun noch vier Blätter aufheben oder auf dem Friedhof vom Grab. Das sind ja alles Fähigkeiten, die zwar als spießig belächelt werden, aber im Grunde das finanzielle Auskommen garantieren. Mit der Stütze nicht klarkommen kann jeder. Bei uns daheim war ein fester Satz: Das können wir uns nicht leisten. Das lernt man als Kind, und dann ist das so. Wer unbeschränkt Geld ausgeben durfte, waren die Kinder von Geschiedenen. Die bekamen im Schwimmbad Cornetto statt Capri. Geschieden war damals in Nürtingen gleichbedeutend mit Neger. Im sozialen

Status. Es gab auch den Begriff der „Amihur", die sich mit Besatzern eingelassen hatte und nach acht Jahren Ehe in einem Wohnwagen in Ohio wieder zurückkam, geschminkt und mit lackierten Fingernägeln.

Sind die Leute im Südwesten prüde?

Das kann man nicht sagen. Denn sonst wären ja nicht schwäbische Sprüche möglich wie: Der god neba naus oder, auf Frauen bezogen, die lässt se na wie d'Wefzge.

Wenden wir uns der Zukunft zu: „Stuttgart 21".
Was halten Sie davon?

Wir haben diesen „Elvis lebt"-Liederabend gespielt, der mit der RAF-Zeit zu tun hatte. Da war mein Schlusssatz: Man kann gegen die RAF vieles sagen, aber sie wollte niemals den Stuttgarter Bahnhof unter die Erde verlegen. Das gab tosenden Applaus, weil das als wahnsinniges Statement gegen „Stuttgart 21" gewertet wurde. Ich habe dann mehrfach darauf hingewiesen, dass es wirklich nur um eine Schlusspointe ging. Das wurde aber nicht gehört.

Also sind Sie dafür?

Ich bin ein großer Freund davon, sich nur über Dinge zu äußern, von denen man eine Ahnung hat. Zu „Stuttgart 21" fehlt mir jegliche Kompetenz. Ich höre, ich bin dreißig Minuten schneller in Ulm. Da kommt Karl Valentin ins Spiel: Was soll ich da? Im Übrigen ist „Stuttgart 21" doch jetzt schon aus dem öffentlichen Bewusstsein verschwunden. Durch Nordafrika, durch Guttenberg, vor allem durch Gaddafi. Wer aus der baden-württembergischen Landespolitik soll das Bild von Gaddafi mit dem Regenschirm toppen? Mappus? Tanja Gönner? Übrigens habe ich auch in meiner geliebten F.A.Z. zunehmend ironische Untertöne zu „Stuttgart 21" vernommen, im Sinne von: Wenn das Hauptthema der Hauptredner vier verpflanzte Bäume sind, dann kann es so wild nicht mehr sein.

Gibt es Argumente der „S21"-Gegner, die Sie nachvollziehen können? Wenn Sie etwa an den Juchtenkäfer oder an die Ängste der Halbhöhenbewohner denken?

Ein Kompromiss in meinem Sinne wäre es, den Juchtenkäfer auf die Halbhöhen umzusiedeln. Da bin ich dann doch wieder zu sehr in der Tradition Ernst Jüngers, eines anderen ganz Großen, Wilflingen, um zu sagen, dass ich Oberstudienräte einem Käfer vorziehen würde. Beide haben das gleiche Lebensrecht. Das sage ich auch als F.A.Z.-Leser. Aber ansonsten bin ich doch zu sehr Generalist und Globalpolitiker. Ich finde, „Stuttgart 21" ist etwas für die Arbeitsebene. Ich jedenfalls sehe mich eher in der Rolle, Visionen vorzugeben, zu sagen, wo wollen wir in zwanzig Jahren stehen, und die Frage: Wie kommen wir dahin? anderen zu überlassen.

Bedenken Sie: Wenn Sie dereinst nach Stuttgart ziehen, würden Sie wahrscheinlich auch auf den Halbhöhen landen.

Das ist eine interessante Frage, ob ich dort wohnen würde. Vielleicht würde ich auch im kommenden Viertel Bad Cannstatt wohnen. Egal. Ich kann die Ängste nachvollziehen, aber als Katholik, der mit dem Bruder des Papstes

Palatschinken gegessen hat und miterleben durfte, wie Martin Mosebach den Ring des Regensburger Bischofs küsste, muss ich da in größeren Zeiträumen denken. Bangladesch wird einmal pro Jahr überflutet, und trotzdem leben da angeblich die glücklichsten Menschen der Welt. Warum? Weil sie aufs Jenseits hoffen. Es ist also eine Frage der religiösen Verankerung.

Glauben Sie, dass der Protest gegen „S21" vom Bürgertum getragen wird?

Der Protest hat fraglos die Mitte der Gesellschaft erreicht. Das ist so. Kürzlich war wieder eine Großdemo, und da saß ich im Schlossgartencafé und aß Apfelkuchen mit Sahne. Als die Demo zu Ende war, kamen mehrere Demonstranten mit ihren Transparenten rein, stellten sie in die Ecke, setzten sich hin und aßen auch Apfelkuchen mit Sahne. Da sagte ich zur Bedienung: Das ist aber schön, dass der Wutbürger nach der Demo Kuchen essen kommt. Da sagte sie: auch schon vorher.

Wundert es Sie, dass die Grünen ausgerechnet im Südwesten so stark sind?

Überhaupt nicht. Die Grünen in Baden-Württemberg sind für mich CDU mit sauberem Wasser, was übrigens auch auf die CDU zutrifft. Auch CDU-Wähler wollen im Bodensee schwimmen. Wenn Sie in Stuttgart im Straßencafé sitzen, dann hören Sie überall: Schiefer, Absinken, Außenwand. Sie hören das, und dann kucken Sie sich um und sehen nur Lammfelljacken und Wildlederschuhe. Die Leute dort arbeiten sich ein, egal, welche Partei sie wählen. So gehen sie auch ins Theater: Man hat das Stück vorher gelesen und weiß, dass Botho Strauß eine Affinität zu Gerhard Richter hat. Aber ich sehe das alles unter dem Gesichtspunkt: Was gibt es für meine Show her? Und da sind Guttenberg und Gaddafi mittlerweile klar vorn.

Welcher Grüne könnte am ehesten mit Gaddafi mithalten? Kretschmann?

Nur über die Stimme. So gut wie diese Stimme kann der Inhalt gar nicht sein. Aber außer Kretschmann kenne ich niemand von den Grünen.

Palmer?

Ja, den auch, mit dessen Vater bin ich ja aufgewachsen. Der Remstalrebell. Und Boris jetzt schon sehr im Dreiteiler, sehr medial, auch bereit, über andere Koalitionen nachzudenken. Solche Grüne mag ich am liebsten: die jederzeit bereit sind, sich über ihre Partei hinaus zu entwickeln.

Kennen Sie jemanden von der SPD?

Nur Ute Vogt. Ich weiß aber nicht, ob die mittlerweile bei Manuela Schwesig den Dienstwagen fährt oder was die sonst so macht. Lange nichts von ihr gehört, aber die kenn' ich halt. So wie ich in Bayern Franz Maget kenne.

Wie fanden Sie das Schlichtungsverfahren zu „Stuttgart 21"?

Das hat mir wahnsinnig gut gefallen, auch wegen Geißler, der ja auch Bücher schreibt, in denen er das zu Ende denkt, was Jesus sprachlich nicht so rüberbringen konnte. Davon brauchen wir mehr. Außerdem hat mir die

Schlichtung gezeigt: Sachverstand geht vor Emotion. Die Leute, die im Auftrag der Bahn gesprochen haben, die waren in der Materie zu Hause, die wissen, was es heißt, andere mit Zahlen bewusstlos zu quatschen. Das hab' ich auch mal gesehen, als Otto Schily vor dem Untersuchungsausschuss war. Der hat sieben Stunden gesprochen – so lange, bis es für die Wochenendausgaben der Zeitungen zu spät war und bis Siegfried Kauder und der andere Untersuchungsguru in die Tischkante gebissen haben. So was sehe ich wahnsinnig gerne, wenn man die Mittel bis zum Letzten ausschöpft.

Sie haben in Ihrer Sendung Umweltministerin Gönner lobend erwähnt.

Ja, Tanja. Sie entspricht ja nicht unbedingt medialen Rastern wie etwa Manuela Schwesig. Aber sie hat mich sofort an Mädchen erinnert, die ich vom Schulhof kannte: in allem eine Eins, selbst im Turnen. Und auch noch bei „Jugend musiziert" bis in die vorletzte Runde gekommen. Das ist so ein Phänotyp, der bei mir sofort Reflexe auslöst: Mit Tanja tanzt man keinen Stehblues, aber sie lässt in Latein abschreiben. Daher sofort Begeisterung für Tanja.

Haben Sie ein Problem damit, wenn der baden-württembergische Justizminister Goll von der FDP im Porsche-Land Ferrari fährt?

Überhaupt nicht. Ich finde es für unsere Gesellschaft viel gefährlicher, dass Klaus Ernst 5000 Euro für viel Geld hält. Das ist bedrohlich für den Kapitalismus.

Was halten Sie von Mappus?

Wir sollten vorher noch kurz einen Blick auf den glücklichsten Menschen dieser ganzen Konstellation werfen, auf Günther Oettinger: Highlife in Brüssel und den ganzen Rotz vom Hals. Das habe ich mir oft gedacht, aber noch überhaupt nicht gewürdigt gefunden. Sich in Interviews zum Energiesparen zu äußern – und ansonsten Brüssel, mit der höchsten Fünf-Sterne-Restaurant-Dichte plus Partyszene auf höchstem europäischen Level: Das nenne ich einen glücklichen Menschen. Man hört ja an allen Ecken und Enden, dass Oettinger diese Angebote auch wahrnimmt, ich habe aber zu viel Respekt vor der Menschenwürde, um mich dem allzu ungeprüft anzuschließen. Jedenfalls hört man von Herrn Mappus dergleichen nicht. Wie auch zu hören war, hat der frühere Bundeskanzler Schröder noch im Landeanflug auf Tokio Rotwein entkorken lassen, und Wirtschaftsführer, die nicht mitgehalten haben, brauchten gar nicht mit ihrem Schnellzug um die Ecke zu kommen. Also das ist durchaus ein Kriterium.

Mappus hat sich als Konservativer zu positionieren versucht. Hat das bei Ihnen, der Sie sich auch einen Konservativen nennen, verfangen?

Nein, nein. Wenn ich konservativ sage, meine ich das im Sinn von reaktionär. Da bin ich wie die Leserbriefschreiber der F.A.Z., die den Redakteur wissen lassen, dass die Straße in Smolensk 1944 so und nicht anders geheißen hat.

Welcher war denn bisher Ihr Lieblingsministerpräsident?
Wahrscheinlich Lothar Späth. Weil ich seine Art zu sprechen immer cool fand, wie er so den Dialekt wegdrückte. Vor allem gefällt mir, wenn Lothar Späth einen Namen sagt wie den des Künstlers Frank Stella: „Ich hab' zu ihm gesagt: Frank, des können Sie nich' machen." Im Kölner Museum Ludwig sprach Lothar Späth mal über moderne Kunst. Und dann kamen einfach so Sachen wie „Frank Stella". Das ist besser als jedes Theater, wenn Lothar Späth „Frank Stella" sagt. Ich kannte den gar nicht. Lothar Späth war der Mann, der mir Frank Stella nähergebracht hat.

Teufel?
Auch sehr, sehr gut. Hab' ich kürzlich gesehen, in der Bar des Schlossgartenhotels in Stuttgart. Da war irgend so eine Veranstaltung, da kam er um die Ecke und unterhielt sich dann nett mit mir. Ich bin mir aber nicht sicher, ob er wusste, wer ich bin. Da saß ich mit drei Businessfrauen aus Baden-Württemberg. Das war so eine Veranstaltung: Frauen starten durch. Irgendwie Mutter und Tochter, die eine große Metzgerei bei Ravensburg haben. Eine davon war die beste Freundin von Frau Teufel. Als Teufel dann kam, ist mir leider keine Reform eingefallen, für die ich ihn hätte loben können. Aber ich habe gleich gerufen: Philosophiestudium! Ich mag Erwin Teufel, er ist einer, der es noch ernst meint. Der würde in einer Doktorarbeit nie die Anführungszeichen vergessen.

Haben Sie für unsere Leser irgendeine Wahlempfehlung?
Kürzlich traf ich in der Bayern-Lounge der Allianz-Arena auf Ministerpräsident a. D. Edmund Stoiber, jetzt Entbürokratisierungsbeauftragter in Brüssel, der mir kurz vor Beginn der zweiten Halbzeit sagte, dass von 23 618 Entscheidungen, die in Brüssel getroffen werden, 18 345,7 unmittelbar den deutschen Staatsbürger und Steuerzahler betreffen. Das relativiert die Bedeutung einer Landtagswahl doch erheblich. Im Übrigen lief das in Baden-Württemberg in den letzten fünfzig Jahren doch hervorragend, und zwar irgendwie für alle: für die Theaterfans, für die Opernabonnenten, teilweise auch für die Fußballfans. Irgendwann kam dann so ein bisschen grün dazu und immer wieder an Dreikönig die FDP. Natürlich nimmt man auch gerne Anregungen auf, etwa vom maledivischen Vizepräsidenten, dessen Interview in der F.A.Z. ich selbstverständlich auswendig gelernt habe. Aber dass man jetzt sagen müsste, hier muss sich mal radikal was ändern, dieses Land taumelt auf den Abgrund zu, das sieht glaube ich niemand.

Interview 2

INTERVIEW VOM
23.03.2013 / F.A.Z.-MAGAZIN

Harald Schmidt über Stil und Stilisierung, den Unernst des Lebens und die Unmöglichkeit, man selbst zu sein.

„Ich bin eine Charaktermaske"

Herr Schmidt, der Literaturkritiker Fritz J. Raddatz hat sich vor ein paar Monaten über die angebliche Unsitte meiner Generation aufgeregt, „die Jeans auf den nackten Arsch zu ziehen". Ist Ihnen das auch schon unangenehm aufgefallen?
Ich weiß nicht, welcher Lebensmensch das dem legitimen Erbe Tucholskys erzählt hat. Ich habe das noch nicht beobachtet, aber ich bin ja auch heterosexuell, sozusagen einer der wenigen, die noch traditionell adoptieren. Oder es gleich selbst machen. Ich kann aber erahnen, wovon Fritz J. Raddatz spricht, weil ich ja im Showgeschäft bin. Mir sagen homosexuelle Mitarbeiter, man wird heutzutage gegen vier Uhr morgens im Darkroom mit dem Satz begrüßt: „Ich bin unterhalb der Nachweisgrenze, lass uns feiern." Wer da Jeans oder auch nur Unterhose trägt, der ist so was von Eighties, der liest auch noch Günter Grass.

Über welche stilistischen Absonderlichkeiten regen Sie sich auf?
Aufregen hat so etwas Bemühtes. Wenn mir einer Kirschsaft aufs Kaschmirjackett kippt, dann rege ich mich nicht auf, sondern schmeiße das Jackett weg und nehme ein anderes aus dem Schrank.

Fanden Sie es stillos, dass sich Ihre früheren Mitarbeiter Herbert Feuerstein und Manuel Andrack vor einiger Zeit im „Spiegel" über Sie ausgelassen haben?
Da greift der Satz von Tocotronic: „Was du auch machst, mach es nicht selbst." Das heißt in dem Fall: Das Interview führten Andrack und Feuerstein für mich, und zwar unentgeltlich. Ich hab' nämlich gar nicht die Zeit, mit den Lohnschreibern vom „Spiegel" zu reden, die ja eigentlich ein Interview mit mir und Gottschalk machen wollten.

Sie sind den beiden also nicht böse?
Überhaupt nicht. Feuerstein darf sowieso alles. Er ist sozusagen mein Mastermind, durch den ich Late Night überhaupt erst kennengelernt habe. Dass er mich in dem Interview mit afrikanischen Diktatoren verglichen hat, hat mir geschmeichelt, denn Feuerstein kennt Afrika sehr gut.

Andrack sagte, Sie träten Leute, die auf dem Boden liegen, nicht, sondern sprängen auf sie drauf.
Das ist, wie wenn Sie über einen Erfolgstrainer sagen: Der ist so brutal. Mich interessiert das nur, wenn es einer sagt, während er Tag für Tag mit am Tisch sitzt. Andrack saß acht Jahre mit am Tisch, er hat nur davon profitiert und nie geklagt. Er hat aber auch Pech gehabt, weil er in dem Interview quasi groß ankündigte, dass es das für mich gewesen sei, und zwei Tage später kam ich dann mit dem neuen Sky-Deal um die Ecke.

Feuerstein sagte, Sie seien kein Mensch.
Das kann er nur nietzscheanisch gemeint haben. Drunter würde Feuerstein nie gehen, obwohl er mir gegenüber mal die Vermutung geäußert hat, er sei der uneheliche Sohn von Hitler. Zeitlich könnte es hinkommen – und er stammt ja auch aus der Nähe des Obersalzberges.

Ihren früheren Partner Oliver Pocher haben Sie als „adipöses Ex-Talent" bezeichnet, auch Gottschalk haben

Sie in letzter Zeit nicht immer nett behandelt. Ist das nicht unter Ihrem Niveau?

Man kann nicht permanent auf dem eigenen unerreichbaren Level sein. Was Gottschalk betrifft: Er kennt die Spielregeln des Gebens und Nehmens sehr genau. Und wenn der populärste Entertainer der letzten 30 Jahre so ans Netz geht, tennismäßig gesprochen, wie er das mit seiner Vorabend-Sendung gemacht hat, habe ich als Late-Night-Moderator die Pflicht, einen Gegenangriff zu starten. Das ist in seiner Gage inbegriffen, so wie es auch in meiner Gage inbegriffen ist, dass eigentlich jeder im Grunde alles sagen kann. Ich habe noch nie darauf reagiert, juristisch schon gar nicht. Bei Pocher war es anders, da hatte ich mich in den Rhythmus meiner Formulierung verliebt. Wolf Schneider würde aber wahrscheinlich sagen, sie war zu gesucht.

Adipös bedeutet fettleibig. Hat Stil aus Ihrer Sicht auch etwas mit Aussehen zu tun?

Stil nicht, aber Intelligenz. Zumindest ist Professor Bazon Brock dieser Meinung, den ich kürzlich an der London School of Economics getroffen habe. Die deutschen Studenten dort hatten uns eingeladen, Thema: Quo vadis Kultur in Deutschland? Greatest Bazon hielt die Keynote-Speech, fing an beim Thema Paulus, weiter bei Heinrich Mann, Pythagoras, Märkte, Marx, Mickey Mouse. Ich rief dann mittendrin rein: „J'accuse!" und sagte danach: „Guter Vortrag, aber etwas oberflächlich". Daraufhin Bazon: „Das reicht jetzt, Schluss mit dem Gewitzel, kann mal einer diesen Mann stoppen und ihm erklären, was Märkte sind?" Darauf ich: „Sie sind doch nur neidisch, dass ich schöner bin als Sie!" Gejohle im Publikum, worauf wiederum Bazon sagte: „Schönheit hat mit Intelligenz zu tun. Und intellektuell bin ich Ihnen dreifach überlegen!"

Immerhin sind Sie Träger des Medienpreises für Sprachkultur der Gesellschaft für deutsche Sprache. Wie beurteilen Sie die gegenwärtige Lage auf diesem Gebiet?

Mein Standardsatz dazu: Als wir noch Gedichte konnten, war Opa in Stalingrad.

Sie spielen auf unsere Vergangenheit an. Daher die Frage: Können Qualität und Stil charakterliche oder biographische Defizite ausgleichen?

Wenn einer richtig gut ist, dann interessiert mich nicht, was der sonst so macht oder gemacht hat. Es gibt aber auch so 'ne Attitüde, dass zum Beispiel der Faschist der bessere Schriftsteller sei. Klassiker auf dem Gebiet: Louis-Ferdinand Céline. An dem richten sich alle auf, die selbst auch ihre Frau schlagen, wobei ich gar nicht weiß, ob Céline seine Frau geschlagen hat, im Zweifel hatte der gar keine. Trotzdem glauben manche, die ihre Frau schlagen, sie seien Céline. Das ist falsch.

Können Sie mit der Kategorie Moral irgendetwas anfangen?

Moral? Da kann ich nur Markus Söder zitieren, der zu mir nach einer Sendung beim Bier sagte: „Moral ist in der Politik selbstverständlich keine Kategorie, außer wir wollen jemandem schaden." Ich würde überhaupt von Moral die Finger lassen, weil das die Leute permanent überfordert. Der eine soll kein Geld für Vorträge bekommen, der andere soll einer „Stern"-Journalistin nicht ins Dirndl schauen, der nächste will die Hälfte seines Vermögens spenden, und dann ist es auch wieder nicht recht. Aus meiner Sicht soll man Gesetze machen, damit die Schwächsten nicht umfallen können. Ansonsten hat man mit der Beachtung der Straßenverkehrsordnung schon genug zu tun.

Ihre Einschätzung zum Fall Brüderle?

Jeder, der mit Journalisten zu tun hat, weiß, dass uneingeschränkte, ich wiederhole: uneingeschränkte Solidarität mit Rainer Brüderle vonnöten ist. Ich jedenfalls würde meine Hand für ihn ins Dekolleté legen. Warum geht eine Journalistin, und ich hoffe, man hört die Anführungszeichen, um zehn Uhr abends in die Bar? Jedenfalls nicht, um zu fragen: „Sind die Menschenrechte in Usbekistan weit genug im liberalen Sinn?" Sondern in der Hoffnung, der Angesoffene sagt den Satz, den er besser nicht gesagt hätte. Das wissen wir Jungen, unser Weinfest-Oldie weiß es nicht, weil er noch in so 'ner Charmewelt lebt, in der Thomas-Mann-artige Begriffe wie „Tanzkarte" zum Einsatz kommen. Das einzige, was mich an dem Fall entsetzt hat: dass die Hotelpartei FDP im Maritim wohnen muss.

Sie selbst fallen kaum je aus der Rolle. Wenn Sie zu Hause am Klavier Ihre Etüden spielen – ist es wenigstens da vorstellbar, dass Sie das in Boxershorts tun?

Ich bin nie unkontrolliert. Auch zu Hause nicht. Das heißt: Wenn ich mit vier Tage getragener Unterhose ungeduscht Etüden spiele, dann weiß ich, dass ich das mache, und bin sozusagen immer noch mehr im Sinne von Feuerstein kein Mensch als 90 Prozent der Leute auf Deutschen Fernsehpreisen. Ich habe die Existenz des Foto-Handys sehr verinnerlicht. Auch wenn ich um halb drei Uhr nachts an einer Autobahnraststätte auf den Behindertenparkplatz kotze, weiß ich das. Wenn mich dann einer fotografiert, dann sage ich weder, „oh, wie konnte das passieren", noch sage ich, „das ist jetzt aber rücksichtslos", sondern ich sage: „Dafür bin ich Profi."

Keine Sehnsucht nach ungezwungener Authentizität?

Bei René Pollesch gibt es den Begriff der authentischen Kuh. Das heißt: ein Mensch ohne jede Verfeinerung, wobei ja auch das Authentische eine gespielte Authentizität ist. Wichtiger Begriff hier: sich die Geschichte erzählen. Also: Er erzählt sich die Geschichte vom revolutionären Klassenfeind. Er erzählt sich die Geschichte vom wütenden Theatermacher. Er erzählt sich die Geschichte vom erfolgreichen Showmaster.

Sie haben sich und uns oft die Geschichte vom eingebildeten Kranken erzählt. Hätten Sie es als Stillosigkeit empfunden, wenn ich heute vergrippt zu Ihnen gekommen wäre?

Vom „Tagesspiegel" hätte ich mich natürlich nicht vollrotzen lassen. Ein F.A.Z.-Mann darf aber auch auf der Bahre reinkommen. Das ist eine Frage des Standings. Ein F.A.Z.-Mann schneuzt sich auch anders als andere.

Überhaupt hat die F.A.Z. eine ganz eigene Firmenkultur. Dazu gehört, dass man die deutsche Geschichte nicht nur negativ sieht und dass man jederzeit Autoren parat hat, die den Rauschzustand literarisch begründen können.

Und wenn ich nur ein Keimverbreiter wäre?

Im Grunde sind wir alle Keimverbreiter, alles weitere ist Selbststilisierung.

Wie sieht die aus?

Für manche Leute war es der absolute Ritterschlag, wenn sie sagen konnten: Ich wurde von Fassbinder mit der Fleischwurst verprügelt. Oder: Ich habe mir den Virus von Foucault geholt. Ich kenne eine Regieassistentin, deren Lebenskrönung war es, als ihr Hans Neuenfels nachgeschrien hat: „Du Faschistensau, geh aufs Klo und spül dich runter."

Man sollte also doch versuchen, man selbst zu sein?

Das kann man gar nicht. Denn man ist das Man-Selbst, von dem man sich erzählt, dass man es ist. Das geht auch in die Richtung Peer Steinbrück, der nach einer neuen europäischen Erzählung sucht. Oder Max Frisch: „Jeder Mensch erfindet sich eine Geschichte, die er für sein Leben hält."

Sie kennen keinen echten Menschen?

Einen vielleicht: Franz Josef Wagner von der „Bild"-Zeitung. Der hat mir mal auf dem Flughafen in Zürich erzählt, dass er neben einer Frau geflogen ist, die ihren todkranken Mann begleitet hat. Ich dachte, jetzt kommt gleich die Pointe. Aber die kam nicht. Stattdessen war Wagner den Tränen nahe.

Wie gut kennen Sie die Geschichte, die Sie nicht für Ihr Leben halten?

Jedenfalls bin ich nicht daran interessiert, wer ich wirklich bin. Ich habe mal gelesen, Elfriede Jelinek habe über mich gesagt, ich sei eine Charaktermaske. Da habe ich gleich eine Flasche Jahrgangs-Cuvée aufgemacht, so teuer, dass ihn sich Raddatz nicht leisten kann, und habe das Wort nachgeschlagen: Charaktermaske, Standardbegriff aus dem Marxismus, kann ich voll unterschreiben, denn ich denke meinen Tag genau wie folgt: So, nun bin ich in Köln im Excelsior-Hotel für ein Interview, dann geh' ich raus, dann bin ich der Parkplatz-Gänger, der sein Ticket löst, und eventuell der joviale Köln-Bewohner: „Hey Schmidtchen, du hier!" Und dann bin ich wieder der Bahnreisende oder der Kinder-vom-Kindergarten-Abholer. Wenn Sie das jemandem erzählen, der vom Authentizitätswahn befallen ist, der sagt dann natürlich: Um Gottes Willen, wann bist du denn einmal du selbst? Ich finde es aber gerade anstrengend, dass so viele Leute permanent sie selbst sind oder besser: das, was sie glauben zu sein. Anstatt sich mal zu überlegen: Was erfordert der Umgang mit anderen? Das, finde ich, haben die Engländer perfektioniert. Da werden Sie ausgeraubt, aber vorher heißt es: „Excuse me!"

Sie teilen mit Jelinek das Glück und das Schicksal, von André Müller interviewt worden zu sein. Müller hatte den Anspruch, hinter die Masken seiner Gesprächspartner zu kommen, und man hatte den Eindruck, Sie wollten ihm dies ermöglichen, aber da war nichts.

Bei Müller war ich Streber, genauso bei Günter Gaus. Da brach bei mir der Voll-Kleinbürger durch, ich vergaß die Kunstfigur und bin in die Falle gegangen: Jetzt sprechen die Großen des deutschen Interview-Betriebs mit dir. Bei Gaus war Hannah Arendt, Thomas Bernhard bei Müller. Jetzt also Harald Schmidt. Nach dem Müller-Interview, in dem es noch auf der Autofahrt zum Bahnhof permanent um Selbstmord und die Kinder in Afrika ging, habe ich zwei Tage gekotzt, so körperlich erledigt war ich. Das ist nun zehn Jahre her. Heute würde ich, wenn so 'ne Nummer kommt, sofort den Müller-Mechanismus anwerfen: Schmidt erzählt sich die Müller-Geschichte. Müller ist darin der Entlarver: Sie hassen doch auch Ihre Mutter! Die Jelinek steht oft gar nicht auf! Da würde ich heute antworten: Wenn die Jelinek einen hat, der ihr das Frühstück bringt, ist das ja okay.

Wie war es bei Gaus?

Der sagte vor dem Interview zu mir: „Es darf aber nicht nur spaßig werden." Und er erzählte mir, dass die Freundinnen seiner Frau, mit denen sie Bridge spielt, ihm die Pappen ihrer Strumpfhosenpackungen überlassen, da schreibt er dann die Fragen drauf, weil die Pappen beim Umblättern nicht so rascheln. Ich war damals natürlich voller Ehrfurcht vor Gaus. Pappen, unglaublich! Eigentlich hätte ich zu ihm sagen müssen: „Übrigens, Herr Gaus, habe gerade 1200 Late-Night-Shows moderiert, brauche keine Pappen."

Kommen wir zu Martin Mosebach, bei unserem Thema unvermeidlich. Wie finden Sie ihn?

Ich habe mal 50 Seiten von einem Mosebach-Roman gelesen, dann hab ich's bleiben lassen, weil, wichtiger Satz von Ihrem ehemaligen Herausgeber Joachim Fest, zu mir gesagt bei der Jurysitzung des Hildegard-von-Bingen-Preises: „Als ich so alt war wie Sie, habe ich angefangen, meine Zeit sehr genau einzuteilen." In einer Arthur-Koestler-Biographie habe ich mal gelesen, sein Lektor aus Paris habe ihm alles Wissende rausgestrichen. Fand ich toll. Mosebach fehlt so einer.

Ich komme deshalb auf ihn, weil er vor einiger Zeit in einem Interview einen Satz des Naturwissenschaftlers Buffon zitiert hat: „Le style, c'est l'homme même." Der Stil ergibt sich laut Mosebach „beim viel schreibenden Menschen, wenn er die Unfähigkeit erreicht, weiter zu lügen. Immer mehr zur Offenbarung der eigenen Person zu gelangen, die aber kein aufdringliches Bekenntnis ist, Selbstdarstellung, Beichte, sondern so etwas wie ein Fingerabdruck. Über Hunderte von Seiten kann man keine Verstellung mehr aufrechterhalten. Es kommt dann raus, wer einer ist."

Den Satz würde ich gar nicht zu Ende lesen, viel zu stilisiert. Die Allergrößten haben ja gar keinen Stil: Georges Simenon, der von der Zeitung her kommt, Charles Dickens, kommt von der Fortsetzungsgeschichte. Ich weiß nicht, ob Simenon am Stil gebastelt hat, aber er musste einfach jede Woche 'ne Geschichte fertig haben. Bei anderen merkt man die Absicht und ist verstimmt.

Wen außer den beiden Genannten finden Sie noch lesenswert?

Meine Erfahrung mit vielen Autoren: Das Werk wird mit der Zeit blasser, ihr Lebensstil tritt in den Vordergrund. Deswegen: Tagebücher. Thomas Mann zum Beispiel. Das Werk, sagt man, okay, war ein Großer, „Buddenbrooks", viel Spaß. Was aber wirklich interessiert: die Pudelmaniküre, das Tabletten-Gefresse, die eingewachsenen Zehennägel. Auch Sloterdijk. Immer dann am besten, wenn er drüber jammert, dass ihm Stanford keine Business-Class zahlt, oder wenn er seine Begeisterung darüber ausdrückt, zum Essen eingeladen worden zu sein: Unglaublich, 500 Leute sind schon da, als ich komme. Und dann natürlich Raddatz: Wieder mal kein Dankeskärtchen. Teuerste Butter habe ich aufgefahren. Dass ich Rosen schicke, wird nicht bemerkt. Man nimmt nur.

Was begeistert Sie daran?

Mir gefällt das gnadenlose Zwingen in den Arbeitsrhythmus. Und die Banalität. Wie gehe ich damit um, wenn der künstlerische Shitstorm kommt? Da ist ja nicht das Künstlergenie, das sagt: So, ich bin ja Thomas Mann, und morgen schreibe ich den „Zauberberg". Es ist auch ein Irrtum zu glauben, unsere Geistesgrößen würden den ganzen Tag nur Kant überprüfen. Nehmen Sie die Gespräche zwischen Ernst Jünger und Heiner Müller, da ging es eigentlich nur darum: Wo ist mein Schokoladeneis?

Mosebach bezieht sich nicht nur aufs Schreiben, sondern aufs Leben. Dass man da aufhört zu täuschen und man selbst ist.

Wer soll man denn sein? Wer ist denn schon wer?

Sie, hieß es oft, seien ein Zyniker.

Zumindest bin ich einer, der immer der Meinung ist, dass der Zyniker dafür sorgt, dass der Nebenmann 'ne warme Suppe hat. Damit er seine Ruhe hat. Während der Weltverbesserer sagt: Jetzt ham' wir zwar keine Suppe, aber wir wissen auch, warum nicht.

Die Zyniker halten also die Welt am Laufen?

Und die Kleinbürger. Große Gestalter und radikale Reformer haben wir schon genug. Was wir brauchen, sind die Milliarden von Deutschen, die jeden Tag pünktlich zur Straßenbahn rennen, ein Reihenhaus abbezahlen und sich für ein neues Auto verschulden.

Sie sind aus kleinen Verhältnissen. Werden Sie immer ein Emporkömmling bleiben?

Durch vereinzelte Kontakte zum Adel habe ich festgestellt, dass da eine Sicherheit über Generationen da ist, die man sich nicht so einfach aneignen kann. Wenn Sie in so eine Gesellschaft eingeladen sind, dann ist ganz klar, worüber geredet wird und vor allem, worüber nicht. Man gibt sich da betont unwissend, sagt Sachen wie: „Meine Frau und ich cremen uns eine Stunde bevor wir zum Strand gehen ein." Dieses mittelständische „Sofort den IWF belehren", das findet dort nicht statt.

Ihnen ist es immerhin gelungen, sich aus der Masse der Kleinbürger zu erheben. Seit einiger Zeit scheint Ihnen allerdings daran gelegen, wieder in der Masse aufzugehen.
> Als ich bei Sky anfing, war ein Dutzend Journalisten da, die mich im Halb-Stunden-Rhythmus fragten, wie es eigentlich ist, in der Bedeutungslosigkeit zu verschwinden. Da sagte ich: „Sehen Sie ja."

Sie haben vorher von der Nachweisgrenze gesprochen. Auch die Einschaltquote Ihrer Show liegt bisweilen darunter. Warum machen Sie die Show nicht gleich in Ihrem Wohnzimmer?
> Ich mache die Sendung gerne. Bei mir im Wohnzimmer bekäme ich sie leider nicht bezahlt. Ich brauche ja die Band, ich brauche Autoren, ich brauche Beleuchter.

Angenommen, jemand würde Ihnen das alles zur Verfügung stellen – aber die Show würde weder gesendet noch gesehen werden.
> Das wäre für mich absolut okay. Wär' dann vielleicht auch was für den Pavillon in Venedig.

Ist das Verschwinden Ihr Ziel – oder nehmen Sie es nur in Kauf?
> Es ist das Einstellen auf den, Professor Bazon Brock wird jetzt böse sein, ich muss das Wort aber sagen: Markt. Der Markt ermöglicht mir die Sendung bei Sky. Alles andere ist Überbau und eine Show-Denke, die gar nicht mehr dem Zeitalter der Smartphones entspricht. Ich stelle meine Arbeit hin und freue mich, wenn ich davon leben kann. Ich hoffe, noch lange. Aber darüber mach' ich mir gar keine Gedanken. I had it all. Im Übrigen sind das doch alles Phasen. Daniel Day-Lewis hat fünf Jahre lang Schuhmacher in Florenz gelernt, jetzt hat er den dritten Oscar. Vielleicht bin ich gerade in der Wolfgang-Koeppen-Phase. Der hat seinem Verleger über Jahre gesagt: „Ja, ja, ich schreibe, ich schreibe." Aber da kam eben nie ein Manuskript.

Was können wir von Ihnen noch erwarten?
> Ich werde zum Beispiel einfach so ins Hotel gehen und sagen: „Guten Tag, Herr Mosebach." Und dann werde ich weiter gehen. Das genügt. Warum will man mit 66 noch Bundeskanzler werden? Weil man angeblich wahnsinnige preußische Disziplin und den Wunsch hat, diesem Staat etwas zurückzugeben? Das ist mir zu sehr Henning Scherf: Arbeit im Kibbuz und mit dem Rad durch Manhattan.

Mehrgenerationenhaus.
> Um Gottes Willen! Nichts für mich. Ich stehe aber weiterhin zur Verfügung, wenn es mal wieder ein bisschen Nihilismus mit Steuerzahlen sein darf, dann wendet sich die Qualitätspresse immer gerne an mich. Und ich, so sagen wir es in der Branche, deliver dann.

Roger Willemsen hat 2003, als Sie in Ihre „Kreativpause" gingen, über Sie geschrieben: „Vielleicht hat ihn auch etwas

eingeholt, das nicht mehr sendungskompatibel ist, der
Ernst des Lebens zum Beispiel, wäre das nicht ein Witz?"

Damals gab es eine starke Ermüdung und natürlich auch das Gefühl, man hat alles gemacht. Ich hab' dann aber für mich festgestellt: Auch wenn man schon alles gemacht hat, dann macht man es eben nochmal von vorn.

Haben Sie je überlegt, den Ernst des Lebens als Kunstform einzusetzen, etwa bei Interviews auf völlige Pointenlosigkeit zu achten?

Nein. Ich will solche Interviews überhaupt von niemandem lesen. Natürlich: Ein Mensch des Klima-Instituts Potsdam oder ein Verfassungsrichter antwortet nicht auf Pointe. Die Pointe entsteht da durch die Genauigkeit im jeweiligen Fachbereich. Also wie schnell sich da zehn Millionen Leute auf ein vorzeitiges Ende einstellen sollten. Oder: Souverän ist, wer über den Shitstorm gebietet, so was. Was Ernsthaftigkeit in meinem Fall bedeuten sollte, wüsste ich gar nicht.

Der von Ihnen verehrte Papst Benedikt XVI. hat in seiner Amtszeit immer wieder den Relativismus gegeißelt. Carl Schmitt hatte dafür ein anderes Wort: Unernst.

Ja, Carl Schmitt. In der „Süddeutschen" wird immer so süchtelnd vor ihm gewarnt, das ist immer so, wie wenn langjährige Junkies sagen: „Gott sei Dank bin ich weg davon", und Sie sehen ihnen dann in die Augen. Ich finde jedenfalls nicht, dass zu viele Menschen eine unernste Haltung zur Wirklichkeit haben. Im Gegenteil: Die meisten nehmen alles wahnsinnig ernst. Und sie bekommen ja auch pro Woche vier neue Weltmodelle präsentiert: doppelte Staatsbürgerschaft, Homo-Ehe, Ehegattensplitting bei der Homo-Ehe, jetzt die Vielehe, die kürzlich in Ihrer Sonntagszeitung angeregt wurde. Ich bin vor einiger Zeit spazieren gegangen. Da hab' ich den Notarztwagen gesehen, in dem gerade der Chef der Uni Bayreuth, der Guttenberg den Doktortitel aberkannt hat, weggefahren wurde. Tot, von der Straßenbahn überfahren. Da ist es doch sinnlos, sich mit Europas neuer Erzählung zu beschäftigen. Da sage ich lieber: „Ich nehm' noch 'nen Cappuccino."

Was wird von Ihnen bleiben?

Da komme ich wieder zu den Tagebüchern. Julien Green schreibt in seinen Tagebüchern, wer vor dem Urteil der Geschichte Bestand haben wird. Ich glaube, es bleiben nur Mozart und Augustinus. Alles andere: dünn, Gefasel. Ich selbst sehe mich in Sachen Nachruhm auf einer Stufe mit Hans-Joachim Kulenkampff und Heinz Schenk. Was ich mache, ist wie McDonald's: konsumieren und weg damit. Wenn ich heute alte Sketche sehe, dann sage ich: Hoffentlich sieht die keiner, sonst ist die Nummer „Früher war die Show so toll" auch im Eimer. Sie müssen sich mal den „Prinz von Homburg" von der Schaubühne angucken, der das Theater verändert hat: Da fallen Ihnen heute die Fußnägel aus. Das sagt auch Peter Stein selbst. Oder „Schmidteinander": unglaublich breites Timing aus heutiger Sicht. Rührende Humoreinfälle. Aber damals war das richtig. Deshalb: verklären, Sockel, vergessen.

Als wir noch Gedichte konnten, war Opa in Stalingrad."

Harald Schmidt

17
Michael
+ Sven G

Ebling Gerich

Ich bin ein großer Freund des Karnevals. Das war ein Grund, warum ich 2014 meine neue Stelle als politischer Korrespondent für Hessen, Rheinland-Pfalz und das Saarland mit einem Besuch der Mainzer Fastnachtssitzung „Mainz bleibt Mainz" begann. Im Mainzer Schloss wurde ich Zeuge, wie die homosexuellen Oberbürgermeister von Mainz und Wiesbaden sich vor laufender Kamera geküsst haben – das Saalpublikum war kurz vor dem Ausrasten. Anscheinend verstanden sich die beiden sehr gut, was bei der Rivalität ihrer Städte für sich schon interessant war. Außerdem pflegten sie einen unverkrampften Umgang mit ihrer Sexualität. Ich finde das bei Heterosexuellen wie bei Homosexuellen sehr angenehm. Wir trafen uns Ende Januar 2015 im Wiesbadener Rathaus, ich musste von meinem Büro im Landtag nur kurz über den Schlossplatz gehen. Meine positiven Vorahnungen bestätigten sich komplett – und meine Bemühungen um die Völkerverständigung wurden am Ende nicht nur mit einem schönen Interview belohnt, sondern auch, als ich Rheinhessen in Richtung Bayern verließ, mit einem Määnzer Fassenachtsorden.

›¿Sie stellen mir Fragen, die ich mir nie gestellt habe« | *Michael Ebling und Sven Gerich*

„Alle Mainzer sind vom anderen Ufer"

INTERVIEW VOM
14.03.2015 / F.A.Z.-MAGAZIN

Michael Ebling und Sven Gerich, die Oberbürgermeister von Mainz und Wiesbaden, sind homosexuell. Ein Gespräch über derbe Witze, Küsse im Fernsehen und das Glück, kein Profifußballer zu sein.

Meine Herren, Sie sind beide homosexuell, und wir wollen über Homosexualität sprechen. Vermutlich wäre ich nie darauf gekommen, mit zwei heterosexuellen Oberbürgermeistern über Heterosexualität zu sprechen. Liegt da nicht schon das Problem?
GERICH: Bei mir ist es die zweite Anfrage nach einem Interview zu diesem Thema. Die erste habe ich abgelehnt. Da habe ich gesagt, ich möchte mich dazu nicht äußern, weil es für das, was ich mache, keine Rolle spielt. Als jetzt Ihre Anfrage an uns beide kam, haben wir erst mal herzhaft gelacht. Und dann gesagt: Homosexualität ist eben nach wie vor nicht gesellschaftliche Normalität, und deswegen muss man verstehen, wenn man danach gefragt wird. Und weiter darüber reden. Es wird ja nicht dadurch normaler, dass man dazu schweigt.
Die britische Organisation „Stonewall", die gegen die Diskriminierung von Lesben und Schwulen kämpft, hat eine Kampagne für homosexuelle Jugendliche aufgelegt. Der Slogan: „It gets better." Sehen Sie das auch so?
GERICH: Durchaus. Heute hatte ich hier im Rathaus eine siebte Klasse aus einer integrierten Gesamtschule in Wiesbaden. Die sind mit dem Thema völlig entspannt umgegangen. Die haben mich gefragt, ob ich mit meinem Partner zusammenwohne und andere Dinge mehr. Kein Kichern, kein Gackern, obwohl die jungen Menschen alle in der Pubertät sind.
EBLING: Ich glaube auch, dass es besser geworden ist, wobei ich mich selten auf Schulhöfen aufhalte. Von Gesprächen mit Lehrern weiß ich allerdings, dass „schwul" als Schimpfwort immer noch ein Thema ist. Alles, was schlecht ist oder blöd, ist irgendwie „schwul". Das ist nicht schön, und ich will das auch nicht bagatellisieren. Aber es dürfte auch eine Mode sein, die wieder verschwindet. Selbst wir haben früher Schimpfwörter benutzt, die heute nicht politisch korrekt wären. Ich nenne jetzt bewusst keine Beispiele . . .
Würden Sie von Lehrern erwarten, dass sie einschreiten, wenn sie das Wort „schwul" als Schimpfwort hören? Oder ist das womöglich eine Form von Überaufgeregtheit, die das Ziel, dass Schwulsein als normal wahrgenommen wird, auch ein bisschen konterkariert?
EBLING: Ein Schimpfwort bleibt ein Schimpfwort, und eine Diskriminierung bleibt eine Diskriminierung. Die treibt mir jetzt nicht den Angstschweiß auf die Stirn, aber von einem Pädagogen würde ich schon erwarten, dass er in einem solchen Fall die Auseinandersetzung sucht. Das gilt aber für Beleidigungen jedweder Art und unabhängig davon, ob sie beim Adressaten als solche ankommen oder nicht. Allerdings sollte die Verhältnismäßigkeit gewahrt bleiben. Einem Jugendlichen, der Hausaufgaben „schwul" findet, würde ich zubilligen, dass er lernfähig ist. Da braucht es wahrscheinlich nur einen kleinen Anstoß.
Es gibt ein Interview mit Franz Beckenbauer, in dem er von seiner Zeit in New York und seiner Freundschaft mit dem ziemlich homosexuellen Balletttänzer Rudolf Nurejew erzählt. Als sie zusammen in einem

Restaurant saßen, habe Rudolf versucht, sich mit seinem, also Beckenbauers Knie zu beschäftigen. Da habe er zu Nurejew gesagt ...
    EBLING: ... lass die Hand bei Dir!
Genau. Und Beckenbauer weiter: „Ich gehöre einer anderen Fakultät an." Ist Beckenbauers Verhalten okay? Oder verbirgt sich dahinter schon eine leichte Diskriminierung, in der Wendung „einer anderen Fakultät angehören"?
    EBLING *(zu GERICH)*: Sagen das auch die Wiesbadener über die Mainzer?
    GERICH: Wir sagen: vom anderen Ufer. Alle Mainzer sind vom anderen Ufer.
    EBLING: Was gibt's noch? Der hat 'ne andere Postfeldnummer ...
    GERICH: Ich sprech' immer von der erhöhten Grundtemperatur.
    EBLING: Sie merken schon, wir sehen das eher locker. Was natürlich auch damit zu tun hat, dass wir in unserem Umfeld nicht permanent Anfeindungen ausgesetzt sind.

Würden Sie auch über einen Heterosexuellen sagen, der hat eine andere Postfeldnummer?
    EBLING: Das ist eine interessante Frage, ob man sich umgekehrt auch so abgrenzt. „Hete" gibt es. Aber das wird eher humorvoll verwendet. Humor ist überhaupt wichtig. Wir hatten vor kurzem die Määnzer Fassenacht. Der Sitzungspräsident von „Mainz bleibt Mainz" beschrieb da in seiner Rolle als Messdiener sein Bild von Vielfalt in der Gesellschaft. Da sagte er sinngemäß, es gibt die Männer mit den Frauen, die Frauen mit den Frauen und die Männer mit den Männern – alles schön. Nur: Muss der Mainzer Oberbürgermeister ausgerechnet den von Wiesbaden küssen?

Sie spielen darauf an, dass Sie beide sich 2014 bei „Mainz bleibt Mainz" vor laufender Kamera geküsst haben.
    EBLING: Das ist für mich die Potenz von Normalität: dass man sich nach einem Küsschen unter Männern nicht darüber lustig macht, dass zwei Männer sich geküsst haben, sondern dass es der Mainzer OB ausgerechnet mit dem Wiesbadener gemacht hat.

War die Aktion geplant?
    GERICH: Nein, das ist aus dem Moment entstanden. Vorausgegangen war der Gag des Büttenredners, wir könnten doch heiraten. Da haben wir, angefeuert durch das Publikum, versucht, das Beste daraus zu machen – und es nicht bereut. Der Sender schien allerdings sanft darauf hingewirkt zu haben. Wir wurden jedenfalls darum gebeten, uns einander gegenüber zu setzen.

Kamen danach blöde Bemerkungen?
    EBLING: Es gab einen super-edel-korrekten Menschen, der mich darauf aufmerksam gemacht hat, mit Heterosexuellen würde man solche Späße natürlich nicht machen.

Sind Sie beide eigentlich der Typ des jeweils anderen?
    EBLING: Ich will es mal so formulieren: Seit wir uns kennen, wissen wir voneinander, dass wir in festen Händen sind. Und da ist es dann – ja, sogar bei uns! – nicht so, dass wir sagen: Komm, wir taxieren mal.

GERICH: Oder dass wir schauen, wann der Deutsche Städtetag mal eine schöne Reise macht, wo wir ein paar Tage zusammen verbringen können.
EBLING *(an GERICH gerichtet)*: Dein Hund wär' mir auch zu klein.

Welcher Hund?
GERICH: Ich habe eine französische Bulldogge, er einen Labrador.
EBLING: Auch die sind sich übrigens noch nicht näher gekommen.

**Wir waren beim Humor. Der ist ja angeblich so wichtig für unser westliches Freiheitsverständnis, Stichwort „Je suis Charlie".
Aber was folgt daraus für unser Thema? Dass es möglich sein muss, über Schwule genauso Witze zu machen wie über Mohammed?**
GERICH: Bei der Religion sehe ich die Grenze schneller überschritten.

Warum?
GERICH: Empfinde ich so. Ich bin ein gläubiger Christ, auch wenn ich nicht jeden Sonntag in die Kirche gehe. Von einer Satire, die sich über Jesus am Kreuz lustig macht, würde ich mich eher getroffen fühlen als von Witzen über sexuelle Identität.
EBLING: Ich glaube, es gibt nur gute und schlechte Witze. Und wenn jemand mit einem Witz beleidigen will, dann ist der Witz meistens auch nicht gut. Dann würd' ich sagen: Lass stecken.

Sie haben den Wunsch geäußert, dass Homosexualität als normal angesehen wird. Diejenigen, die das nicht wollen, argumentieren auch mit der Normalität, indem sie etwa sagen: Menschliche Paarbeziehungen sind auf Fortpflanzung angelegt. Hilft uns der Begriff „Normalität" an dieser Stelle weiter?
GERICH: Normal ist, was ist, wie es ist. Es gibt diese schöne Persiflage: „Wann hast du dich entschlossen, heterosexuell zu sein?" Das würde kein Mensch ernsthaft fragen. Und so haben auch wir weder einen Beschluss gefasst, homosexuell zu sein, noch Medikamente zu diesem Zweck genommen.
EBLING: Zu sagen, Homosexualität ist abnorm, ist der Versuch, Menschen aus dem Menschengeschlecht auszugrenzen. Das ist völlig inakzeptabel.

Was halten Sie von der These, die gesetzliche Gleichstellung von homosexuellen Lebenspartnerschaften mit der Vater-Mutter-Kind-Familie würde dem Aussterben der Gesellschaft Vorschub leisten?
GERICH: Das ist Unsinn. Für den Fall, dass wir ein Kind adoptieren sollten, heißt das ja nicht, dass der- oder diejenige dann auch homosexuell „wird". Entweder man ist es, oder man ist es nicht. Das ist keine Frage von Erziehung.

Sind Sie fürs Adoptionsrecht von Homosexuellen?
GERICH: Zwei Frauen oder zwei Männer können genauso gut Kinder erziehen wie ein Mann und eine Frau. Aber eben auch genauso schlecht.
EBLING: Völlig d'accord. Es ist in jedem Fall ein Stück soziale Stabilität, wenn Menschen sich binden, füreinander einstehen. Es gibt zu viele, die das nicht tun. Über die würde ich mir als Gesellschaft eher Gedanken machen.

Manche sagen: Im Zweifel müssten es die Kinder ausbaden, wenn sie im Kindergarten gehänselt werden, weil sie zwei Väter haben.

GERICH: Die Erfahrungen sind da gar nicht so schlecht.

EBLING: Hinzu kommt, dass die gesellschaftliche Breite in so einem Kindergarten sowieso größer geworden ist. Vielleicht wird bei dem einen Jungen gesagt: Der hat zwei Mütter. Bei dem anderen: Sein Vater ist arbeitslos. Beim dritten: Der ist schwarz und hat weiße Adoptiveltern. Das kann man in vielen Facetten durchspielen, und das bekommt man auch nicht negiert.

Sie haben dem Slogan „It gets better" zugestimmt. Wie war es denn früher? Sind Sie da schon mal Diskriminierung ausgesetzt gewesen?

EBLING: Ich kann mich an nichts dergleichen erinnern. Aber ich bin auch ein ziemlicher Spätzünder, biographisch gesehen. Als mir klar war, ich bin schwul, das ist mein Weg, war ich schon weit in den Zwanzigern. Hinzu kommt, dass ich das nie so wahnsinnig zum Thema gemacht habe. Danach wurde ich auch schon kritisch gefragt: Warum trägst du es nicht stärker nach außen? Ich gehöre sicher nicht zu den mutigsten Wortführern der Gleichstellungspolitik.

Aus Angst oder aus Prinzip?

EBLING: Ich möchte mir in solchen Fragen bewusst eine gewisse Privatheit bewahren. Nicht, um ein Geheimnis daraus zu machen. Mir geht es nur darum, eine Grenze zu ziehen, zu wissen: Hier ist Schicht. Das hat sich mit meiner Rolle in der Öffentlichkeit sogar noch ein bisschen verstärkt. Ich finde es beruhigend, dass die Hecke um das Grundstück hoch genug ist, dass selbst diejenigen, die am Gartentürchen stehen, nicht sehen können, ob ich auf der Terrasse im Unterhemd hocke oder penne.

GERICH: Ich bin auch ein Spätzünder, aber nicht ganz so spät wie er. Bei mir war's Ende der Zehner.

EBLING: Er war schon immer flinker!

GERICH: Es gab bei mir einen Prozess, der mag ein halbes, dreiviertel Jahr gedauert haben. Ich war damals in die erste eigene Wohnung gezogen, dadurch entstand sowieso schon eine Delle im Leben, und dann hab' ich eben zusehends gemerkt, dass es das mit den Mädels nicht so ist. Aber ich kannte keinen anderen, bei dem das auch so war. Irgendwann habe ich es dann meinem besten Freund erzählt. Feuerwehrkamerad. Feuerwehr ist ja nicht ganz einfach bei dem Thema. Und der Freund hat toll reagiert. Er hat gesagt: Sven, mach doch einfach dein Ding. Solange du die Finger von mir lässt, ist alles in Ordnung. Das war für mich das Signal, dass ich weder krank bin noch irgendeinen anderen Schaden habe. Ich hab' mir danach keine rosa Federboa um den Hals gehängt, aber ich bin ganz offen damit umgegangen.

Sie haben damit gute Erfahrungen gemacht?

GERICH: Auch in der Feuerwehr! Als es noch nicht raus war, hat ein älterer Kamerad mal einen richtig derben Witz gemacht. Der war natürlich nicht gegen mich persönlich gerichtet, trotzdem fühlte ich mich in meinem ganzen Sein angegriffen. Dem hab' ich dann zwei, drei passende Sätze gesagt, sodass er ganz irritiert guckte. 14 Tage später wusste er, was los war – und hat sich bei mir entschuldigt.

Womit lässt sich besser umgehen: mit persönlichen Angriffen oder mit allgemeinen Ressentiments?
EBLING: Mich besorgt, wenn Polemik dumpf und anonym rüberkommt. Mir ist jeder AfD-Politiker, der mit seinem Gesicht vorne steht und sagt, ich halte euch für falsch, lieber als eine anonyme Masse. Denn da weiß ich nicht, wo mein Gegenüber ist, wo es sich versteckt.
Was meinen Sie mit Masse? So etwas wie Pegida?
EBLING: Das ist hier kein ganz falsches Stichwort. Natürlich trägt Pegida die Homophobie nicht im Namen, und ich bin auch kein Soziologe. Aber ich vermute mal, dass der Grad der Homophobie doch in hohem Maße korreliert mit dem Grad der Islamfeindlichkeit.
GERICH: Das gehört in dieselbe Kiste. In beiden Fällen geht es um Angst vor gesellschaftlichen Veränderungen, beide Male ist der Glaube an die Richtigkeit der eigenen Sichtweise unerschütterlich.
Können Sie besagte Ängste ein kleines bisschen nachvollziehen?
EBLING: Ich lebe im Mainzer Arbeiterstadtteil Mombach, ist natürlich auch schon wieder ein Klischee, ist jetzt aber wurscht. Da gibt es die Mehrgeschosswohnungen, in denen früher die Facharbeiter der Firma „Schott Glaswerke" mit ihren Familien gewohnt haben. Die hießen Müller, Maier, Schulze. Heute heißen die Bewohner halt auch mal Yildiz, Özmir, Arslan. Und von vier Metzgern ist vielleicht noch einer geblieben, dafür sind zwei Dönerläden hinzu gekommen. Dass Menschen, die ihr Umfeld über Jahrzehnte gewohnt waren, die das wahrscheinlich auch als Schutz empfunden haben, diffuse Gefühle entwickeln, wenn sich etwas verändert, das finde ich erst einmal nicht absurd, sondern zutiefst menschlich. Da müssen auch wir politisch Verantwortlichen Erklärstückchen liefern. Aber wir sind schon auch eine Verantwortungsgesellschaft, in der jeder selbst wissen und dafür einstehen muss, was er sagt und was er tut. Da darf man dann auch mal fragen: Hast du dich wirklich informiert? Weißt du eigentlich, wer da vorne auf der Bühne das Maul aufreißt?
Als Politiker sind Sie in mehrerlei Hinsicht in einer privilegierten Position. Gilt das auch für den Umgang mit der Homosexualität?
GERICH: Zumindest haben wir es leichter als Profifußballer. Aber auch erst seit Wowereit.
Sie meinen sein öffentliches Coming-out.
EBLING: Es war historisch, dass ein Politiker in dieser Position sagt: „Ich bin schwul" – und dass er das auch noch so positiv konnotiert hat. Danach hat sich für den politischen Bereich sehr viel zum Guten verändert. Im Unterschied zum Fußball. Da hat sich nach Hitzlsperger leider gar nichts verändert. In dieser Männergesellschaft – oder wie man das nennen soll – scheint das nach wie vor nicht zu gehen, sonst hätte sich längst einer getraut. Die Gaußsche Normalverteilung muss schließlich auch in der Fußballkabine greifen.

Vielleicht ja nicht. Fußball, heißt es, sei ein harter Sport: Zweikämpfe, Grasfressen, Männer, die beim Torjubel übereinander herfallen. Über Homosexuelle hört man hingegen, sie seien eher künstlerisch veranlagt.

> EBLING: Emotionaler! Sinnlicher! Deswegen sind wir auch Oberbürgermeister geworden. Wir haben ein libidinöses Verhältnis zu unseren Akten! Darüber dürfen wir aber nicht sprechen. Das ist nicht frei ab 16 Jahren.

Ist also alles Käse?

> EBLING: Es kommt allein auf die Akzeptanz im Umfeld an. Nehmen wir die Theaterwelt. Da konnte man schon in den zwanziger Jahren mit der Homosexualität wenigstens andeutungsweise spielen, ohne dass einem deshalb gleich was Schlimmes passiert wäre.
>
> GERICH: Aber so, wie es schwule Schauspieler gibt, gibt es eben genauso den homosexuellen Maurer, Kfz-Schlosser, Profifußballer. Hitzlsperger war ja auf dem Platz auch nicht nur künstlerisch unterwegs. Ich meine mich zu erinnern, dass auch er Gelbe und Rote Karten bekommen hat.

Haben Sie selbst Fußball gespielt?

> EBLING: Ich hatte dazu keine Zeit, ich war jeden Tag in der Ballettschule …
>
> GERICH: Ich hab' geturnt. Tut mir leid.

Versuchen wir trotzdem zu ergründen, wo beim Fußball das Problem liegt.

> EBLING: Fußball ist nicht nur ein harter Sport, sondern auch ein hartes Business. Da geht es jenseits des sportlichen Ehrgeizes richtig um Kohle. Und über die Wertigkeit eines Spielers entscheiden ja nicht nur seine Fähigkeiten, sondern auch noch ein paar andere Faktoren. Brutal gesagt, besteht die Gefahr, dass der Spieler und damit auch sein Verein einen massiven Wertverlust erleiden, wenn er sich zu seiner Homosexualität bekennt. Der kann also mutig sein und vielleicht ins Geschichtsbuch kommen, aber dummerweise macht er dadurch seinen Preis kaputt und ist bald weg vom Fenster. Diese Mechanismen gibt es auch in der Politik.

Inwiefern?

> EBLING: Wenn über meine Kandidatur zu entscheiden war, wird es auch immer Menschen gegeben haben, die sich die Frage stellten: Ist es für unsere Aussichten bei der Wahl eher nützlich, eher schädlich oder egal, wenn der Kandidat homosexuell ist? Und wenn Sie sich jetzt in einem bestimmten Umfeld bewegen, ich sag' mal wieder ganz klischeehaft: Ostniedersachsen, und da haben Sie einen Kandidaten, von dem man weiß, der wohnt mit einem Mann zusammen, da stellt sich die Frage eben anders als in Mainz oder Wiesbaden. Bei geheimen Wahlen spielen solche taktischen Erwägungen mal mehr, mal weniger eine Rolle. Vom Tisch wischen kann man sie nicht.

Was glauben Sie selbst: Hat Sie Ihre Homosexualität bei der Wahl Stimmen gekostet, war sie egal oder gereichte sie Ihnen zum Vorteil?

GERICH: Weil die Wahl bei mir noch nicht so lange zurückliegt, hab' ich noch ziemlich gut im Kopf, wie die einzelnen Wählergruppen abgestimmt haben. Ich lag bei allen Altersgruppen bis 59 Jahre vorne, in der Altersgruppe 60 plus war ich deutlich unterlegen. Das könnte man so interpretieren, dass sich die Älteren mit dem Thema Homosexualität nach wie vor schwerer tun, auch wenn es da viele gibt, die komplett aufgeschlossen sind.

Sie erwähnten am Beispiel Ostniedersachsens den Unterschied zwischen Stadt und Land.

GERICH: Früher war der noch viel stärker. Mein erster Freund hat auf dem Dorf gewohnt. Der musste unsere Beziehung geheim halten. Als es der Vater mitbekam, hat er seinem Sohn 20 000 Mark angeboten, damit er sich von mir trennt.

Welche Erfahrungen haben Sie in Ihren Familien gemacht?

GERICH: Bei mir war Familie ein schwieriges Thema, ich bin in einem Kinderheim aufgewachsen. Irgendwann habe ich es meinen Eltern dennoch gesagt, und das war total entspannt.

EBLING: Meine Eltern wussten sowieso, was ich sagen würde, als ich mich ihnen offenbart habe. Das ganze Setting war so, dass sie jeden meiner Sätze selbst hätten sprechen können.

GERICH: Das war auch das erste, was meine Mutter gesagt hat: Ja, wusste ich.

Sie haben anklingen lassen, dass Sie keine Lust haben, zu „Vorzeigeschwulen" gemacht zu werden.

EBLING: Ich bitte darum, das nicht misszuverstehen. Das Thema wird nicht ausgeklammert. In Mainz haben wir zum Beispiel eine Kampagne angeschoben mit dem Titel: „Ich liebe, wie ich lebe – Mainz ist so bunt wie das Leben." Bei aller Bedeutung des Themas Akzeptanz und Vielfalt glaube ich allerdings auch, dass unsere Stadt wichtigere Aufgaben hat: Kinderbetreuung, Wohnungsbau, Stadtentwicklung. Ich hätte es daher als verdreht und als mangelnde Wertschätzung für die Bürger empfunden, wenn ich gesagt hätte, Akzeptanz ist mein großes Thema.

Wer taugt dann als schwules Vorbild?

EBLING: Außer Ernie und Bert fällt mir niemand ein.

Wir sprachen von Wowereit. Gehört der nicht zu den Figuren, die es den Leuten einfach machen, ihre Klischees bestätigt zu finden? Stichwort Party-Wowi.

EBLING: Ich finde nicht, dass Wowereit den schrillen Typen verkörpert, weder was sein Leben betrifft noch sein Erscheinungsbild.

GERICH: Im Übrigen hat man so ein Image schnell. Wenn ich über den Sommer hinweg auf 30 Wein- oder Kirchweihfesten bin, dann gibt es schon Leute, die sagen, der schwirrt nur in der Weltgeschichte herum.

Bei einem kernigen Mannsbild von der CSU würde man sagen: Wahnsinn, wie nah der bei den Menschen ist.

EBLING: Da könnte was dran sein.

Apropos Feiern: Ich hätte da noch 'ne Frage. Ich hatte mal einen schwulen WG-Mitbewohner. Wir sind bestens miteinander klargekommen, aber es gelang uns doch nie, unsere Abendgestaltung aufeinander abzustimmen. Mir erschien das damals logisch, weil in dem Alter, in dem wir waren, 23, 24, da spielte die Partnersuche eine doch recht große Rolle. Wie sehen Sie das? Für Homosexuelle ist es doch sinnvoll, solche Clubs aufzusuchen, in denen von vornherein klar ist, wie der Hase läuft. Andernfalls muss man ja mühsam versuchen herauszuklamüsern, wer als Sexualpartner überhaupt in Frage kommt. Ist das richtig beobachtet?
    EBLING: Ja.
    GERICH: Sie haben es sich mit Ihrer Frage jetzt arg schwer gemacht, aber es war für uns ein Genuss!
    EBLING: Ist doch irgendwie logisch, dass man das so macht. Denn sonst kommen wir ständig in so 'ne Szene wie mit dem Beckenbauer rein. Das ist auf die Dauer blöd!

Eine gewisse Trennung zwischen Heterosexuellen und Homosexuellen ist also nur folgerichtig?
    GERICH: Das löst sich gerade auf. Weil sich das Thema Partnersuche zunehmend auf soziale Medien verlagert. Und wenn man das Thema digital gelöst hat, kann man sich ganz entspannt in der Eckkneipe treffen.

Früher hieß es: Ohrring rechts – schwul. Ist das noch so?
    GERICH: Darauf würde ich mich heute nicht mehr verlassen.
    EBLING: Da sind wir wieder bei den Ängsten. Meine Güte, es kommen heute Leute durch die Tür, die haben rechts einen Ohrring, und du kannst nicht mehr sicher sein, dass die schwul sind. Das macht mir Angst!

Michael Ebling und Sven Gerich

„Sie merken schon, wir sehen das eher locker."

18 Michael Glos

Es gibt Kollegen, mit denen arbeitet man besonders gerne zusammen: weil man eine ähnliche Vorstellung von gutem Journalismus und seinen Möglichkeiten hat – oder weil man dieselben Dinge lustig findet. Bei Reinhard Bingener und mir ist das so, wenigstens aus meiner Sicht. Zum ersten Mal kooperierten wir im Frühjahr 2012. Wir werteten die Fragebögen der Seite-1-Girls der „Bild"-Zeitung („Was mich anmacht", „Was mich abtörnt" etc.) nach beinahe wissenschaftlichen Kriterien aus – und gewannen so ein deutsches Sittengemälde der etwas anderen Art. Bis zum Sommerloch-Interview mit einem Politiker war es da nicht mehr allzu weit. Die Frage war nur: mit wem? Der erste, an den wir dachten, war Peter Struck von der SPD. Er war damals schon aus dem Bundestag ausgeschieden, galt aber irgendwie als Type und kannte als ehemaliger Fraktionschef seine Pappenheimer, die im Sommer gerne mit Gaga-Forderungen an die Öffentlichkeit drängten. Doch Struck sagte urlaubsbedingt ab. So landeten wir bei *Michael Glos* – ein großes Glück. Die Umstände des Gesprächs gehen im Wesentlichen aus dem veröffentlichten Text hervor, nicht jedoch die der Autorisierung. Was uns Glos zurückschickte, war zwar immer noch ein sehr hübsches Interview, blieb aber doch hinter dem wirklich geführten Gespräch zurück. Sehr schade fanden wir auch, dass der ehemalige CSU-Landesgruppenvorsitzende und Bundeswirtschaftsminister die Passage herausgestrichen hatte, in der es um die Figuren ging, die auf dem Spülkasten seiner Toilette standen: Lenin, Mao, Stalin. Also fragten wir seinen sehr verständigen Mitarbeiter

Dr. Fuchs, was denn das Problem an der Sache sei. Wir vermuteten, Glos wolle womöglich keine Einblicke in seine privaten Räumlichkeiten gewähren. Das hätten wir verstanden. Aber darum ging es ihm gar nicht. Er wollte vielmehr den chinesischen Botschafter nicht verprellen, zu dem er offenbar gute Beziehungen pflegte. Also schlugen wir vor, Mao einfach wegzulassen – und nur von Stalin und Lenin zu schreiben. Wir mussten dazu nicht lügen, die Pointe blieb erhalten – und Glos hatte keine Probleme mit der chinesischen Seite. Er war einverstanden. Das ist nur ein ganz kleiner Beleg für die immer wieder gemachte Erfahrung, dass es sich lohnt, mit den Leuten zu reden. Das zeigte sich auch aus Anlass dieses Buchs wieder: Denn natürlich habe ich Glos gefragt, ob es jetzt noch ein Problem sei, die Mao-Anekdote zu erzählen. Ist es nicht.

„Müllermeister bleibt Müllermeister"

INTERVIEW VOM 04.08.2012 / F.A.Z.

**Im großen F.A.Z.-Sommerlochinterview (mit Reinhard Bingener):
Michael Glos, politisches Urviech.**

Schon Karl Valentin hat mit Erstaunen festgestellt, dass an jedem Tag immer genau so viel passiert, dass es in eine Zeitung passt. Michael Glos lüftet nun das Geheimnis, warum dieser Mechanismus sogar im Hochsommer funktioniert. Und nicht nur das: Aus einem Gespräch zum Thema Sommerloch wurde ein Austausch über Auf und Ab in der Politik sowie in der Welt ganz allgemein. Das allererste Sommerlochinterview dieser Zeitung führt nach Prichsenstadt bei Würzburg. Der Ort liegt malerisch, umgeben von Weinhängen. In der Hauptstraße stehen die mit unterfränkischer Gründlichkeit renovierten Häuser dicht an dicht. Die Luft flirrt in der Hitze, während die Bewohner die harten Konsonanten in ihrem Mund weich klopfen. Oben auf dem Klingelschild steht Stolzmühle GmbH. Den in einem Nachbarort gelegenen Familienbetrieb hat „der Junior" schon vor langer Zeit übernommen. Statt Getreide werden dort heute Futter- und Energiepflanzen verarbeitet. Die untere Klingel des Hauses gehört zum Wahlkreisbüro von Michael Glos. Der langjährige CSU-Landesgruppenchef und frühere Bundeswirtschaftsminister hat jüngst angekündigt, im kommenden Jahr nach dann 37 Jahren im Bundestag nicht noch einmal zu kandidieren. Mit 68 Jahren will er sich aus der Politik zurückziehen.

Glos sitzt an einem Tisch im Innenhof seines Wohnhauses, das direkt neben seinem Wahlkreisbüro liegt. Ein Baum spendet Schatten, das kleine Brünnlein sorgt für einen angenehm kühlen Luftzug. Für jedes seiner fünf Enkelkinder hat der CSU-Mann hier eine Tierskulptur aus Metall aufstellen lassen. Der für seine Zwischenrufe im Bundestag berüchtigte Abgeordnete lehnt sich weit in seinem Gartenstuhl zurück, allzeit bereit zu Ironie und Selbstironie, auch wenn diese, wie er schon leidvoll erfahren musste, nicht von jedem verstanden werden.

Herr Glos, könnten Sie uns zunächst einen Gefallen tun?

    Welchen?

Würden Sie vielleicht den Brunnen abstellen?

    Nein.

Das ist schade – das dauernde Plätschern im Hintergrund wird später das Abhören des Mitschnitts unseres Gesprächs beschwerlich machen.

    Genau deshalb hab' ich den Brunnen ja einbauen lassen! Es muss hier ja nicht jeder Nachbar mithören, was im Hof gesprochen wird. Wissen Sie, da, wo Sie jetzt sitzen, saßen schon Angela Merkel, Helmut Kohl, Theo Waigel und viele andere.

Glos hat sich ein von ihm so genanntes Ruhestandshaus gekauft - ohne Garten. „Ich wollte meine Frau von der Gartenarbeit entlasten", sagt er. Also nur ein gepflasterter Innenhof, in dem, wie von Geisterhand, der Brunnen dann doch abgeschaltet wird.

Herr Glos, wir möchten gerne mit Ihnen über das sogenannte Sommerloch sprechen. Nach so vielen Jahren im Bundestag kennen Sie ja das Geschäft ...

    ... na ja, Wolfgang Schäuble würde jetzt sagen: „ein Stück weit". Er, der ja sogar seit 1972 im Bundestag ist, ist ein großer Liebhaber dieser

Formulierung. „Ein Stück weit", das kann heißen eine Armlänge, aber auch: von Offenburg bis Gengenbach.

Zum Sommerloch erzählt man sich, eine bestimmte Zeitung führe eine sogenannte Irren-Liste mit Abgeordneten, die immer für eine abwegige Forderung gut sind.

Schon möglich. Jedenfalls hat sich die Zeitung mit den großen Buchstaben früher, wenn es gerade keine politischen Sensationsnachrichten gab, selber Abgeordnete gesucht, die den Führerschein für Radfahrer fordern oder dass Mallorca das siebzehnte Bundesland werden soll.

Hat man es bei Ihnen auch versucht?

Als ich noch jünger war. Ich erinnere mich noch gut an die Anrufe. Es war immer derselbe Redakteur. Sie, Herr Glos, hieß es dann, es ist doch schlimm, dass den Radfahrern immer so viel passiert. Müssten die nicht eigentlich auch einen Führerschein machen? Dann hab' ich ihm gesagt: Mein lieber Herr Soundso, da müssen Sie sich schon einen anderen suchen. Oder ich habe ihm gesagt: Das ist blühender Unsinn, was Sie da fordern – damit können Sie mich gerne zitieren. Da sagt dann er: Danke schön, ich hab' eine Telefonliste vor mir liegen, ich finde schon einen, der genau das sagt, was ich will. Am Ende hat er den dann auch immer gefunden.

Und dann?

Am schönsten fanden es die Journalisten, wenn sie zu dem Thema am nächsten Tag wieder einen anderen fragen konnten und wenn der dann sagte: „Wer so was fordert, ist ein Depp." Manche Journalisten haben auch immer genau geschaut, was gerade in die Landschaft passt. Man hatte ja nicht nur eine Sau, die man durchs Dorf treiben konnte, sondern eine ganze Sauherde.

Warum machen Parlamentarier da mit?

Die Mehrzahl der Abgeordneten freut sich zunächst einmal über einen Anruf. Bei denen hat sich doch oft noch nie jemand gemeldet, außer vielleicht die „Liegnitzer Neuesten Nachrichten". Nehmen wir den Parlamentarier Fritz Hinterbank. Den sucht die Frau nach dem Anruf des Redakteurs schon ganz aufgeregt, weil ihr Mann endlich die Chance hat, mal in die „Bild"-Zeitung zu kommen. Das ist nämlich für viele weit wichtiger als in der F.A.Z. auf einem Zeilenfriedhof versenkt zu werden. Es gibt immer wieder Kollegen, die dieser Versuchung erliegen.

Nicht immer zu ihrem Vorteil . . .

Gut, das sagen Sie jetzt. Es ist doch wie im richtigen Leben auch. Manche empfinden Schmerz, wenn sie immer wieder gegen dieselbe Wand rennen; andere sagen: „Hach, was für ein schönes Gefühl, wenn der Schmerz nachlässt!"

Das sind dann aber nicht gerade die aufstrebenden Kollegen . . .

Ich habe gelernt, dass zwischen aufstrebend, abstrebend und absterbend nur ein schmaler Grat ist. Manche Kollegen jedenfalls sind traurig geendet.

An wen denken Sie da?
An viele. Aber das ist nicht zum Schreiben. An viele.

Ob er dabei auch an sich selbst denkt? Er, der kampferprobte Vorsitzende der CSU-Landesgruppe, der 2005 urplötzlich Bundeswirtschaftsminister wurde, nachdem Stoiber nicht wollte? Eher nicht. Auch über seine manchmal schwierige Zeit als Minister, die er erst beendete, nachdem er als quasi letzte Amtshandlung mit strahlendem Gesicht in Wiesbaden mit der Hochsprungolympiasiegerin Ulrike Meyfarth den Ball des Sports eröffnet hatte, spricht er inzwischen mit der Gelassenheit eines Mannes, der seine ergrauten Haare schon lange nicht mehr tönen muss.

Wissen Sie, ich genieße vor allem die wiedergewonnene Freiheit. Als Minister war ich während eines Urlaubs in Bad Reichenhall mal im Schwimmbad. Irgendwann musste ich kurz raus aus dem Becken. Da hört meine Frau einen Badegast zum anderen sagen: „Das war doch der Glos." Darauf der andere: „Ich glaub nicht, dass sie den frei rumlaufen lassen."

Kann man als deutscher Spitzenpolitiker im Urlaub überall hinfahren, ohne eine Neiddebatte am Hals zu haben? Könnte Frau Merkel, zum Beispiel, auf die Galapagos-Inseln reisen?
Warum nicht? Das kann ich ihr sehr empfehlen. Die Inseln sind wunderbar. Ich war selbst erst kürzlich zusammen mit meiner Frau privat dort. Die Inseln sind wirklich fantastisch.

Allerdings gibt es dort wesentlich mehr Landleguane als deutsche Wähler, bei denen man sich auch im Urlaub beliebt machen könnte.
Also hören Sie, so weit kommt es noch, dass man auch noch den Urlaub zu einer politischen Schauveranstaltung macht. Was glauben Sie, was ich da von meiner Frau zu hören bekommen würde.

Die Waldbrände sollen in diesem Jahr auch wieder sehr schlimm sein . . .
Jaja, die Waldbrände. Meine Theorie zu den vielen Meldungen darüber ist ja, dass sich das vor allem an die Urlauber richtet: Dann kann der Heinrich zu seiner lieben Marianne sagen: Schau mal, wie klug ich war bei der Auswahl unseres Urlaubsortes. Wir fahren jetzt schön durch die Steiermark, da ist der Wald grün. Oder der Manfred sagt zu seiner Erika: Es ist besser, wir sind an der Ostsee, auch wenn es regnet, als da, wo es zwar schön ist, aber der Wald brennt.

Ein anderes Thema sind im öffentlich-rechtlichen Fernsehen die ständigen Wiederholungen in der Sommerzeit . . .
. . . das ist eigentlich kein Thema für einen Parlamentarier, so was kann man als Privatperson fordern. Wenn ein Journalist wegen so was anruft, sage ich ihm: Ich sage Ihnen dazu nichts, aber schauen Sie, wir haben da den Herrn Soundso, bei dem können Sie gerne anrufen, aber sagen Sie bitte nicht, dass die Empfehlung von mir kam.

Erinnern Sie sich noch an die Forderung mit dem Rückwärtsfahren auf der Autobahn? Damit man im Stau auf dem Standstreifen zur

letzten Ausfahrt zurücksetzen kann. Gerade in der Urlaubszeit ist das für viele Menschen ein hochbrisantes Thema.

Jaja, logisch. Ganz nebenbei fällt mir da einer meiner Lieblingswitze ein. Der, wo der Sepp die steile Bergstraße rückwärts hochfährt und ihm der Ludwig aufs Dach klopft und sagt: Horch, was machst du da, warum fährst du denn rückwärts? Sagt der Sepp: Ich habe gehört, da oben kann man nicht wenden. Sieht der Ludwig den Sepp am Abend den Berg herunterfahren – wieder rückwärts. Sagt der Ludwig: Was machst denn jetzt? Sagt der Sepp: Man hat doch wenden können.

Hätten Sie als Landesgruppenvorsitzender eine Forderung wie die mit dem Rückwärtsfahren unterbunden?

Nicht jeder Unfug darf mit dem Logo der Landesgruppe veröffentlicht werden. Wenn jemand etwas erklären will, was nicht zu seinem Arbeitsgebiet zählt, soll er seinen eigenen Briefkopf dafür verwenden. Zur Frage etwa, ob Hundebesitzer einen Führerschein für ihr Tier benötigen und ob der Hund sein Geschäft an einem Bürgersteig verrichten darf, sofern dieser eine Höhe von soundso viel Zentimetern hat, würde ich sagen, erklärt die CSU-Landesgruppe gar nichts.

Die Journalisten ...

... versuchen im Sommerloch zu solchen Unsinnsthemen Meinungen gleich aus allen Regierungsparteien einzuholen. Da heißt es dann: „Mehrheit für Hundeführerschein zeichnet sich ab." Und wenn dann auch noch der SPD-Abgeordnete Johann Namenlos der Abgeordneten Heidi Harmlos aus der Union beispringt, dann heißt es gleich: „Große Koalition für Hundeführerschein." Aber das gehört dazu. Die Abgeordneten sind nicht die Elite des deutschen Volkes, sondern dessen Vertreter. Am besten ist es, wenn die Abgeordneten ein Spiegelbild des Volkes sind. Wobei ... vielleicht wäre das doch nicht so gut. Aber das ist jetzt – Sie werden es kaum glauben – Ironie.

Ihre letzten beiden Sätze?

Selbstverständlich, was denn sonst.

Zeit für eine Pause, nach all dem Wasser und Kaffee. Rein ins kühle Wohnhaus, dessen jahrelange Restaurierung Glos als „persönliche Wiedergutmachung" für den Denkmalschutz bezeichnet, nachdem sein historisches Elternhaus wegen einer Betriebserweiterung abgerissen werden musste. Sein Haus ist voller Antiquitäten. Nur die Jagdtrophäen mussten draußen bleiben – darauf bestand seine Frau, als er nach seinem Rücktritt den Jagdschein machte („Um mir zu beweisen, dass ich mich noch in neue Zusammenhänge einarbeiten kann"). Gegen die Figuren von Lenin und Stalin, die auf der Toilette stehen, scheint sie hingegen nichts zu haben. Zurück am Tisch.

Sie haben ja Lenin und Stalin auf der Toilette stehen, Herr Glos!

Das war in den achtziger Jahren das einzige Souvenir, das man im Kaufhaus GUM in Moskau preiswert erwerben konnte. Aber zugegeben, der Aufbewahrungsort war nie ein Zeichen meiner Verehrung.

Zurück zum Sommerloch. Kann eine Regierung Katastrophen im Sommerloch besser für sich nutzen als die Opposition?

Klar. Wenn sie da als Oppositionspolitiker in ein Katastrophengebiet kommen nach dem Motto: Ich bin ein hochwichtiger Mann, wo sind die Kameras, wo ist der Bürgermeister, dann machen sie sich lächerlich.

Ist es im Sommerloch leichter oder schwerer als sonst, eine Affäre zu überstehen?

Ich glaube, dass es im Sommerloch gefährlicher ist. Dann kommen gleich alle und bohren weiter. In der Jägersprache sagt man, die Beute schweißt, das heißt: Sie blutet. So nimmt das gesamte Wolfsrudel Witterung auf und beteiligt sich an der Verfolgung. Bei Wulff hat man das ja gesehen: Dem hat nicht einmal die kurze Weihnachtspause geholfen. So ein Bundespräsident ist ja auch für Großwildjäger interessant.

Jorgo Chatzimarkakis war mit seiner Doktorarbeit dagegen eher was fürs Kleinkaliber. Auch er hat sich jüngst mit einer Sommerloch-Forderung...

...ist das der von „Grieche sucht Griechin"?

Wieso das?

Das war ein berühmter Heinz-Rühmann-Film.

Und was hat das mit Europaparlamentarier Chatzimarkakis zu tun?

Der ist Grieche.

Ach so. Jedenfalls will Chatzimarkakis Gutscheine für einen Urlaub in Griechenland verteilen.

Das ist doch verständlich! Wenn ich Grieche bin, er ist ja Grieche, dann will ich etwas für mein Land tun. Das ist eine Besonderheit: Ins Europaparlament kann man in Deutschland auch gewählt werden, wenn man die Staatsangehörigkeit eines anderen EU-Landes hat. Der Daniel Cohn-Bendit hat ja auch abwechselnd für die deutschen und die französischen Grünen kandidiert.

Kennen Sie Cohn-Bendit?

Ja, klar. Ich schätze ihn als interessanten Querkopf. Bin ihm bei vielen Talkshows begegnet. Im Anschluss wird da ja meistens getrunken, da kann es mit den anderen Gästen oft sehr lustig sein.

Auch mit Joschka Fischer, einem Ihrer Lieblingsgegner?

Auch mit dem. Fischer bleibt Fischer. Am Schluss haben ihn nicht einmal die Eigenen mehr gemocht, weil er sich selbst zu ernst genommen und entsprechend aufgeführt hat. Ich bin sonst nicht sehr neugierig auf Einkommensteuererklärungen, aber ich würde gerne wissen, wer inzwischen mehr verdient, Schröder oder Fischer. Die beiden tragen ihre Rivalität heute auf diese Art aus.

Wie würden Sie deren Politikstil im Rückblick beschreiben?

Die beiden hatten schon eine sehr maskuline Ausstrahlung. Das kann man natürlich leichtfertig abtun, aber so etwas kann im Politikbetrieb wichtig

werden, besonders im Fernsehen. Da können Wahlen durch die Auswahl der Moderatoren und vor allem Moderatorinnen entschieden werden. Es gibt ja Politiker, bei denen bei entsprechender Auswahl erst der Adrenalinspiegel und dann der Testosteronspiegel steigt. Bei anderen hingegen ist es egal, ob man ihnen eine attraktive Moderatorin hinstellt oder einen toten Hund.
Ist die Zeit solcher politischen Urviecher abgelaufen?
Inzwischen ist Artenschutz nötig, die stehen auf der Roten Liste. Sie brauchen sich nur die Biographien heutzutage anzuschauen. Aber ich möchte nicht urteilen, mich hat immer geärgert, wenn jemand sagt: Früher war alles besser.

Glos vermittelt den Eindruck, mit sich im Reinen zu sein. Der Abschied von der Politik entspreche genau seiner eigenen Lebensplanung.

Wie kommen Sie zu der Einschätzung, dass ausgerechnet jetzt der richtige Zeitpunkt zum Aufhören ist?
Als ich das erste Mal parteiintern aufgestellt wurde, galt ich nicht als Favorit, bin aber in einer Stichwahl mit 31 zu 29 Stimmen überraschend nominiert worden; das letzte Mal hatte ich 100 Prozent der Stimmen in geheimer Wahl, ohne vorgedruckte Stimmzettel. Die Leute haben auch zu 100 Prozent den Namen richtig geschrieben, also ohne K oder Doppel-S oder so. Wenn dir jemand eine mitgeben will, dann macht er das auf diese Weise. Denn selbst ein falsch geschriebener Name bedeutet ja eine ungültige Stimme. Bei den 100 Prozent hab' ich gedacht, jetzt kommt der richtige Zeitpunkt aufzuhören – das kann ich nicht mehr toppen.

Unter Ihnen, Herr Glos, hatte die CSU-Landesgruppe ihre große Zeit. Als Sie Wirtschaftsminister waren, war Deutschland noch Exportweltmeister. Sie haben dazu beigetragen, dass Theo Waigel an der Spitze der CSU Strauß nachfolgte, dass Edmund Stoiber 2002 Kanzlerkandidat wurde und Angela Merkel 2005 Kanzlerin. Haben wir etwas vergessen?
Ja, schon.

Wir haben allerdings nur noch 13 Zeilen.
Gut – also nur eine Anekdote. Im Ministerium habe ausgerechnet ich Pläne vorgefunden, den Beruf des Müllers umzubenennen. In einen „Verfahrenstechniker in der Mühlen- und Futtermittelwirtschaft". Da habe ich gesagt, liebe Leute, da kann sich doch keiner mehr was drunter vorstellen. Was soll das? So ein traditionsreiches Handwerk – und dann so ein steriler, bürokratischer Name. Diesen Schmarrn habe ich verhindert. Der Dr. Peter Ramsauer ist ja auch Müllermeister von Beruf. Wir haben uns über die geplante Umbenennung lustig gemacht und die Leute gefragt, ob sie vielleicht „Das Wandern ist des Verfahrenstechnikers Lust" singen. Nein? – Das Lied steht ja in Franz Schuberts Liederzyklus „Die schöne Verfahrenstechnikerin". Oder wie wäre es mit einer „Forelle Verfahrenstechnikerin"? Da vergeht Ihnen der Appetit. Ergebnis der ganzen Geschichte war jedenfalls: Der Müllermeister bleibt der Müllermeister.

19 Bruno Jonas

Bruno Jonas fand ich immer schon gut, beim „Scheibenwischer", auf dem Nockherberg, live. Er ist ein absoluter Profi, sprachlich sehr versiert und exakt, das merkte ich in mehreren Telefonaten während des Autorisierungsprozesses. In einer Mail zu diesem Buch schrieb ich ihm Folgendes:

„Ich schreibe zu jedem Interview ein bisschen was über die Umstände und Hintergründe. In unserem Fall habe ich mir überlegt, dass es mal ganz schön wäre, dem Leser offenzulegen, was aus einem Gespräch es letztlich nicht ins veröffentlichte Interview ‚geschafft' hat. An folgende Passagen hatte ich dabei gedacht:

Frage: Waren Sie selbst mal in einer Partei?

Jonas: Ganz kurz, in der SPD, auch als Reaktion auf meinen Vater, der jahrelang in der CSU war. ‚Der Bayernkurier' lag bei uns zuhause auf dem Tisch. Er hat ihn nicht gelesen. Ich schon.

Frage: Strauß hätte gesagt: Konservativ ist, sich an die Spitze des Fortschritts zu setzen.

Jonas: Das sind auch wieder diese Begriffe. Was ist konservativ? Die Grünen sind eigentlich sehr konservativ: Erhaltung der Umwelt zum Beispiel. Bei denen sagt man aber nicht konservativ dazu, sondern richtig.

Frage: Trump hat einiges getan, um Argwohn auf sich zu ziehen.

Jonas: Vorher hatten wir den Obama, der war immer so nett – und so fit! Allein, wie der die Gangway hochgefedert ist! Aber wenn man mal genauer hinschaut, wird man sehen: Außenpolitisch hat der liebe Herr Obama nichts zerrissen. Bisher waren die Amerikaner die gute Ordnungsmacht, die überall für Freiheit und Sicherheit gesorgt haben, zumindest aus ihrer Perspektive, man denke nur an Lateinamerika. Dabei haben die Leute natürlich mitgekriegt, was zum Beispiel in Chile gelaufen ist, beim Putsch. Ich kann mich an die vielen amerikanischen Präsidenten erinnern, die einfach mal irgendwo einmarschiert sind, die sich um irgendwas gekümmert haben, zum Beispiel in Vietnam. Das wissen die Leute. Und jetzt kommt einer wie der Trump und sagt: I bleib daheim. Amerika first. Oder er sagt, ich treffe mich jetzt mal mit dem Putin. Da tobt die Presse. Aber viele Leute denken: Wenn die zwei sich treffen und miteinander reden, das ist vielleicht besser als Kalter Krieg."

Ich fragte Jonas in der Mail, ob es ok für ihn wäre, wenn ich diese unveröffentlichten Frage-Antwort-Passagen für den kleinen Begleittext verwenden würde.

Jonas antwortete mir per Mail: „Die Passagen sind schon ok. Doch gab es vermutlich gute Gründe, sie rauszulassen. Ich würde heute beispielsweise die amerikanische Außenpolitik präzisieren wollen. Sprachlich holpert es ein bisschen, aber … ach was. Gesprochene Sprache eben. Und was die Grünen angeht, Prinz Charming von der Sonne, R. Habeck, die Energiewende, die Klimaforschung und Gretas Panikattacken, da würde ich gerne ausführlicher sein dürfen."

Ich fragte Jonas, ob ich nun eben diese Mail veröffentlichen dürfe – er war einverstanden.

„Ich bin ein Querulant"

INTERVIEW VOM
13.10.2018 / F.A.Z.-MAGAZIN

Bruno Jonas über Seehofer und Söder,
Hetze und Haltung, CSU und AfD und
den Hang der Bayern zum großen Drama.

Herr Jonas, wie lautet Ihr Fazit zu 100 Jahren Freistaat Bayern?

Ich habe das Gefühl, dass der Freistaat nicht nur 100 Jahre existiert, sondern 1000. Das ganze Gebilde wirkt sehr gut verankert, gefestigt, geschlossen, wie ein mächtiger Vierkanthof, der aus meiner Sicht die Grundhaltung des bayerischen Lebens zum Ausdruck bringt: d'Sach z'ammhalten.

D'Sach z'ammhalten erinnert an eine Festung. Warum konnte Bayern trotzdem für so viele Zugereiste zur Heimat werden?

Bayern ist erst durch Zugereiste entstanden, durch Kelten, Böhmen, Slawen und zurückgebliebene Römer. Das waren die ersten Bayern! Dadurch ist das „Mia san mia" gewachsen: das Bewusstsein, dass alle Zuagroaste sind. Die Zuagroasten haben sich zu Vollbayern entwickelt.

Edmund Stoiber hat in dieser Zeitung die Theorie vertreten, dass die neu Zugereisten ein Problem für die CSU seien, weil sie die Loyalität zur Partei nicht mit der Muttermilch aufgesogen hätten. Ist da was dran?

Das kann schon sein, dass er da recht hat. Immer mehr Neubayern bestellen lieber einen grünen Smoothie. Und die Enttäuschten und Unzufriedenen ordern einen deutschen Korn. Ganz out ist die rote Brause!

Der Sozialist Kurt Eisner hat den Freistaat gegründet. Gibt es noch Spuren von Sozialismus und Revolution in Bayern?

Nicht viel mehr als eine schöne Geschichte von Oskar Maria Graf. In der beschreibt er, wie einst im Münchner Schwabinger Bräu die Unabhängigen Sozialdemokraten und die anderen Sozialdemokraten zusammengesessen sind, draußen liefen die Freikorps rum, eine brenzlige Situation. Die Frage im Wirtshaus war: Mach ma a Revolution oder mach ma koane? Irgendwann soll einer auf die Bühne gegangen sein und gesagt haben: Dann mach ma hoid a Revolution, damit a Rua is. Aus der Ruhe heraus die Unruhe zur Ruhe bringen – auch das ist etwas typisch Bayerisches.

Der bayerische Ministerpräsident Markus Söder ist der Meinung, dass auch das Kreuz zu Bayern gehört. Wie fanden Sie seinen entsprechenden Erlass?

Ungeschickt. Ich hätte ihm als Politikberater gesagt: Pass auf, Markus, wir setzen uns jetzt mal mit dem Kardinal Marx zusammen und mit dem Heiligen Bedford-Strohm, und die Charlotte Knobloch nehmen wir auch noch dazu. Dann führen wir eine schöne Debatte über die christlich-jüdische Prägung Bayerns, entscheiden uns dann gemeinsam für eine Aktion und lassen schöne Fotos davon machen. Aber Söder hat einen Alleingang gewagt. Eigentlich sehr bayerisch, dieses Vorgehen. Aufstehen und auftrumpfen! Er ist ohne Absprache vorgestürmt und hat gesagt: So, jetzt häng' ich mal ein Kreuz auf.

Hat er in der Sache Recht?

Ich habe in der Schule gelernt: Karl Martell wehrte 732 in der Schlacht bei Tours und Poitiers die Araber ab. Wenn das stimmt, dann ist Europa zumindest nicht primär arabisch geprägt.

Kardinal Marx hat Söder vorgeworfen, er spalte mit seinem Erlass die Gesellschaft.

Als Laientheologe und ehemaliger Oberministrant muss ich sagen: Das ist, mit Verlaub, Unsinn. Jesus ist für die ganze Menschheit am Kreuz gestorben. Für alle! Das Kreuz kann daher gar kein Symbol der Spaltung sein. Ich verstehe aber natürlich schon, dass die katholische Kirche die Kompetenz fürs Kreuz ganz alleine für sich haben will. Der steckt der Investiturstreit ja immer noch in den Knochen. Aber natürlich hat das Kreuz nicht nur eine religiöse, sondern auch eine kulturelle Komponente, da brauchen wir uns doch gar nichts vormachen. Das Kreuz dient in vielfacher Hinsicht als Symbol für alles Mögliche. Es ist ja sogar auf dem Schweizer Messer drauf.

Selbst die bayerische FDP kämpfte gegen den Kreuz-Erlass und rief: Aufklärung!

Da freu' ich mich aber, dass sich die FDP auf dieses große Erbe beruft. Ich bin absolut dabei, wenn es um die Trennung von Kirche und Staat geht. Die haben wir aber nicht. Oder warum wird die Kirchensteuer vom Staat erhoben? Falls die FDP demnächst in Bayern mitregieren darf, wird sie also für die strikte Trennung von Kirche und Staat kämpfen.

Die FDP brachte auch die liberalitas bavariae in Erinnerung. Wie würden Sie die beschreiben?

Bei der muss man ein bisschen genauer hinschauen. Das ist die Freiheit, die dem Andersdenkenden zwar die Chance lässt, dass auch er sich mal äußert – aber es sollte möglichst keine Wirkung haben. Leben und leben lassen – im Ideal gedacht ist das sehr schön. Aber es kann auch bedeuten: Lass ma mei Rua. Oder: Mir lassen die anderen schon leben, aber sie miassens scho selba hibringa. Von der Toleranz zur Indifferenz ist es beim Bayern nicht weit. Auch dafür gibt es einen Satz: Gar ned erst ignorieren.

Der wurde zitiert, als sich die CSU im Sommer gegen eine Demonstration unter dem Titel „#ausgehetzt" mit eigenen Plakaten zur Wehr setzte. In besseren Zeiten, hieß es, hätte die CSU solche Proteste nicht mal ignoriert.

Das wäre diesmal auch besser gewesen. So hat die CSU gezeigt, dass sie getroffen ist, dünnhäutig. Das steht ihr nicht.

Viele Vertreter Ihrer Zunft, wenn ich Sie da eingemeinden darf...

... nein! Ich bin ein Querulant!

... haben mitdemonstriert, sich öffentlich gegen die CSU und deren Sprache gestellt. Warum Sie nicht?

Wenn man als Kabarettist auf einer Demonstration auftritt, kann man den Leuten nur nach dem Mund reden. Man wird gebucht als Empörungsdienstleister. Unter Satire verstehe ich etwas anderes. Nämlich: Querdenken nicht nur zu den Herrschenden, sondern zum herrschenden Denken. Im Übrigen: Wenn da auf der Demonstration mit Blick auf die CSU gerufen wird „Faschistenpack", wenn der Friedrich Ani, ein Schriftsteller, der berufsmäßig mit Worten umgeht, in einem Zeitungsbeitrag schreibt, Seehofer stehe dem Gedanken der Nächstenliebe so fern wie Beate Zschäpe, dann ist das für mein Empfinden auch unter Hetze einzuordnen. Die Verrohung der Sprache gibt es auf beiden Seiten.

Es heißt, angesichts der AfD sei es nun Zeit, Haltung zu zeigen.

Ich zeige Haltung. Ich möchte sie nur nicht vorgeschrieben bekommen. Kabarett ist, wenn man trotzdem denkt.

In Ihrem Buch „Totalschaden" haben Sie 2016 geschrieben: „Diese AfD nervt! Aber nicht nur. Sie amüsiert mich auch. Ich bin dankbar dafür, dass es sie gibt, weil sie die Altparteien aufscheucht, die vor lauter Angst um Wählerstimmen wie die Hühner durcheinanderlaufen, wenn der Fuchs in den Stall einbricht." Sehen Sie das immer noch so?

Ja.

Was sollten die anderen Parteien tun?

Es reicht nicht, die AfD zu beschimpfen oder über sie zu sagen, dass sie die Schande Deutschlands sei, um damit unausgesprochen klarzustellen, man selbst gehöre zur Zierde des Landes. Man hört ja immer, man müsse die AfD „stellen". Ich bitte darum. Aber dann mit Argumenten und nicht mit Debattenverweigerung, so wie Söder und andere im Wahlkampf das getan haben. Ich stelle in dem Buch übrigens die berechtigte Frage: Wird das Richtige falsch, wenn es der Falsche sagt, oder gibt es ein richtiges politisches Handeln über alle partei-ideologischen Schranken hinweg?

Sagt die AfD denn das Richtige?

Zumindest legt sie das Glaubwürdigkeitsproblem der heutigen Politik offen. Die Union war immer für die Kernenergie. Dann, nach Fukushima, musste man von einem Tag auf den anderen Angst haben, dass Seehofer sich an die Gleise kettet, um gegen Castor-Transporte zu demonstrieren. Oder die Aufnahme der Flüchtlinge 2015: Die Willkommenskultur hat Merkel unter Umgehung aller demokratischen Instrumente ganz allein beschlossen – wie ein römischer Konsul. Dazu kommen die fortgesetzten Rechts- und Vertragsbrüche: Maastricht, Dublin und was da nicht alles mit dicken Füllfederhaltern unterschrieben und dann nicht eingehalten wurde. Ich sage es mal so: Die anderen Parteien können froh sein, dass in der AfD so viele Nazis drin sind, sonst würde sie noch viel mehr gewählt werden.

Hätten Sie so etwas auch zu den Zeiten gesagt, als Sie noch in der ziemlich linken Sendung „Scheibenwischer" zu sehen waren?

Wenn Sie erlauben, zitiere ich mich hier mal selber: Immer öfter bin ich nicht mehr meiner Meinung.

Wie genau sah Ihre Entwicklung aus?

Die großen Kabaretts der alten Bundesrepublik, die Münchner Lach- und Schieß oder das Düsseldorfer Kom(m)ödchen, die waren SPD-affin. Den Willy Brandt, den ich für seine Entspannungspolitik sehr bewundert habe, den wollten auch die Kabarettisten als Kanzler. Ich erinnere an die SPD-Wählerinitiative. Satire wollte damals konstruktiv sein, also nicht so fundamental zersetzend, wie ich sie heute verstehe, wie sie vielleicht auch Karl Kraus begriffen hat. Spätestens mit der ersten Regierung Merkel ging das bei mir klar in diese Richtung. Ich möchte dem Publikum nicht vorschreiben, wann es zu lachen hat. Mein Publikum ist mündig, intelligent und hat Humor! Vor langer Zeit haben wir im „Scheibenwischer" eine Nummer über misslungene Integration gespielt. Da sagten die Kollegen: Müssen wir das machen, gibt es keine anderen Themen? Wie die SPD heute. Die sagt auch dauernd: Reden wir doch nicht über Flüchtlinge, sondern über Wohnen, über Bildung, über Pflege! Ganz falsch. Man muss über alles reden, was die Leute bewegt.

Den ganzen Sommer wurde doch über nichts anderes als über Flüchtlinge geredet. CDU und CSU hielten mit ihrem Asylstreit die ganze Republik in Atem.

Also mich haben sie nicht so in Atem gehalten. Als Kabarettist habe ich da eher amüsiert zugeschaut und mich gewundert. Was da geschimpft und gewarnt und gemahnt wurde! Von Schmierentheater war die Rede, davon, dass Europa am Abgrund stehe. Die CSU habe Europa in Geiselhaft genommen: Hä? Weil zwei sich streiten? Ich hab' immer gedacht, das sei Demokratie. Und dann, als sie sich irgendwie geeinigt hatten, hieß es, das betreffe ja nur ein paar Flüchtlinge. Dafür habe sich der Streit doch gar nicht gelohnt. Da frag' ich mal: Soll man vielleicht auch den Mord-Paragrafen abschaffen, weil relativ wenig Leute umgebracht werden? Entweder das Recht gilt, oder es gilt nicht. Das Recht gilt auch, wenn es nicht zur Anwendung kommt.

Sie finden nicht, dass es die CSU übertrieben hat, gerade sprachlich?

Als Kabarettist habe ich über viele Jahre die sprachliche Zuspitzung, die Überhöhung gesucht, da hätte man auch oft sagen können: Geht's nicht ein bisschen vorsichtiger? Auf das Wort „Asyltourismus", das Söder benutzt hat, hätte ich allerdings verzichtet. Es ist weder originell noch trifft es den Kern dessen, was es vorgibt zu beschreiben. Davon abgesehen leben wir in einer hypermoralischen, übersensibilisierten Zeit. Jedes Wort wird auf die Goldwaage gelegt: Ist es zu zynisch, entspricht es der allgemeinen moralischen Strömung, oder müssen wir da noch weiter differenzieren? Man könnte Sprache auch mal wieder zur Verständigung nutzen. Die Frage ist, ob das noch erlaubt ist. Heute darf nicht nur jeder sagen, was er kann, heute darf auch jeder verstehen, was er will. In der Kommunikation liegt der Schwerpunkt auf dem, der meint, etwas verstanden zu haben – das, was einer wirklich gemeint hat oder sagen wollte, ist sekundär. So funktionieren auch viele Medien. Du kannst die Dinge dann zwar klarstellen. Aber sie sind in der Welt, und du wirst schnell in die rechte Ecke gestellt.

So wie Seehofer nach seinem missglückten Scherz von den 69 Abgeschobenen zu seinem 69. Geburtstag?

Darüber macht man keinen Gag. Im persönlichen Gespräch hätte man gesagt: Ach komm, Horst, red doch kein' Schmarrn – dann wäre es gut gewesen. In der Öffentlichkeit ist es natürlich etwas anderes. Ich glaube trotzdem nicht, dass Seehofer ein Zyniker ist. Ich glaube, dass er ein Horst ist, der manchmal den Vollhorst nicht kontrollieren kann.

Finden Sie Seehofer lustig?

Wenn Sie das im Sinne von Realsatire meinen, muss ich es verneinen. Entweder etwas ist Satire, dann ist es Kunst. Oder es ist Politik. Man sollte die Sphären nicht vermischen. Ich sehe Seehofer eher als einen Bruder Leichtfuß, der sich oft ein Bein stellt, was ihn aber auch irgendwie sympathisch macht. Er neigt zum Entertainer. Meine Frau zum Beispiel mag ihn. Er hat auch etwas Lausbübisches. Seehofer ist der, der sich unten im Hof bei den Radln rumtreibt und etwas im Schilde führt. Er betrachtet die Radln, und auf einmal kommt ihm eine Idee, und er sagt sich: Jetzt lass i mal die Luft aussa. Und dann steht er an der Ecke und freut sich, wenn der Besitzer des Radls merkt, dass der Reifen platt ist.

Wie finden Sie Söders Humor?

Ich habe ihn mal im Fernsehen bei einer Starkbierveranstaltung beobachten können. Er machte ein paar witzige Bemerkungen darüber, wie lange Seehofer wohl noch im Amt bleibe. Das war komisch. In einem Interview äußerte ich den Verdacht, dass ihm diese Gags einer seiner Redenschreiber aufgeschrieben hat. Daraufhin erhielt ich von ihm einen Brief, in dem er mich bat, zur Kenntnis zu nehmen, dass er alle Gags selber erfunden habe. Ich dachte: Da schau her, der Söder hat Humor! Den er nach der Wahl sicher gut brauchen kann.

Sie haben gesagt, Kunst und Politik müsse man trennen. Aber ist nichtgerade das bayerische Welttheater der Beweis, dass sich beides gar nicht trennen lässt?

Die Bayern haben mit Sicherheit einen Hang zum Dramatischen, zur Darstellung. Die trumpfen gern auf. Das merkt man schon an den Trachten, wenn das Charivari mit den Hauern der Wildsau an der Lederhose hängt. Oder denken Sie an die Schützenkönige mit ihren schweren Ketten. Der Bayer lässt sich gerne anschauen. Lass di oschaun, obst wos gleich schaugst, das ist im Bayerischen eine feste Redewendung. Inhalt ohne Optik gibt es in Bayern nicht. Seehofer wie Söder bedienen das natürlich, anders als zum Beispiel Günther Beckstein. Der wirkte, zumindest als Ministerpräsident, immer wie der oberste Sachgebietsleiter von Bayern.

Sie waren am Nockherberg drei Jahre der Bruder Barnabas. Bedauern Sie bei der Stofffülle, die von der bayerischen Politik im vergangenen Jahr geliefert wurde, dass Sie aufgehört haben?

Nein. Dreimal hab' ich die bayerische Politikerelite vor mir gehabt. Das war schön, aber dann hat es mir gereicht. Die mediale Begleitung dieser Veranstaltung hat für mich überhandgenommen. Du bist mit der Rede fertig, dann rennen die Kamerateams auf die Politiker zu und fragen, wie Sie es gefunden haben, sind Sie vielleicht zu schlecht weggekommen, warum hat man Sie nicht erwähnt und so weiter. Dann wird geheuchelt, was das Zeug hält. Das ist nur noch eine Show, die nach festen medialen Regeln durchgezogen wird. Mit der Tradition des Derbleckens hat das nur noch wenig zu tun. Man sollte das ganze Spektakel wieder ein bisschen niedriger hängen. Das ist doch vor allem ein Spiel. Aber heute wird alles so wahnsinnig ernst genommen.

Immer öfter bin ich nicht mehr meiner Meinung."

Bruno Jonas

Quellennachweise

Wolfgang Joop
F.A.Z.-Magazin, 10.12.2016

Peter Gauweiler
F.A.Z.- Magazin, 10.02.2018

Peter Furth
F.A.Z., 06.08.2008

Bazon Brock
F.A.S., 20.04.2014

Klemens Berkenbrock
F.A.S., 28.04.2013

Elyas M'Barek
F.A.Z.- Magazin, 22.03.2014

Oliver Korittke
F.A.Z., 12.09.2014

Fritz J. Raddatz
Magazin „Z", 27.10.2012

Karl-Heinz Frasch
F.A.Z.- Magazin, 14.10.2017

Wolf Wondratschek
F.A.Z.- Magazin, 08.10.2016

Helge Schneider
FAZ.NET, 21.05.2009

Joachim Kardinal Meisner
F.A.Z.-Magazin, 06.12.2014

Gerhard Polt
F.A.Z., 19.12.2014

Campino
Fusion der Interviews von 2012 / 2017
aus der F.A.Z. und der F.A.S.

Farin Urlaub
F.A.Z.-Magazin, 09.01.2016

Harald Schmidt 1
F.A.Z., 07.03.2011

Harald Schmidt 2
F.A.Z.-Magazin, 23.03.2013

Michael Ebling, Sven Gerich
F.A.Z.-Magazin, 14.03.2015

Michael Glos
F.A.Z., 04.08.2012

Bruno Jonas
F.A.Z.-Magazin, 13.10.2018